QUELLEN UND FORSCHUNGEN ZUR HÖCHSTEN GERICHTSBARKEIT IM ALTEN REICH

HERAUSGEGEBEN
VON
FRIEDRICH BATTENBERG, ALBRECHT CORDES,
ULRICH EISENHARDT, PETER OESTMANN,
WOLFGANG SELLERT

Band 52

GERICHTSLANDSCHAFT ALTES REICH

Höchste Gerichtsbarkeit und territoriale Rechtsprechung

Herausgegeben von

ANJA AMEND, ANETTE BAUMANN,
STEPHAN WENDEHORST und SIEGRID WESTPHAL

2007

BÖHLAU VERLAG KÖLN WEIMAR WIEN

Gedruckt mit freundlicher Unterstützung durch das
Hessische Ministerium für Wissenschaft und Kunst.

Bibliografische Information der Deutschen Nationalbibliothek:
Die Deutsche Nationalbibliothek verzeichnet diese Publikation in der
Deutschen Nationalbibliografie; detaillierte bibliografische Daten
sind im Internet über http://dnb.d-nb.de abrufbar.

© 2007 by Böhlau Verlag GmbH & Cie, Köln
Ursulaplatz 1, D-50668 Köln
Tel. (0221) 913 90-0, Fax (0221) 913 90-11
info@boehlau.de
Alle Rechte vorbehalten
Druck und Bindung: MVR Druck GmbH, Brühl
Gedruckt auf chlor- und säurefreiem Papier
Printed in Germany
ISBN 978-3-412-10306-4

INHALT

Vorwort

Das Netzwerk Reichsgerichtsbarkeit, das seit 1998 eng mit der Gesellschaft für Reichskammergerichtsforschung e. V. Wetzlar kooperiert, veranstaltet seit 1999 in regelmäßigen Abständen Nachwuchstagungen.

Die Ergebnisse werden publiziert. So wurden inzwischen die Bände *Prozessakten als Quelle. Neue Ansätze zur Erforschung der Höchsten Gerichtsbarkeit im Alten Reich, Reichspersonal. Funktionsträger für Kaiser und Reich* und *Prozesspraxis im Alten Reich. Annäherungen – Fallstudien – Statistiken* veröffentlicht.

Das neueste Ergebnis der Netzwerkaktivitäten liegt nun mit dem Titel *Gerichtslandschaft Altes Reich* vor. Besonderen Dank gilt dabei der Fritz Thyssen Stiftung, die die Tagung finanzierte. Die Aktivitäten des Netzwerkes werden durch die Gesellschaft für Reichskammergerichtsforschung in besonders engagierter Weise gefördert. Sie stellte uns ihre Räume zur Verfügung, übernahm die Organisation der Tagung und gewährleistete den reibungslosen Ablauf. Außerdem finanzierte sie mit den Geldern des Hessischen Ministeriums für Wissenschaft und Kunst die Drucklegung; dafür danken wir herzlich. Den Herausgebern der *Quellen und Forschungen zur Höchsten Gerichtsbarkeit im Alten Reich* danken wir ebenso für die Aufnahme in die Reihe. Nicht zuletzt gebührt unser Dank Frau Müller, die in altbewährter Weise die Druckvorlagen erstellte.

Wetzlar, im Oktober 2006

Dr. Anja Amend, Frankfurt am Main
Dr. Anette Baumann, Wetzlar
Dr. Stephan Wendehorst, Leipzig und Wien
Prof. Dr. Siegrid Westphal, Osnabrück

EINLEITUNG

Anette Baumann, Anja Amend, Stephan Wendehorst

Ausgangspunkt dieses Bandes und der in ihm vereinigten Beiträge ist die Überlegung, das Alte Reich bei aller Heterogenität auch als einen einheitlichen, entscheidend durch die beiden obersten Reichsgerichte konturierten Rechtsraum zu betrachten und eine entsprechende Begrifflichkeit dafür zu finden. Bislang hat sich die Forschung auf die Untersuchung einzelner Gerichte und Rechtsinstanzen im Alten Reich, weniger auf deren Verbindungen untereinander konzentriert. Zu den beiden obersten Reichsgerichten, insbesondere zum Reichskammergericht, liegt eine umfangreiche Forschung vor. Gleiches gilt für zahlreiche territoriale und lokale Gerichte. Mit dem Band soll ein Anstoß gegeben werden, verstärkt die Zusammenhänge zwischen den einzelnen Gerichtsforen in den Blick zu nehmen.

In den letzten Jahren hat das Bild des Alten Reiches und seiner obersten Gerichtsbarkeit eine starke Wandlung erfahren. So gilt heute das Rechtssystem des Alten Reiches als friedensstiftender Faktor. Getragen wurde und wird diese Neubewertung in erster Linie von der Erforschung des Reichskammergerichts und des Reichshofrats. In diesem Band soll daran angeknüpft, aber mit der Ausrichtung des Erkenntnisinteresses auf das Zusammenspiel der Höchsten Reichsgerichte mit den territorialen Gremien und Gerichten auch ein neuer Schwerpunkt gesetzt werden. Diesem Ziel dienen folgende Fragen: In wie weit konnten die höchsten Gerichte im Alten Reich als Klammer und damit als reichsweit friedensstiftendes Element dienen? Welche Rolle spielten Reichshofrat und Reichskammergericht bei der rechtlichen Integration in das Reich?[1] Wie lässt sich eine übergreifende Perspektive konstruieren, die die Höchste Gerichtsbarkeit mit ihren Beziehungen zu Untergerichten und außergerichtlichen Foren der Konfliktlösung berücksichtigt, und damit die Jurisdiktion im Alten Reich als integrierendes Phänomen beschreibt?

Um die vereinheitlichende Funktion und Wirkungsweise der Gerichtsbarkeit im Alten Reich wie auch deren heterogene Seite zum Ausdruck zu bringen, wurde im folgenden Band, der auf den überarbeiteten Aufsätzen der vierten Netzwerk-Tagung beruht, der Begriff *Gerichtslandschaft* als Arbeitsinstrument eingeführt. *Landschaft* kann einerseits als geographi-

---

[1] M. Stolleis, Geschichte des öffentlichen Rechts in Deutschland, 2 Bde., München 1988, Bd. 1, S. 138. Eine Auflistung der hohen Gerichtshöfe findet sich bei E. Döhring, Geschichte der deutschen Rechtspflege seit 1500, Berlin 1952, S. 24 ff.

sche Bezeichnung verstanden werden. Das Heilige Römische Reich der Frühen Neuzeit war unter anderem ein Verband von in verschiedener Art und Weise an *Kaiser und Reich* gebundenen geographischen Gebieten. Somit kann untersucht werden, wie die durch die Höchste Reichsgerichtsbarkeit ausgeübte Klammerfunktion sich je nach Gebiet in ihrer Wirkungsweise abgestuft konkret gestaltete. Aber nicht nur die geographische Komponente ist für den Landschaftsbegriff von Einfluss. Landschaft ist vielmehr als Synonym für Vielfalt zu sehen.[2] Landschaft kann trotz zahlreicher gegenläufiger Momente als zusammenhängendes soziales Ganzes begriffen werden[3]. Der Begriff der *Landschaft* scheint daher besonders geeignet, die Gleichzeitigkeit von Einheit und Verschiedenheit, die das Alte Reich als Rechtsraum kennzeichneten, widerzuspiegeln.

Die Beiträge dieses Bandes versuchen zu klären, wie ausgehend von den Höchsten Gerichten sich die Gerichtslandschaft Altes Reich oder Gerichtslandschaften auf dem Boden des Alten Reiches konstituierten. Um dieses breit angelegte thematische Ziel in den einzelnen Beiträgen umzusetzen, wurden verschiedene Zugänge genutzt: ANJA AMEND verwendet in ihrem Beitrag mehrere Ansätze. Eine Möglichkeit besteht darin aufzuzeigen, inwieweit die Höchstrichterliche Rechtsprechung auf materiellrechtlicher Ebene integrativ wirkte. Anhand des von AMEND geschilderten Schuldprozesses kann außerdem beurteilt werden, wie Abgrenzung und Zusammenarbeit der beiden Höchsten Reichsgerichte funktionierten, denn Vollstreckungsanordnungen von Reichskammergericht und Reichshofrat liefen sich zuwider.[4] Der Schultheiß und die Frankfurter Schöffen standen in dem Dilemma, nicht zu wissen, welcher Aufforderung sie Folge leisten sollen. AMEND wirft auch einen Blick auf die Untergerichte, um unter anderem die Qualität und Kontinuität bzw. Unbeständigkeit der Rechtsauffassungen verschiedener Instanzen erkennen zu können. Sie

---

[2] Vergleiche hierzu auch weitere zusammengesetzte Wörter der heutigen Wissenschafts- oder Umgangssprache, wie z. B. Bildungslandschaft.

[3] Zur Wortbedeutung von *Landschaft* als *sozial zusammenhängendes Ganzes* siehe Deutsches Wörterbuch von J. und W. Grimm, Bd. 12, Spalte 131 ff.

[4] Zu dem Verhältnis von Reichskammergericht und Reichshofrat siehe den Sammelband von W. Sellert (Hg.), Der Reichshofrat und Reichskammergericht. Ein Konkurrenzverhältnis (Quellen und Forschungen zur Höchsten Gerichtsbarkeit im Alten Reich = QFHG 34), Köln/Weimar/Wien 1999 sowie W. Sellert, Über die Zuständigkeitsabgrenzung von Reichshofrat und Reichskammergericht, Aalen 1965. Hierzu ist anzumerken, dass nach heutigem Forschungsstand sich die These eines Konkurrenzverhältnisses nicht mehr halten lässt. Siehe hierzu u. a. E. Ortlieb und G. Polster, Die Prozessfrequenz am Reichshofrat (1519-1806), in: Zeitschrift für Neuere Rechtsgeschichte Nr. 26, 2004, S. 189-216. Dort auch Hinweise auf weitere Literatur. Siehe auch E. Ortlieb, Vom Königlichen/Kaiserlichen Hofrat zum Reichshofrat. Maximilian I., Karl V., Ferdinand I., in: B. Diestelkamp (Hg.), Das Reichskammergericht. Der Weg zu seiner Gründung und die ersten Jahrzehnte seines Wirkens (1451-1527) (QFHG 45), Köln/Weimar/Wien 2003, S. 221-289.

zeigt schließlich, dass das Reichskammergericht in diesem Fall eng mit der Juristenfakultät Frankfurt/Oder kooperierte. Dabei wird deutlich, welche Bedeutung die Einbeziehung von Juristenfakultäten als Alternative bzw. Komplementärerscheinung zur Rechtsprechung der obersten Reichsgerichte besaß.

Auf den Reichshofrat gehen die Beiträge von EVA ORTLIEB und MARKUS SENN ein. EVA ORTLIEB schildert in ihrem Werkstattbericht zu einem größeren Forschungsprojekt die Anfänge des Reichshofrats und zeigt, wie der Kaiser seinen Anspruch als Herrscher und oberster Richter konkret durchzusetzen versuchte.

MARKUS SENN beschreibt das Supplikations- und Gratialwesen sowie die Praxis der Privilegienbestätigung des Reichshofrats. In der Frühphase des Gerichts von 1519 und 1564 besaß der Reichshofrat bei Beschwerdeanträgen an den Kaiser bzw. den Reichshofrat eine besondere Funktion und zwar dann, wenn die Parteien mit Entscheidungen des Reichskammergerichts nicht einverstanden waren. Wahrscheinlich sahen die Prozessparteien den Reichshofrat als Aufsichtsorgan über das Gerichtswesen innerhalb des Reiches an und wandten sich deshalb in der Hoffnung auf einen positiven Ausgang des Prozesses an den Reichshofrat. In beiden Aufsätzen wird deutlich, dass auch der Kaiser, und zwar als Quelle des Rechts, die *Gerichtslandschaft Altes Reich* mitgestaltete.

Einheitlichkeit der *Rechtslandschaft Altes Reich* bzw. die Diversität verschiedener Rechtslandschaften auf dem Boden des Alten Reichs wurde besonders sinnfällig, wenn die Höchsten Reichsgerichte als Instrument zur Konfliktlösung bei der Ausbildung der Territorialherrschaft in Anspruch genommen wurden. Hier kam es für die Gerichte darauf an, die Konflikte des Reiches mit höchster politischer und gesellschaftlicher Bedeutung zufriedenstellend und dauerhaft zu lösen. Anhand des Beispiels des bayerischen Adels des 16. Jahrhunderts macht CHRISTIAN WIELAND das Verhältnis reichsgerichtlicher Instanzen und die Ausbildung von Territorialherrschaft deutlich. Der Adel klagte z. B. bei Grenzübertretungen, Fragen der Reichsunmittelbarkeit und widerrechtlichem Zugriff auf seine Untertanen durch die auf den Ausbau der Landeshoheit bedachten bayerischen Herzöge. Bayerische Adelige bevorzugten Prozesse vor den Höchsten Gerichten trotz einer gut ausgebauten bayerischen Gerichtsbarkeit. Hier zeigt sich die integrative Tendenz des Reiches als eines auch die Territorien überwölbenden Rechtsraums.[5] Reichskammergericht und Reichshof-

---

[5] Im Gegensatz dazu H. Duchhardt, Das Reichskammergericht, in: B. Diestelkamp (Hg.), Oberste Gerichtsbarkeit und zentrale Gewalt (QFHG 29), Köln/Weimar/Wien 1996, S. 1-14, S. 5. Er schreibt: *Aus seiner (Reichskammergericht) Entstehungsgeschichte im Prozeß der Territorialisierung des Reiches erklären sich die langen Vorbehalte jener sozialen Gruppen gegenüber dem*

rat spielten für die Zeitgenossen somit eine erhebliche Rolle, wenn es
darum ging, Strategien zu entwickeln, um die Justiz optimal zu nutzen.

Die Rechtslandschaft Altes Reich wurde durch ihre Institutionen geprägt. Träger dieser Institutionen waren Juristen. Wie schon der vom
Netzwerk Reichsgerichtsbarkeit herausgegebene Band *Reichspersonal.
Funktionsträger für Kaiser und Reich* gezeigt hat[6], waren die Höchsten
Gerichte im Alten Reich mit einer gut ausgebildeten juristischen Elite
besetzt, die sowohl im Reichsrecht versiert als auch mit der Rechtspre-
chung in den Territorien vertraut war und aufgrund dessen rechtsintegrativ
wirken konnte. Nachdem die Beiträge zuvor vornehmlich das Wirken der
Gerichtsinstitutionen beleuchtet haben, treten im Folgenden nun einzelne
Juristen ins Zentrum des Interesses.

Die Biographie des Reichskammergericht-Assessors[7] von Schwarzenfels, die VOLKER FRIEDRICH DRECKTRAH verfasst hat, belegt die Univer-
salität der Reichsjuristen augenscheinlich. STEFFEN WUNDERLICH geht
dagegen einen anderen Weg. Er stellt das Protokollbuch des Reichskam-
mergerichts-Assessors Alber, das in der Zeit von 1532 bis 1535 entstand,
als eine neue Quellengattung vor. Es gewährt einen direkten Einblick in
den Arbeitsablauf am Reichskammergericht und damit auch in die
Rechtspraxis, die dort herrschte. Das Protokollbuch kann beispielsweise
Einblick geben, wie die gemeinrechtlich fundierte Entscheidungsfindung
Albers auch dazu beitrug, die Rechtslandschaft Altes Reich zu konturie-
ren. Dies wird anhand von zwei ausgewählten Beispielfällen verdeutlicht.

Ein Blick in die Zuständigkeit der Höchsten Reichsgerichtsbarkeit in
jene Territorien, welche außerhalb *Reichstagsdeutschlands* lagen, verdeutlicht zusätzlich die Problematik der Definition der Gerichtslandschaft
Altes Reich im geographisch/topographischen Sinn. Mit der Grenzziehung
ging grundsätzlich der Streit um die Zuständigkeit der beiden Höchsten
Reichsgerichte einher. Auf diese zentrale Problematik geht LUDOLF PELI-
ZAEUS mit der Schilderung eines Totschlags aus dem 16. Jahrhundert im
habsburgischen Laufenburg am Rhein ein, einem Territorium, das der

---

*Gericht, die von diesem Territorialisierungsvorgang ausgegrenzt blieben oder davon benachteiligt
wurden, also etwa des dann reichsunmittelbar werdenden Niederadels und der Städte, aber auch
jener Grenzgebiete des Reiches, die bewusst an der Territorialisierung nicht teilhaben wollten.*

[6] A. Baumann, P. Oestmann, S. Wendehorst und S. Westphal (Hgg.), Reichspersonal.
Funktionsträger für Kaiser und Reich (QFHG 46), Köln/Weimar/Wien 2003.

[7] Die Assessoren des Reichskammergerichts ab dem Jahre 1740 sind die bei weitem am besten er-
forschte Berufsgruppe innerhalb des Personals des Reichskammergerichts. Sie wurden hauptsächlich von Sigrid Jahns erforscht. Stellvertretend für zahlreiche Veröffentlichungen: S. Jahns, Das
Reichskammergericht und seine Richter. Verfassung und Sozialstruktur eines höchsten Gerichts im
Alten Reich, Teil II, Bd. 1-2 Biographien (QFHG 36), Köln/Weimar/Wien 2003. Teil I erscheint
demnächst.

Gerichtsbarkeit des Reichskammergerichts eigentlich entzogen war. MAT-THIAS SCHNETTGER wendet seinen Blick nach Italien.[8] Zur Durchsetzung der Reichsinteressen in Italien war das Amt des Plenipotentiars geschaffen worden. Anhand der Amtszeit des Plenitpotentiars und Generalkommis-sars Carlo Borromeo Arese rekonstruiert SCHNETTGER die Zusammenar-beit zwischen Reichshofrat und Plenipotenz im 18. Jahrhundert. Die Vor-karrieren der Juristen und hier vor allem der Fiskale zeigen eine enge per-sonelle Verbindung zum Reichshofrat auf, was dem Reichshofrat erlaubte, entsprechend vielschichtig und gezielt zu reagieren.[9] So war in der Amts-zeit Areses eine deutliche Konkurrenzsituation zwischen Reichshofrat und Plenipotenz entstanden.

Abschließend zeigt EDGAR LIEBMANN in einer Rückschau, welche Bewertung die Höchste Gerichtsbarkeit in der Historiographie erfahren hat. Insgesamt sieht er eine Entwicklung, welche die Höchste Gerichts-barkeit sukzessive in ein positiveres Licht rückt.

Was die Suche nach dem Zusammenhalt der Gerichtslandschaft Altes Reich angeht, zeichnen sich zwar verschiedene vorläufige Ergebnisse ab, für eine abschließende Wertung ist der Forschungsstand jedoch noch nicht ausreichend. Der von den Veranstaltern der Vierten Tagung des Netz-werks Reichsgerichtsbarkeit gewählte offene Begriff der *Gerichtsland-schaft* ist als Einladung zu verstehen, die Diskussion über das Alte Reich als Rechtsraum fortzusetzen. Der Band stellt eine Anregung dar, sich wei-ter mit der Konturierung des römisch-deutschen Reichs als Rechtsraum, geprägt durch die Reichsgerichtsbarkeit, zu beschäftigen.

---

[8] Matthias Schnettger hat sich auch mit den italienischen Perspektiven auf das Reich in der Frühen Neuzeit befasst, siehe M. Schnettger, Impero Romano – Impero Germanico. Italienische Perspekti-ven auf das Reich in der Frühen Neuzeit, in: ders., Imperium Romanum – irregulare corpus – Teut-scher Reichs-Staat. Das Alte Reich im Verständnis der Zeitgenossen und der Historiographie. Mainz 2002, S. 53-76; ders. Feudi imperiali – Reichsitalien, in: S. Wendehorst und S. Westphal, Lesebuch Altes Reich (bibliothek altes Reich, Bd. 1), München 2006, S. 128-132.

[9] G. P. Obersteiner, Das Reichshoffiskalat 1596 bis 1806, in: A. Baumann, P. Oestmann, S. Wendehorst und S. Westphal (Hgg.), Reichspersonal. Funktionsträger für Kaiser und Reich (QFHG 46), Köln/Weimar/Wien 2003, S. 89-164, vor allem das Kapitel über das kaiserliche Fiska-lat in Italien, S. 134 ff.

GERICHTSLANDSCHAFT ALTES REICH
IM SPIEGEL EINER WECHSELBÜRGSCHAFT

Von Anja Amend

Da Wir den Verordnungen der beyden Uns gleich respectablen Höchsten Reichsgerichte nachzuleben Uns jederzeit bereit erfinden laßen, die ... gerade widereinander lauffenden Befehle aber zugleich zu befolgen Uns außer Stand sehen, in den vorhandenen Reichs=Gesetzen hingegen keine Weisung finden, welchem der Höchsten Reichsgerichte, wenn einer deren Befehle den anderen aufhebt, Folge geleistet werden solle, so haben Wir, um den weiteren beschwerlichen Folgen dieses Jurisdictions Conflicts, ..., womöglich auszuweichen für rätlich gefunden, vorerst die Güte zwischen den in Lite befangenen Parthien zu versuchen ...[1].

Mit diesem Schreiben widersetzten sich Schultheiß und Schöffen der Stadt Frankfurt am Main im April 1791 den zuwiderlaufenden Vollstreckungsanordnungen von Reichskammergericht und Reichshofrat in der Sache Küchler gegen Bourne bzw. Bourne gegen Küchler.

Folgende Vor- und Prozessgeschichte ging jenem Schlussstein eines über 20 Jahre währenden Streits voraus: Johann Wilhelm Küchler und Johann Christian Firnhaber waren in den Jahren 1766 und 1767 zu der in Frankfurt ansässigen Kommissionshandlung *Küchler und Firnhaber* zusammengeschlossen[2]. Einer ihrer Hauptgeschäftspartner, der Bruder Firnhabers Johann David, geriet mit seiner Lyoner Handlung im Herbst 1766 mit mehreren hunderttausend Livres in Konkurs. Im Dezember 1766 bzw. im Januar 1767 verbürgte sich Johann Christian im Namen der Firma Küchler und Firnhaber bei dem Hauptgläubiger seines Bruders namens Claude Bourne, für einen nicht exakt bezifferten Geldbetrag und für mehrere von Johann David an Bourne indossierte Wechsel. Noch im Sommer desselben Jahres wurde die Sozietät Küchler und Firnhaber aufgelöst[3]. In den folgenden Jahren erreichten Küchler zwei Forderungsschreiben des

---

[1] ISG (= Institut für Stadtgeschichte) Frankfurt a. M., RKG Nr. 947, [Q] 108, fol 1 v.

[2] Zum Sachverhalt siehe insbesondere die in den Akten enthaltene Druckschrift *Actenmäßige Beleuchtung in bey Hochansehnlichem Schöffenrath zu Frankfurt am Mayn rechtshängigen Sachen des Lyoner Gallonen-Fabricanten Claude Bourne, Klägern; contra den Handelsmann Johann Wilhelm Küchler zu Frankfurt, Beklagten. Gegen das von dem Bourne in den Druck gegebene Memoire und weiter nachgefolgte Fait, als ein ausführlicher und gewissenmäßiger Unterricht zu näherer Belehrung des Publici entworfen und zum Druck befördert*, Frankfurt 1775, in: ISG Frankfurt a. M., RKG Nr. 947, [Q] 34.

[3] Notifications-Schreiben von 26. Juni 1767, ISG Frankfurt a. M., RKG Nr. 947, [Q] 34, Beilage Nr. 51, S. 126.

Bourne in unterschiedlicher Höhe, die er wegen der dort angeblich enthaltenen Anschuldigungen und üblen Nachrede nur mit einer Diffamationsklage vor dem Frankfurter Schöffenrat beantwortete. 1773 dann, also erst sieben bzw. sechs Jahre nach Ausstellung der Bürgschaften, machte Bourne seine Forderungen in Frankfurt gerichtlich geltend. Beide unterinstanzlichen Klagen zeitigten für die Kläger keinen Erfolg in vollem Umfang:

Küchler hatte durch das schöffenrätliche Dekret vom Juli 1776 in der Sache selbst Recht bekommen: Die Wechselbürgschaft wurde *für völlig erloschen* und auch die eingeforderten 107.885 Livres für *völlig abgethan und bezahlt* erachtet. Lediglich vier kleinere Forderungen wurden bis zum weiteren Beweis offen gelassen. Für Küchler wog jedoch offensichtlich schwerer, dass ihm wegen der ihm zugefügten Injurien keine Genugtuung gegeben wurde. Er appellierte deswegen mit einer Diffamationsklage an das Reichskammergericht[4]. Bourne dagegen appellierte wegen seines Unterliegens mit einer Reconventionsklage am Reichshofrat[5].

Zunächst ermahnten beide Gerichte die jeweils appellatischen Parteien mehrfach erfolglos zur Anerkennung ihrer jeweiligen Zuständigkeit. So heißt es beim Reichshofrat in einem Conclusum an Küchler, er habe sich auf eine ,*ganz vermessene Art erfrechet ..., ungeachtet des von Unserem Kayserl. Reichs=Hof=Fiscal Rath in appellations=Sachen Bourné gegen dich ... erlassenen, und dir ... hierauf behörig intimirten Conclusi, dennoch an Unser Kayserl. Kammer=Gericht zu wenden, wo doch die tags vorhero von dem appellantischen Bourné behörig eingeführte Appellation keines Weegs abgeschlagen worden ...*'. Diese ,*strafmässige, und bloß zur Anzeddlung allerhand Verwirrungen zielende Absicht*' habe dazu geführt, ,*beede Unsere Höchste Reichs Gerichte in eine Collision zu sezen*'. Ein ,*solches Verbrechen*' verdiene ,*mit gemessener Straf geahndet zu werden*', weshalb Küchler unter Androhung einer Geldstrafe in Höhe von ,*10 Mark löthigen goldes*' zum nächsten Anhörungstermin geladen wurde[6].

Rund ein Jahr nach den fruchtlosen Warnungen ergingen zwei inhaltlich voneinander abweichende Urteile[7]. Auf deren Grundlage versandten beide Foren unterschiedliche Anordnungen an die Stadt: Nach dem Conclusum des Reichshofrats wurde dem Magistrat der Stadt Frankfurt befoh-

---

[4] ISG Frankfurt a. M., RKG Nr. 947, [Q] 36.
[5] Der Appellationsantrag des Agenten Bournes wurde am Reichshofrat am 29. Juli 1776 präsentiert und in der Sitzung vom 30. Juli 1776 behandelt, HHStA RHR, Prot. rer. res. XVIII/184, fol. 101 v.
[6] Mandatum des RHR v. 9.9.1778, ISG Frankfurt a. M., RKG Nr. 947, [Q] 81.
[7] Unter dem 12. März 1791 ist ein von Bournes Agenten erwirktes reichshofrätliches Conclusum nachgewiesen. Danach soll der Magistrat der Stadt Frankfurt einen Arrest aufheben, wenn sich die Angelegenheit verhält, wie von Bourne ausgeführt, HHStA RHR, Prot. rer. res. XVIII/218, fol. 227 r., v.

len, den Arrest auf die Bourneschen Gelder sofort aufzuheben und ihn mit der Maßgabe auszubezahlen, sich *hieran durch einen widrigen Reichskammergerichtlichen Auftrag ... unter der Strafe des doppelten Ersatzes* nicht hindern zu lassen[8].

Auch nach dem reichskammergerichtlichen Urteil wurde Küchler sämtlichen Zahlungsverpflichtungen gegenüber Bourne enthoben. Darüber hinaus aber sollte dieser – im Gegensatz zu der reichshofrätlichen Entscheidung – sämtliche Gerichtskosten Küchlers in nicht unerheblicher Höhe und eine Geldstrafe wegen der Nichtbefolgung eines Paritionsurteils bezahlen[9]. Durch das *Mandatum de exequendo sine clausula puncto Expensarum, et poena fiscalis* gab das Reichskammergericht der Stadt Frankfurt dementsprechend auf, dem Appellanten und dem Kaiserlichen Fiskal die jeweiligen Beträge aus den mit Arrest belegten Bourneyschen Geldern sofort auszubezahlen und sich daran nicht durch das Conclusum des Reichshofrats bei Strafe des doppelten Ersatzes hindern zu lassen[10].

Anhand dieses Beispiels lässt sich auf anschauliche Weise das Thema dieses Bandes aufzeigen, und zwar auf der Ebene von Recht und Rechtsprechung. Gerade die Rechtsgeschichte ist prädestiniert, um das Alte Reich als Rechtsraum zu hinterfragen; immerhin hat sie, die Rechtsgeschichte, das Reich als Gesamtzusammenhang wieder entdeckt und in der Forschung reges Interesse geweckt. An dieser Stelle gilt es zunächst zu betonen, dass die für die Veranstaltung gewählten Begriffe der *Gerichtslandschaft* bzw. des *Rechtsraums* keineswegs auf ihre geographische Bedeutung reduziert verstanden werden sollen. Vielmehr umfassen sie im hier verstandenen Sinne die Reichweite des Kaisers als Quelle des Rechts, und zwar auch in geographischer, aber vor allem auch in normativer, geistiger und institutioneller Hinsicht.

I.

Dabei soll die Qualität des Altes Reiches als funktionstüchtiges Organ exemplarisch mittels folgender Aspekte hinterfragt werden: Wie gelangten Prozesse vor das Reichskammergericht oder den Reichshofrat? Diesem institutionellen Ansatz kann besonders gut mit Hilfe eines Prozesses nachgegangen werden, der wie der vorliegende, mehrere Instanzen durchlief. Auch um umfassende inhaltliche, auf den jeweiligen Rechtsstreit bezogene Erkenntnisse über ein Verfahren vor dem Reichskammergericht

---

[8] Vom 12.3.1791, ISG Frankfurt a. M., RKG Nr. 947, [Q] 108, fol. 4.
[9] Urteil vom 7.9.1778, ISG Frankfurt a. M., RKG Nr. 947, [Q] 107, fol. 5 v.
[10] Vom 31.3.1791 ISG Frankfurt a. M., RKG Nr. 947, [Q] 107, fol. 17.

zu erlangen, ist es erforderlich, den Blick auf das – in den am häufigsten vorkommenden Appellationssachen – vorangegangene unterinstanzliche Verfahren zu werfen. Ein und derselbe Lebenssachverhalt präsentiert sich im Rahmen eines Kameralprozesses häufig ganz inkongruent zu einem vorangegangenen untergerichtlichen Verfahren. Aber nicht nur um zusätzliche Informationen über mitgeteilte Fakten zu bekommen, sondern auch um Veränderungen in den Verhandlungsstrategien der Parteien, die Homogenität oder Uneinheitlichkeit der Rechtsauffassungen verschiedener Instanzen erkennen zu können, ist der Ablauf des untergerichtlichen Verfahrens von Interesse.

In dem hier geschilderten Fall ließen die Parteien bereits während der Gerichtshängigkeit in Frankfurt jeweils weit über einhundertfünfzig Seiten starke Druckschriften fertigen. Mindestens ebenso ungewöhnlich war, dass das schöffenrätliche Dekret gedruckt wurde[11]. Hier war also ausnahmsweise sogar die breite Öffentlichkeit über sämtliche nur denkbaren Fakten und Behauptungen der streitenden Parteien informiert. Aufgrund dieser erschöpfenden Schilderungen ist es keine Überraschung, dass neue Facetten in der Appellationsinstanz nicht mehr auftauchten. Gleichwohl ist zu berücksichtigen, dass die Erstellung von Druckschriften und gar von solchem Umfang bei gerichtlichen Verfahren einfacher Bürger eher die Ausnahme darstellte. Hinsichtlich der Verhandlungsstrategien fällt Küchlers Bemerkung auf, warum er denn nach Bourne seinerseits eine Druckschrift habe publizieren lassen: Er habe nachgezogen, da er die Befürchtung gehegt habe, aus seinem Schweigen könne der Schluss gezogen werden, *Bourne müsse Recht haben*[12]. Im weiteren Verlauf des Verfahrens versuchten die Parteien dann mit Hilfe der Einholung kaufmännischer Gutachten ihren Auffassungen stärkeres Gewicht beizulegen.

Und schließlich kann sich bei der Berücksichtigung unterinstanzlicher Gremien folgende Frage ergeben: Welche Bedeutung besaß die Einbeziehung von Juristenfakultäten als Alternative bzw. Komplementärerscheinung zur Rechtsprechung der obersten Reichsgerichte? In der Sache Küchler gegen Bourne versendete der Frankfurter Schöffenrat die Akten noch in der ersten Hälfte der 1770er Jahre an eine Juristenfakultät, zu einer Zeit also, da sich das Ende der Aktenversendung und damit der Spruchfakultäten bereits angekündigt hatte. Hier machte sich das Reichskammergericht die Ausführungen der Juristenfakultät der Universität Frank-

---

[11] ISG Frankfurt a. M., RKG Nr. 947, [Q] 36.
[12] ISG Frankfurt a. M., RKG Nr. 947, [Q] 34, § 8, S. 5.

furt/Oder zunutze und ließ deren Erwägungen in die eigene Entscheidungsfindung einfließen[13].

II.

Die Frage nach der Klammerfunktion der beiden höchsten Reichsgerichte stellt sich sodann einmal *von oben*, aus der Perspektive der Reichsgerichte selbst. Der Fall kann demzufolge danach beurteilt werden, wie Abgrenzung und Zusammenarbeit der beiden höchsten Reichsgerichte funktionierten. Auf dieser institutionellen Ebene drohten sich zwei höchste Gerichte in Kompetenzstreitigkeiten zu verlieren. Weiterhin kann der integrative Charakter aus der Untertanenperspektive beleuchtet werden. Die beiden Reichsgerichte bringen ein Untergericht – und damit den Territorialherrscher als obersten Gerichtsherrn – durch widersprüchliche Vollstreckungsanweisungen in Handlungsnöte. Außerdem war die Verhaltensweise der beiden Gerichte durchaus geeignet, deren Ansehen bei den Untertanen zu schaden. Die offen zutage getretene Kompetenzrangelei und Unnachgiebigkeit bestärkt die These, die Untertanen hätten den beiden obersten Reichsgerichten oder zumindest dem Reichskammergericht keinen besonders hohen Stellenwert beigemessen. Denn in der Sache war den Parteien wegen der zeitlichen Verzögerung und der Unmöglichkeit, ein Urteil vollstrecken zu können, nicht geholfen, sondern noch größerer Schaden zugefügt worden.

Eingedenk des Umstandes, dass es sich hier lediglich um einen Einzelfall handelt, müssen Thesen generell freilich vorsichtig formuliert werden: Immerhin weist jedoch der Fall darauf hin, dass die integrative Bedeutung der beiden obersten Reichsgerichte als Einrichtungen des Staatskörpers bei der Ausgestaltung seines Rechtsraums eine doch geringere Rolle spielt, als von der derzeitigen Forschung angenommen wird.

III.

Auf die Verbreitung des Römischen Rechts durch die Rechtsprechung von Reichskammergericht und Reichshofrat und die hierdurch bedingte integrative Wirkung ist schon oftmals hingewiesen worden. Reichsweit geltende Regelungen konnten also durch ihre höchstrichterliche Anwendung durchaus die schon bereits erwähnte Klammerfunktion erfüllen. Auf wirt-

---

[13] Zur Bedeutung der Juristenfakultäten für die Rechtsprechung A. A m e n d , Die Inanspruchnahme von Juristenfakultäten in der Frankfurter Rechtsprechung, in: Die Reichsstadt Frankfurt als Rechts- und Gerichtslandschaft im Römisch-Deutschen Reich der Frühen Neuzeit, A. Amend, A. Baumann, S. Wendehorst und S. Westphal (Hgg.), München, erscheint voraussichtlich 2007.

schaftlicher Ebene ist hier zum Beispiel an reichsrechtliche Münzordnun-
gen zu denken, die versucht haben, das Münzwesen zu vereinheitlichen.
Was aber, wenn eine Rechtsmaterie, wie etwa das Wechselrecht, weitgehend partikularer Gesetzgebung vorbehalten war?

In der Sache ging es um die Reichweite einer Wechselbürgschaft, also
die Garantie eines Dritten, im Falle der ausbleibenden Begleichung einer
Wechselschuld durch den Wechselschuldner dafür einzutreten. Der Unterschied zwischen einer solchen Wechselbürgschaft und einer gewöhnlichen
Bürgschaft liegt darin, dass die Bürgschaftserklärung bei der einen der
Wechselurkunde selbst beigefügt, bei der anderen eine besondere Bürg-
schaftsurkunde ausgestellt ist. Die Verpflichtung aus gewöhnlichen Bürg-
schaftserklärungen unterlag der nach gemeinem Recht geltenden dreißigjährigen Verjährung[14]. Küchler dagegen wandte ein, die Bürgschaft der
Gesellschaft für die Wechselschulden des Schuldners Firnhaber sei erloschen[15]. Galt jedoch nicht auch die dreißigjährige Verjährung, wenn zwar
eine Bürgschaft streitig war, die sich auf eine Wechselschuld bezog, die
aber keine *Wechselbürgschaft* im engeren Sinn war? Nach einer Antwort
auf diese Frage suchte allein die rechtswissenschaftliche Literatur. So war
man der Auffassung, der Bürge sei nicht anders als nach den gemeinen
Rechten zu behandeln, es sei denn, ein spezielles Gesetz ordne etwas an-
deres an[16]. Doch die mehr als 50 deutschen Statuten schwiegen zu dem
Problem. Demzufolge entzog sich auch die hier entscheidungserhebliche
Rechtsmaterie, das Wechselrecht, für sich genommen integrativer Refle-
xe.

Es zeigt sich aber, dass es dem Reichskammergericht gelang, durch die
Betonung des *allgemeinen Handelsflors* als allgemeinem Rechtsgedanken
den Zusammenhalt des Reichs und seiner Territorien zu fördern: Das
Reichskammergericht ging in seinem Urteil davon aus, dass Wechsel-
bürgschaften erlöschen, wenn sie nicht innerhalb von drei Jahren gerichtlich eingefordert wurden. Dies entsprach inhaltlich einer Regelung der

---

[14] Zur Entwicklung des römisch-rechtlichen Instituts MAX KASER, Das römische Privatrecht, 3. Teil,
3. Bd., 2. Abschn., München 1959, S. 46 f. Zusammenfassend m.w.N. EKKEHARD KAUFMANN,
Verjährung, in: HRG V, Sp. 734-737.
[15] ISG Frankfurt a. M., RKG Nr. 947, [Q] 34, § 149, S. 53.
[16] JOHANN ADAM BECK, Wechsel-Recht In sich begreiffend, so wohl die Persohnen, welche diesem
Recht unterworffen sind, als auch die verschiedene Arten und Gattungen derer Wechsel und Wech-
sel= Brieffen, ... zu observiren ist, ..., Nürnberg 1729, Cap. II., § 5, Rn. 10, S. 91 m.w.N.,
CHRISTOPH FRANCK, Institutiones iuris cambialis ex legibus cambialis diversarum gentium indole
negociationis moribus et iure communi NOVA METHODI ..., editio secunda, Jena 1737, Lib. II,
Sect. II, Tit. IV. seqq., p. 73 seq., JOHANN LUDWIG HEZLER, De Differentiies Juris Romani et Juris
Cambialis Hodierni in Fidejussione, Straßburg, 1775, § 11, S. 25 f.

französischen Ordonnance von 1673[17]. Danach erlöschen Wechselbürg-schaften, wenn sie nicht innerhalb von drei Jahren *ohne einiges Urtheil, Verfahren oder Erinnerung* eingefordert wurden. Die 30jährige Verjäh-rung hatte man dort verkürzt, weil sich ansonsten niemand *so leicht zu einer so gearteten Caution* habe bewegen lassen, was wiederum den *Handlungs-Credit* insgesamt sehr beeinträchtigt habe[18].

Die Entscheidung des Reichskammergerichts beruhte auf dem Gebrauch von Generalklauseln wie der des *gemeinen Nutzens* oder der *allgemeinen Vernunft*. Diese Ordnungsleitlinien sollten neben dem bereits existierenden – statutarischen – Normenkomplex Bestand haben und über die Grenzen einzelner Territorien hinaus gelten. Diese Erkenntnis gilt übrigens nicht nur für das hier vorgestellte, sondern generell für wechsel-rechtliche Verfahren vor dem Reichskammergericht[19].

Das Gericht maß demnach der allgemeinen Wirtschaftstätigkeit die Bedeutung einer Einrichtung des Gemeinwesens bei. Dabei legte es auf-grund des umfassenden Geltungsanspruchs seiner Judikatur reichsweit geltende Ordnungsleitlinien fest. Diese Form der Rechtsprechung führte zur Anerkennung der auf der Ebene des Reichs angesiedelten Institution Reichskammergericht sowohl durch die Territorien als auch durch einen – wenn auch berufsspezifisch eingegrenzten – Kreis von Untertanen. Denn die Förderung der allgemeinen Wirtschaftstätigkeit erfüllte berufsständi-sche Anliegen und stand gleichsam auch im Interesse von Territorialherr-schaften.

IV.

Und an einem weiteren Punkt verdeutlicht die höchstrichterliche Ent-scheidungsfindung in der causa Küchler ./. Bourne die Herstellung einer Einheit aus Differenziertem zugunsten des Reichs: Bei dem Rechtsstreit wurden unterschiedliche Rechtstraditionen bei der Entscheidungsfindung gegeneinander abgewogen:
Denn beide Gerichte stützten sich bei ihrer Entscheidungsfindung auf
- kaufmännische Gutachten, so genannte Parere, die die Parteien jeweils zur Unterstützung ihrer rechtlichen Auffassung einreichten,

---

[17] Art. 20; bei JOHANN GOTTLIEB SIEGEL, Corpus juris cambialis, II Theile, Einleitung zum Wechsel-recht überhaupt, Leipzig 1742, hier T. I., S. 457.
[18] ISG Frankfurt a. M., RKG Nr. 947, [Q] 34, § 146, S. 52.
[19] Dazu näher ANJA AMEND, Schuldklagen aus Wechseln vor dem Reichskammergericht, noch nicht veröffentlichte Habilitationsschrift.

- auf *rationes dubitandi et decidendi*, die die Juristenfakultät der Universität Frankfurt/Oder aufgrund der Aktenversendung durch den Frankfurter Schöffenrat erstellt hatte
- und Ergebnisse einer Schöffendeputation.

Sämtliche Entscheidungshilfen zusammengenommen brachten zum Teil unterschiedliche Rechtstraditionen ein: Frankfurter Recht und dort herrschende Gewohnheiten durch das Parere der Frankfurter Kaufmannschaft, Lyoner Recht und dort herrschende Gewohnheiten durch das Parere der Lyoner Handelskammer, Wechselrechtstraditionen anderer deutscher und ausländischer Plätze durch die Erwägungen einer Juristenfakultät und anderer eingesetzter Gremien, dabei nicht zuletzt die den deutschen Wechselrechtsgewohnheiten fremde Regelung der Ordonnance, deren Sinndeutung für die Annahme einer kurzen Verjährung letztlich beide Gerichte – ungeachtet der institutionellen Reibereien – zur Basis ihrer inhaltlichen Entscheidung machten: Auch bei mit Wechselgeschäften nur verbundenen Rechtsgeschäften sollte *Verwirrung im Handel und Wandel vermieden* und deshalb mit einer kurzen Verjährung die *Nachläßigkeit des Gläubigers bestraft*[20] werden.

V.

Wie ging nun die Sache Küchler gegen Bourne aus? Der endgültige Abschluss der Sache ist aus dem noch vorhandenen Aktenmaterial nicht ersichtlich. Das letzte überlieferte Schreiben des Frankfurter Schöffenrats an beide Gerichte, das auf den 9. Mai 1794 datiert ist, teilt lediglich den – unveränderten – Sachstand mit[21]. Mehr als zwei Jahre zuvor berichtete die vom Reichskammergericht wegen der Befehlsverweigerung eingesetzte kaiserliche Kommission nach Wetzlar, der Syndikus der Stadt Frankfurt habe zwar eingeräumt, dass sie die Vollstreckungsanweisungen und die hierauf ergangenen Paritionsanzeigen in der Sache Küchler gegen Bourne sämtlich erhalten hätten. Jedoch hätten sie sich zu deren Einhaltung aus besagten Gründen außer Stande gesehen. Denn obwohl das Reichskammergericht angeordnet habe, ungeachtet einer reichshofrätlichen Entscheidung den Anordnungen des Reichskammergerichts Folge zu leisten, so sei doch bekannt, *daß die beiden Höchsten Reichs-gerichte von einan-*

---

[20] So die Begründung für die kurze Verjährung in Wechselsachen bei JOHANN LUDWIG SPAN, Der freien Stadt Frankfurt am Main Wechsel-Recht. Aus dasigen Statutis, sonderlich der jüngsten Wechselordnung de 1739, methodice verfasset und mit dem gemeinen Wechsel-Recht überall verglichen, folglich zugleich als eine Einleitung zu dem letztern eingerichtet, auch mit einem vollständigen Register versehen, Franckfurt u. a. 1752, § 116, S. 77.
[21] ISG Frankfurt a. M., RKG Nr. 947, [Q] 150.

der unabhängig seyen, mithin bliebe, wenn deren Verordnungen gegen einander liefen, und sich wechselweis aufhöben, folgl. nicht zugleich befolgt werden könnten, den betrofenen Parthien ... nicht anders übrig, als alles in statu quo zu belassen, und von Kayl. May. und dem Reich, die diesen allein vi potestatis legislatoriae zustehende Entscheidung des Jurisdictions Conflicts abzuwarten. Bis dahin müsse die angeordnete Vollstreckung ausgesetzt werden. Nach Angaben des Syndikus hatte man der kaiserlichen Kanzlei bereits im März 1791 Bericht erstattet[22]. Bournes Agent hat später am Reichshofrat die Zustellung des kaiserlichen Reskripts belegt[23] und noch später um Zustellung einer etwaigen Frankfurter Stellungnahme bzw. um Fortsetzung des Verfahrens in contumaciam gebeten[24].

---

[22] Extractus Protocolli vom 18.10.1792, ISG Frankfurt a. M., RKG Nr. 947, ohne [Q], in Aktennummer 1465.

[23] 10. Mai 1791, ebd. fol. 373 v. An Stellungnahmen der Stadt Frankfurt zum kaiserlichen Reskript vom 12. März 1791 ist in Wien erhalten bzw. nachweisbar: 1. die Bitte um Einräumung eines Termins von 2 Monaten zur Stellungnahme (behandelt in der Sitzung vom 8. August 1791, HHStA RHR, Prot. rer. res. XVIII/220, fol. 84 r.), 2. eine am 12. Januar 1792 präsentierte Paritionserklärung, HHStA RHR, Ob. Reg. K. 154/2, 3. eine weitere Stellungnahme mit Bitte um ein Ermahnungsschreiben an die Direktoren des Oberrheinischen Reichskreises (entschieden am RHR am 22. Oktober 1792: HHStA RHR, Prot. rer. res. XVIII/221, fol. 243 v.) sowie 4. eine Erklärung über die Zustellung des in Folge dieses Antrags ergangen kaiserlichen Reskripts an die Kreisfürsten (behandelt am RHR in der Sitzung vom 19. November 1792: HHStA RHR, Prot. rer. res. XVIII/221, fol. 287 v.

[24] 8. August 1791, HHStA RHR, Prot. rer. res. XVIII/220, fol. 84 r.; 20. Oktober 1791, HHStA RHR, Prot. rer. res. XVIII/221, fol. 200 r.; 22. Oktober 1792, HHStA RHR, Prot. rer. res. XVIII/221, fol. 243 v.

DIE FORMIERUNG DES REICHSHOFRATS (1519-1564)

EIN PROJEKT DER KOMMISSION FÜR RECHTSGESCHICHTE ÖSTERREICHS DER ÖSTERREICHISCHEN AKADEMIE DER WISSENSCHAFTEN IN ZUSAMMENARBEIT MIT DEM HAUS-, HOF- UND STAATSARCHIV

Von Eva Ortlieb

Das wissenschaftliche Interesse am Reichshofrat – dem neben dem Reichskammergericht zweiten Höchstgericht des Heiligen Römischen Reichs deutscher Nation – hat im letzten Jahrzehnt deutlich zugenommen.[1] Dass die Tagungen etwa des ‚Netzwerks Reichsgerichtsbarkeit‘ und der ‚Gesellschaft für Reichskammergerichtsforschung e. V.‘ Vorträge zum Reichshofrat berücksichtigen und in der Reihe ‚Quellen und Forschungen zur höchsten Gerichtsbarkeit im Alten Reich‘ immer wieder dem Reichshofrat gewidmete Studien erscheinen, lässt hoffen, dass das unreflektierte Verständnis des Reichskammergerichts als des (einzigen) obersten Reichsgerichts zumindest in der Fachwelt langsam als überwunden gelten kann.[2] Durchzusetzen beginnt sich darüber hinaus die Einsicht, dass Reichshofrat und Reichskammergericht als aufeinander bezogen

---

[1] Über den aktuellen Stand der Forschung zum Thema Reichsgerichte informieren die Überblicke von S. Westphal, Zur Erforschung der obersten Gerichtsbarkeit des Alten Reiches. Eine Zwischenbilanz, in: Jahrbuch der historischen Forschung in der Bundesrepublik Deutschland 1999, S. 15-22; Dies. und S. Ehrenpreis, Stand und Tendenzen der Reichsgerichtsforschung, in: A. Baumann u. a. (Hgg.), Prozeßakten als Quelle. Neue Ansätze zur Erforschung der Höchsten Gerichtsbarkeit im Alten Reich (Quellen und Forschungen zur höchsten Gerichtsbarkeit im Alten Reich 37), Köln/Weimar/Wien 2001, S. 1-13, sowie das Themenheft ‚Reichsgerichtsbarkeit‘ der Internet-Zeitschrift zeitenblicke 3, 2004, Nr. 3 [13.12.2004] <http://www.zeitenblicke.de/> (11.07.2005). Speziell zum Reichshofrat A. Baumann und E. Ortlieb, Netzwerk Reichsgerichtsbarkeit, in: B. Feldner u. a. (Hgg.), Ad fontes. Europäisches Forum Junger Rechtshistorikerinnen und Rechtshistoriker Wien 2001, Frankfurt/M. u. a. 2002, S. 23-36, hier 28-34. Vgl. auch die jüngsten Dissertationen von S. Ehrenpreis, Kaiserliche Gerichtsbarkeit und Konfessionskonflikt. Der Reichshofrat unter Rudolf II. 1576-1612 (Schriftenreihe der Historischen Kommission bei der Bayerischen Akademie der Wissenschaften 72), Göttingen 2006, und B. Staudinger, Juden am Reichshofrat. Jüdische Rechtsstellung und Judenfeindschaft am Beispiel der österreichischen, böhmischen und mährischen Juden 1559-1670, Wien 2001, sowie die Habilitationsschrift von S. Ullmann, Geschichte auf der langen Bank. Die Kommissionen des Reichshofrats unter Kaiser Maximilian II. (1564-1576), Augsburg 2004.

[2] *Oberstes Gericht für das Heilige Römische Reich war das Reichskammergericht*: P. G. Stein, Römisches Recht und Europa. Die Geschichte einer Rechtskultur, Frankfurt/M. 1996, S. 142. Auch Ralf-Peter Fuchs ist die Existenz des Reichshofrats bewusst, obwohl er – in Steinscher Manier – das Reichskammergericht im Titel seines Beitrags als das (einzige) Höchstgericht des Alten Reichs erscheinen lässt: R.-P. Fuchs, The Supreme Court of the Holy Roman Empire: The State of Research and the Outlook, in: Sixteenth Century Journal 34 (2003), S. 9-27.

gesehen werden müssen – wobei dieser Bezug nicht nur Konkurrenz, sondern auch Koexistenz und Zusammenarbeit bedeuten konnte.[3]

Einen wesentlichen Teil der aktuellen Forschung zum Reichshofrat
bilden die Bemühungen um die Erschließung seines Archivs, das – unge-
achtet empfindlicher, z. T. bereits zeitgenössischer Verluste und einiger
Auslieferungen nach der Auflösung des Alten Reichs[4] – im wesentlichen
als Ganzes erhalten blieb und heute im Haus-, Hof- und Staatsarchiv in
Wien aufbewahrt wird.[5] Damit wird zum einen die Konsequenz aus der
Tatsache gezogen, dass die wissenschaftliche Arbeit auf aussagekräftige
Findmittel angewiesen ist, um ihre archivarische Grundlage mit zumutba-
rem Arbeitsaufwand identifizieren zu können. Nicht umsonst hängt die
Konjunktur der Reichskammergerichtsforschung auch mit der gründlichen
und an wissenschaftlichen Anforderungen orientierten Neuverzeichnung
der reichskammergerichtlichen Überlieferung in einem seit Jahrzehnten
und in zahlreichen Archiven gleichzeitig durchgeführten Projekt zusammen.[6] Zum anderen erfordert gerade das immer wieder eingeforderte Her-
stellen von Bezügen zwischen Reichshofrat und Reichskammergericht
eine Angleichung der Forschungsbedingungen zu beiden Institutionen –
eine angesichts des immensen Vorsprungs des Reichskammergerichts
allerdings allenfalls auf lange Sicht zu lösende Aufgabe.

Den organisatorischen Kern der in besonderer Weise auf die Neuverzeichnung seines Archivs ausgerichteten Reichshofratsforschung bilden
die Akademie der Wissenschaften zu Göttingen (em. Univ.-Prof. Dr. jur.
Wolfgang Sellert), die Österreichische Akademie der Wissenschaften
(federführend: Kommission für Rechtsgeschichte Österreichs, em. Univ.-
Prof. Dr. jur. Dr. h. c. Werner Ogris) und das Österreichische Staatsarchiv

---

[3] E. O r t l i e b, Die ‚Alten Prager Akten' im Rahmen der Neuerschließung der Akten des Reichshofrats im Haus-, Hof- und Staatsarchiv in Wien, in: Mitteilungen des Österreichischen Staatsarchivs
51 (2004), S. 593-634, hier 630 f.; S. W e s t p h a l, Kaiserliche Rechtsprechung und herrschaftliche
Stabilisierung. Reichsgerichtsbarkeit in den thüringischen Territorialstaaten 1648-1806 (QFHG 43),
Köln/Weimar/Wien 2002, S. 6.

[4] F. B a t t e n b e r g, Reichshofratsakten in den deutschen Staatsarchiven. Eine vorläufige Be-
standsaufnahme, in: W. S e l l e r t (Hg.), Reichshofrat und Reichskammergericht. Ein Konkurrenzverhältnis (QFHG 34), Köln/Weimar/Wien 2001, S. 221-240.

[5] L. A u e r, Das Archiv des Reichshofrats und seine Bedeutung für die historische Forschung, in:
B. D i e s t e l k a m p und I. S c h e u r m a n n (Hgg.), Friedenssicherung und Rechtsgewährung.
Sechs Beiträge zur Geschichte des Reichskammergerichts und der obersten Gerichtsbarkeit im alten
Europa, Bonn/Wetzlar 1997, S. 117-130; D e r s., Such- und Erschließungsstrategien für die Pro-
zeßakten des Reichshofrats, in: S e l l e r t (Hg.), Reichshofrat (wie Anm. 4), S. 211-219.

[6] J. W e i t z e l, Das Inventar der Akten des Reichskammergerichts, in: Zeitschrift für Neuere Rechtsgeschichte 21 (1999), S. 408-416. Derzeit wird an einer elektronischen Zusammenführung und
Auswertung der verschiedenen bereits erschienenen Archivinventare gearbeitet: B. S c h i l d t, Inhaltliche Erschließung und ideelle Zusammenführung der Prozessakten des Reichskammergerichts
mittels einer computergestützten Datenbank, in: Ebd. 25 (2003), S. 269-290.

(federführend: Haus-, Hof- und Staatsarchiv, Archivdirektor Hon.-Prof. Dr. phil. Leopold Auer). Eine schriftliche Vereinbarung der genannten Institutionen zur Kooperation in Sachen Reichshofrat liegt inzwischen vor. Darüber hinaus führt jede Institution in Absprache mit den Partnerinstitutionen Teilprojekte durch, die aus verschiedenen Mitteln finanziert werden. Damit sollen wenigstens kleinere Fortschritte bei der Erschließung der Reichshofratsakten ermöglicht werden, selbst wenn ein Großprojekt wie die Neuverzeichnung der Akten des Reichskammergerichts für den Reichshofrat aus organisatorischen und finanziellen Gründen nicht oder nicht sofort verwirklicht werden kann. Das aktuelle Projekt der Kommission für Rechtsgeschichte Österreichs beschäftigt sich mit der Frühzeit des Reichshofrats unter den Kaisern Karl V. und Ferdinand I.[7] Nach zwei primär der Verzeichnung gewidmeten Unternehmungen[8] soll mit diesem die Forschung in den Vordergrund rückenden Projekt erneut die wissenschaftliche Bedeutung der reichshofrätlichen Quellen unter Beweis gestellt werden.

Die Epoche zwischen 1519 und 1564, also die Zeit zwischen dem Regierungsantritt Kaiser Karls V. und dem Tod seines Bruders und Nachfolgers im Kaisertum Ferdinand I., stellt den entscheidenden Schritt bei der Entstehung des Reichshofrats dar.[9] Zwar hat bereits König Maximilian über einen Hofrat verfügt, der in Vielem – etwa der Zuständigkeit für *hendel* aus Reich und Erbländern und der kollegialen Organisation – auf

---

[7] E. Ortlieb und M. Senn, Die Formierung des Reichshofrats unter Karl V. und Ferdinand I. (1519-1564), in: zeitenblicke (wie Anm. 1); www.univie.ac.at/rechtsgeschichte/reichshofrat; www.oeaw.ac.at/krgoe.

[8] Ein von Hon.-Prof. Dr. Leopold Auer geleitetes und vom Jubiläumsfonds der Österreichischen Nationalbank finanziertes Projekt beschäftigte sich mit der elektronischen Erfassung des sog. Wolfschen Repertoriums, des wichtigsten Fundbehelfs zu den Judicialia im Reichshofratsarchiv: A. Stögmann, Die Erschließung von Prozeßakten des Reichshofrats im Haus-, Hof- und Staatsarchiv Wien. Ein Projektzwischenbericht, in: Mitteilungen des Österreichischen Staatsarchivs 47 (1999), S. 249-265; G. Polster, Die elektronische Erfassung des Wolfschen Repertoriums zu den Prozessakten im Wiener Haus-, Hof- und Staatsarchiv, in: Ebd. 51 (2004), S. 635-649. Die Arbeiten konnten durch einen finanziellen Zuschuss des Max-Planck-Instituts für europäische Rechtsgeschichte Frankfurt/M. und die Mitarbeit von Mag. Julia Zangerl (Wien) inzwischen abgeschlossen werden. Die elektronische Version des Wolfschen Repertoriums steht vorerst im Haus-, Hof- und Staatsarchiv sowie im Max-Planck-Institut in Frankfurt/M. zur Verfügung. Ein weiteres Projekt gilt der Neuverzeichnung der sog. Alten Prager Akten, einer der kleineren Prozessaktenserien des Reichshofratsarchivs: W. Sellert, Projekt einer Erschließung der Akten des Reichshofrats, in: Ders. (Hg.), Reichshofrat (wie Anm. 4), S. 199-210; Ortlieb, Die ‚Alten Prager Akten‘ (wie Anm. 3). Das Projekt steht unter der Leitung von em. Univ.-Prof. Dr. jur. Wolfgang Sellert und wurde von der Volkswagen Stiftung finanziert.

[9] Zum folgenden E. Ortlieb, Vom königlichen/kaiserlichen Hofrat zum Reichshofrat. Maximilian I., Karl V., Ferdinand I., in: B. Diestelkamp (Hg.), Das Reichskammergericht. Der Weg zu seiner Gründung und die ersten Jahrzehnte seines Wirkens (1451-1527) (QFHG 45), Köln/Weimar/Wien 2003, S. 221-289.

den späteren Reichshofrat vorausweist.[10] Durchgesetzt hat sich die neue
Behörde aber noch nicht, wie mehrere Hofratsprojekte aus der späteren
Regierungszeit Maximilians bis 1518 belegen.[11] Deswegen ist das Jahr
1559 als eine Art Gründungsdatum des Reichshofrats behandelt worden.[12]
Ihre Rechtfertigung findet diese Praxis in der Tatsache, dass Kaiser Ferdinand I. in diesem Jahr eine *hofrats ordnung* publizieren ließ, die die gerichtlichen Agenden betont und den vorher und zum Teil auch noch später
‚Hofrat' genannten Rat explizit als ‚Reichshofrat' bezeichnet.[13] Der
Reichshofrat gehört jedoch zu denjenigen Behörden, die nicht zu einem
bestimmten Termin eingesetzt wurden, sondern sich schrittweise aus verschiedenen Vorformen entwickelten, bis eine gesetzliche Regelung für das
inzwischen klar in Erscheinung tretende Gremium als notwendig empfun-
den wurde. Eine solche Regelung – wie die Hofratsordnung von 1559 –
schafft daher keine neue Institution, sondern schreibt eine mehr oder min-
der etablierte Praxis fest. Die entscheidende Phase der Entstehung des
Reichshofrats, in der er sich als kaiserliche Behörde mit bestimmten richterlichen und administrativen Aufgaben etablierte, fällt also in die Regierungszeit der Kaiser Karl V. und Ferdinand I. Auf diese besondere Bedeutung der Jahre zwischen 1519 und 1564 zielt der Begriff ‚Formierung'.

---

[10] Hofordnung König Maximilians vom 13. Dezember 1497: T. Fellner und H. Kretschmayr (Bearb.), Die Österreichische Zentralverwaltung, I. Abteilung: Von Maximilian I. bis zur Vereinigung der österreichischen und böhmischen Hofkanzlei (1749), Bd. 2: Aktenstücke 1491-1681 (Veröffentlichungen der Kommission für neuere Geschichte Österreichs 6), Wien 1907, S. 6-16, Zitat S. 7. Zum Hofrat Maximilians S. Adler, Die Organisation der Centralverwaltung unter Kaiser Maximilian I., Leipzig 1886, S. 36-69; H. Wiesflecker, Kaiser Maximilian I. Das Reich, Österreich und Europa an der Wende zur Neuzeit, Bd. 2, Wien 1975, S. 305-313, Bd. 3, Wien 1977, S. 247-251, Bd. 4, Wien 1981, S. 306-320.

[11] Das wichtigste dieser Projekte stellt die auf dem Innsbrucker Ausschusslandtag 1518 zwischen dem Kaiser und den Ständen der ober- und niederösterreichischen Länder vereinbarte Einsetzung eines ständigen Hofrats am Kaiserhof dar: Libell Kaiser Maximilians I., die Reform des Hofstaats- und Behördenwesens betreffend, 1518 05 24: Fellner und Kretschmayr (Bearb.), Zentralverwaltung (wie Anm. 10), Nr. 10, S. 84-91; Wiesflecker, Maximilian (wie Anm. 10), Bd. 4, S. 306-320. Aber auch aus den Jahren 1507 und 1512 beispielsweise sind Diskussionen um die Einsetzung neuer Ratskollegien überliefert: Adler, Centralverwaltung (wie Anm. 10), S. 67; J. Herchenhahn, Geschichte der Entstehung, Bildung und gegenwärtigen Verfassung des kaiserlichen Reichshofraths nebst der Behandlungsart der bei demselben vorkommenden Geschäfte, Teil 1, Mannheim 1792, S. 498-500.

[12] So verfährt bereits von Gschließer in seinem Standardwerk über die Besetzung des Reichshofrats: O. v. Gschließer, Der Reichshofrat. Bedeutung und Verfassung, Schicksal und Besetzung einer obersten Reichsbehörde von 1559 bis 1806 (Veröffentlichungen der Kommission für neuere Geschichte des ehemaligen Österreich 33), Wien 1942.

[13] Reichshofratsordnung Ferdinands I. 1559 04 03: W. Sellert (Hg.), Die Ordnungen des Reichshofrates 1550-1766, Bd. 1 (QFHG 8), Köln/Wien 1980, S. 27-36, Zitat S. 27, Bezeichnung als Reichshofrat S. 29. Zur Interpretation der Hofratsordnung von 1559 als erste Reichshofratsordnung *im Sinne einer Gerichtsordnung* Ders., Prozeßgrundsätze und Stilus Curiae am Reichshofrat im Vergleich mit den gesetzlichen Grundlagen des reichskammergerichtlichen Verfahrens (Untersuchungen zur deutschen Staats- und Rechtsgeschichte. N. F. 18), Aalen 1973, S. 66.

Die rechtshistorische und historische Forschung hat sich bisher kaum mit der Geschichte des Reichshofrats in seiner Formierungsphase befasst. Zwar verweisen Standardwerke und Überblicksdarstellungen durchweg auf seine ‚Vorgeschichte‘ vor 1559,[14] ohne sie allerdings genauer zu untersuchen. Was den sog. deutschen Hofrat Karls V. betrifft, ist die Historiographie über die Arbeiten von Gustav Winter – der neben einer Edition des sog. Ordo consilii von 1550, der einzigen bisher bekannten Hofratsordnung Kaiser Karls V., auch Angaben zur personellen Besetzung dieses Rats veröffentlichte – und Heinrich Lutz – der sich mit den Plänen zu einer Reorganisation des Hofrats im Rahmen einer neuen Reichspolitik des Kaisers ab 1552 auseinander setzte – nicht wesentlich hinausgekommen.[15] Dass die Existenz eines kaiserlichen (Reichs-)hofrats vor 1559 der Forschung nicht ausreichend bewusst war, hat gelegentlich zu Missverständnissen und Fehldeutungen geführt.[16] Der Grund für diese Zurückhaltung der Historiographie dürfte – neben einem allgemein eher geringen Interesse an verwaltungsgeschichtlichen Fragen[17] – wesentlich in der Tat-

---

[14] G s c h l i e ß e r, Reichshofrat (wie Anm. 12), S. 1-5; P. M o r a w, Art. ‚Reichshofrat‘, in: A. E r l e r und E. K a u f m a n n (Hgg.), Handwörterbuch zur deutschen Rechtsgeschichte, Bd. 4, Berlin 1990, Sp. 630-638, hier Sp. 630, 631 f.; S e l l e r t, Prozeßgrundsätze (wie Anm. 13), S. 60-64.

[15] G. W i n t e r, Der Ordo consilii von 1550. Ein Beitrag zur Geschichte des Reichshofrathes, in: Archiv für österreichische Geschichte 79 (1893), S. 101-126; H. L u t z, Christianitas afflicta. Europa, das Reich und die päpstliche Politik im Niedergang der Hegemonie Kaiser Karls V. (1552-1556), Göttingen 1964, insbes. S. 110-114 und 184 f. Vgl. auch A. K o h l e r, Zur Bedeutung der Juristen im Regierungssystem der ‚Monarchia universalis‘ Kaiser Karls V., in: Die Verwaltung 14 (1981), S. 177-202; D e r s., Zur Bedeutung der Juristen im Regierungssystem der ‚Monarchia universalis‘ Kaiser Karls V., in: R. S c h n u r (Hg.), Die Rolle der Juristen bei der Entstehung des modernen Staates, Berlin 1986, S. 649-674, zuletzt d e r s., Karl V. 1500-1558. Eine Biographie. 2. Aufl. München 2000, S. 129. Der Ordo consilii findet sich auch in der Edition der Reichshofratsordnungen bei S e l l e r t (Hg.), Ordnungen (wie Anm. 13), S. 18-21.

[16] So spricht beispielsweise H. R a b e, Reichsbund und Interim. Die Verfassungs- und Religionspolitik Karls V. und der Reichstag von Augsburg 1547/48, Köln/Wien 1971, S. 196 f., von *Leitungsfunktionen beim Reichstag*, wo es sich in Wirklichkeit um das Amt eines Präsidenten des kaiserlichen Hofrats handelte, wie aus der von Rabe angegebenen Quelle hervorgeht: Nicolas Perrenot de Granvelle an Maria Königin von Ungarn, Augsburg, 1547 09 01: HHStA (Haus-, Hof- und Staatsarchiv Wien), Belgien PA 53 (alt 74), Konv. 2, fol. 268-272, hier fol. 271v-272r. Das Ergebnis von H. N e u h a u s, Reichstag und Supplikationsausschuß. Ein Beitrag zur Reichsverfassungsgeschichte in der ersten Hälfte des 16. Jahrhunderts (Schriften zur Verfassungsgeschichte 24), Berlin 1977, S. 193, wonach der ständische Supplikationsausschuss *zu einem Teil die zeitweise dominierende Rolle des Reichstags gegenüber dem Kaiser* begründet habe, geht darauf zurück, dass Neuhaus in offensichtlicher Unkenntnis der Existenz des kaiserlichen Hofrats dessen Rolle bei der Bearbeitung von Supplikationen nicht wahrnehm, vgl. E. O r t l i e b, Reichshofrat und Reichstage, in: G. K l i n g e n s t e i n u. a. (Hgg.), Kaiser, Hof und Reich in der Frühen Neuzeit, Tagung der Historischen Kommission der Österreichischen Akademie der Wissenschaften in Zusammenarbeit mit dem Institut für Europäische Geschichte Mainz 2004, erscheint im Archiv für österreichische Geschichte (im Druck).

[17] A. K o h l e r, Einleitung, in: D e r s., B. H a i d e r und C. O t t n e r (Hgg.), Karl V. 1500-1558. Neue Perspektiven seiner Herrschaft in Europa und Übersee (Zentraleuropa-Studien 6), Wien 2002, S. 1-19, hier 17.

sache liegen, dass das Reichshofratsarchiv in die großen Unternehmungen zur Erschließung von Quellen zur Geschichte Karls V.[18] zumeist nicht einbezogen wurde. In dem bisher ganz überwiegend herangezogenen Material, etwa der Korrespondenz zwischen den habsburgischen Geschwistern oder den Reichstagsakten, hat der Hofrat aber vergleichsweise wenig Spuren hinterlassen, so dass sich eine Beschäftigung damit auf dieser Basis nicht gerade aufdrängte. Ausgewirkt hat sich außerdem möglicherweise das Verdikt von Heinrich Lutz, wonach der ‚deutsche' Hofrat Karls V. *zu einer politisch bedeutungslosen Expeditionsstelle*[19] geworden sei.

Eine wichtige Rolle bei der Entstehung des Reichshofrats spielte jedoch nicht nur der Hofrat Kaiser Karls V., sondern auch der Hofrat König Ferdinands – und das nicht nur, weil es dieser Hofrat war, der mit der Proklamation Ferdinands zum Kaiser in den kaiserlichen Hofrat überging, dessen Arbeit durch die Ordnung von 1559 geregelt wurde.[20] Vielmehr war der Hofrat Ferdinands bereits vor 1556 (dem Rückzug Karls V. aus dem Reich) bzw. 1558 (Ferdinands Proklamation zum Kaiser) neben erbländischen Geschäften auch für Reichsangelegenheiten zuständig. Das ergab sich aus der Position Ferdinands als Statthalter des Kaisers beim Reichsregiment, als Stellvertreter des Kaisers sowie als Römischer König. Zu den Rechten, die Karl Ferdinand für die Zeit seiner Abwesenheit vom Reich übertrug, gehörte die Behandlung von Reichssachen einschließlich von Standeserhöhungen (1522) sowie die Rechtsprechung im Reich (1531).[21] Über den Hofrat König Ferdinands ist, was seine normative

---

[18] K. B r a n d i , Die Überlieferung der Akten Karls im Haus-, Hof- und Staatsarchiv (Berichte und Studien zur Geschichte Karls V. 4, 5, 7, 11), in: Nachrichten von der Gesellschaft der Wissenschaften zu Göttingen, Philosophisch-historische Klasse, Fachgruppe 2: Mittlere und Neuere Geschichte 1931, S. 241-277; 1932, S. 18-51; 1932, S. 229-259; 1933, S. 513-578; H. R a b e (Hg.), Politische Korrespondenz Karls V. Brieflisten und Register, 20 Bde., Konstanz 1999 (beides ohne Berücksichtigung des Reichshofratsarchivs); Die Korrespondenz Ferdinands I. Familienkorrespondenz, Bd. 1: bis 1526, bearb. v. W. B a u e r , Wien 1912; Bd. 2: 1527-1530, bearb. v. W. B a u e r und R. L a c r o i x , Wien 1937-1938; Bd. 3: 1531-1532, bearb. v. H. W o l f r a m und C. T h o m a s , Wien 1973-1984; Bd. 4: 1533-1534, bearb. v. C. F. L a f e r l und C. Lutter (Veröffentlichungen der Kommission für neuere Geschichte Österreichs 11, 30, 31, 58, 90), Wien/Köln/Weimar 2000; Deutsche Reichstagsakten unter Kaiser Karl V., Bd. 1, bearb. v. A. K l u c k h o h n , Gotha 1893; Bd. 2-4, bearb. v. A. W r e d e , Gotha 1896-1905; Bd. 7/1-2, bearb. v. J. K ü h n , Stuttgart 1935, ND 1963; Bd. 8/1-2, bearb. v. W. S t e g l i c h , Göttingen 1970-1971; Bd. 10/1-3, bearb. v. R. A u l i n g e r , Göttingen 1992; Bd. 12/1-2, bearb. von S. S c h w e i n z e r - B u r i a n , München 2003; Bd. 15/1-4, bearb. v. E. E l t z , Göttingen 2001; Bd. 16/1-2, bearb. v. R. A u l i n g e r (Deutsche Reichstagsakten. Jüngere Reihe), Göttingen 2003.

[19] L u t z , Christianitas (wie Anm. 15), S. 111 Anm. 92a, wiederholt von K o h l e r , Karl V. (wie Anm. 15), S. 130.

[20] G s c h l i e ß e r , Reichshofrat (wie Anm. 12), S. 5.

[21] Vollmacht Karls für Ferdinand 1522 03 22: HHStA, RK, Reichsregister Karls V. Bd. 3, fol. 48rv, 49rv. Karl an Ferdinand 1531 01 16: Korrespondenz Ferdinands I. (wie Anm. 18), Bd. 3, Nr. 457a,

Grundlage in Form von Behördeninstruktionen und seine personelle Besetzung betrifft, dank des Interesses der österreichischen Verwaltungsgeschichte und Historiographie an dem ‚Begründer der Habsburgermonarchie' mehr bekannt als über den Hofrat Karls V.[22] Unklar ist aber insbesondere, mit welchen Angelegenheiten dieser Hofrat konkret beschäftigt
war.

Angesichts der bisherigen Zurückhaltung der Forschung sind viele
Fragen im Hinblick auf die Hofräte Kaiser Karls V. und König bzw. Kaiser Ferdinands I. – die als Organe der Zentralverwaltung und des obersten
Justizwesens im Alten Reich nicht nur das Interesse der Reichshofratsforschung für sich beanspruchen können – offen. Das betrifft beispielsweise
die personelle Besetzung des Hofrats Karls V., zu der bis in die jüngste
Forschung hinein zeitgenössische Beschwerden über eine angebliche Do-
minanz von Spaniern und Niederländern mehr wiederholt als überprüft
wurden.[23] Weiters ist unklar, welche Tätigkeit der karolinische Hofrat
entfaltete. Dabei geht es zum einen darum, einen Überblick über das
Ausmaß seiner Aktivitäten zu gewinnen, zum anderen muss ermittelt werden, mit welchen Angelegenheiten sich die Hofräte im Einzelnen beschäf-
tigten. Zu fragen ist darüber hinaus nach der Organisation der Arbeit im
Rat, den rechtlichen und sonstigen Grundlagen seiner Entscheidungen und
seiner konkreten Bedeutung im Rahmen der Reichspolitik des Kaisers und
der Reichsverfassung allgemein. Im Hinblick auf den Hofrat König Ferdinands wäre insbesondere seine Tätigkeit genauer zu untersuchen. Er-
schwerend dürfte sich hier allerdings auswirken, dass sich kein geschlos-
sener Quellenbestand aus dem königlichen Hofrat erhalten hat.[24] Offen ist
– für die Zeit ihrer Koexistenz – darüber hinaus, wie die Zusammenarbeit

---

S. 25-33. Vgl. C. Thomas, Moderación del poder. Zur Entstehung der geheimen Vollmacht für
Ferdinand I. 1531, in: Mitteilungen des Österreichischen Staatsarchivs 27 (1974), S. 101-140.

[22] Die Ordnungen der Behörden Ferdinands – darunter Hofratsordnungen – sowie Hofstaatsverzeich-
nisse, die auch den Hofrat berücksichtigen, haben insbesondere Thomas Fellner und Heinrich
Kretschmayr gesammelt und ediert: Fellner und Kretschmayr, Zentralverwaltung (wie
Anm. 10), Bd. 2, Nr. 12/I, S. 100-126 (Hofstaatsordnungen 1527 und 1537), Nr. 15, S. 272-275
(Hofratsordnung 1541); Nr. 12/III, S. 147-187 (Hofstaatsverzeichnisse Ferdinands). Zum Hofrat
E. Rosenthal, Die Behördenorganisation Kaiser Ferdinands I. Das Vorbild der Verwaltungsorganisation in den deutschen Territorien. Ein Beitrag zur Geschichte des Verwaltungsrechts, in: Archiv für österreichische Geschichte 69 (1887), S. 51-316, insbesondere 55-80; zuletzt G. Rill,
Fürst und Hof in Österreich von den habsburgischen Teilungsverträgen bis zur Schlacht von Mo-
hács (1521/22 bis 1526), Bd. 2: Gabriel von Salamanca, Zentralverwaltung und Finanzen (Forschungen zur europäischen und vergleichenden Rechtsgeschichte 7/2), Wien/Köln/Weimar 2003,
insbesondere S. 66-79.

[23] Kohler, Karl V. (wie Anm. 15), S. 129.

[24] Protokolle aus dem königlichen Hofrat Ferdinands sind nicht vorhanden: Gschließer, Reichshofrat (wie Anm. 12), S. 5. Im Reichshofratsarchiv liegen zwar auch vom Hofrat König Ferdinands
bearbeitete Akten, die hinsichtlich ihrer Anzahl jedoch eher verstreute Einzelstücke als eine zu-
sammenhängende Überlieferung darstellen: Ortlieb, Hofrat (wie Anm. 9), S. 278-282.

der beiden Hofräte – des kaiserlichen und des königlichen – funktionierte. Alle diese Fragen betreffen nicht nur das Thema des gegenwärtigen Projekts im engeren Sinn, sondern auch größere Bereiche der frühneuzeitlichen Reichsgeschichte: die Geschichte des Reichshofrats, weil die weitere Aufhellung seiner Entstehung und frühen Ausrichtung Rückschlüsse beispielsweise auf sein Verhältnis zum Reichskammergericht, seine Bedeutung innerhalb der Rechts- und Prozessentwicklung im Reich und seine Stellung in der Reichsverfassung verspricht, die Geschichte Karls V., weil über die Arbeit des Hofrats ein bisher vielleicht zu wenig beachteter Aspekt der kaiserlichen Reichspolitik und der Stellung dieses seinen politischen Schwerpunkt außerhalb setzenden Kaisers zum Reich sichtbar wird, für die Geschichte Ferdinands I., weil sich seine Bedeutung für die Reichsgeschichte bereits vor seiner Proklamation zum Kaiser möglicherweise akzentuieren lässt, und für die Reichsverfassungsgeschichte, weil ein nicht zu unterschätzender Teilbereich des Funktionierens des Reichsorganismus bzw. der Begegnung von Kaiser und Reich beschrieben werden kann. Über ihren Beitrag zur Reichsgeschichte hinaus kann die weitere Erforschung des Reichshofrats dabei helfen, Grundlagen für vergleichende Studien zur höchsten Gerichtsbarkeit in Europa zu schaffen.[25]

Selbstverständlich kann ein zeitlich befristetes Projekt keinesfalls erschöpfende Auskunft auf alle diese Fragen geben. Angesichts eines Untersuchungszeitraums, in dem die Quellen trotz hoher Verluste bereits in einem für den Einzelnen kaum noch überschaubaren Ausmaß fließen, kommt es vor allem darauf an, Schwerpunkte zu setzen. Was seine Quellengrundlage betrifft, wird sich das Projekt auf das Archiv des Reichshofrats konzentrieren. Das ergibt sich nicht nur aus seiner Einbindung in die oben erwähnten Bemühungen um die Erschließung dieses Archivs, sondern auch aus der Tatsache, dass das Reichshofratsarchiv – wie erste Sondierungen, die bereits unmittelbar von den Neuverzeichnungsprojekten profitieren konnten, gezeigt haben – reiches und von der Forschung bisher nur sporadisch herangezogenes Material zur Thematik enthält. Dabei handelt es sich zum einen um die Akten der vom Hofrat Karls bzw. Kaiser Ferdinands, in Einzelfällen auch dem Hofrat des Königs geführten Verfahren. Sie sind in zwei großen Reihen überliefert, den sog. Judicialia – also den als Prozessakten abgelegten Vorgängen – und den Gratialia – den Vorgängen um Lehen und Privilegien sowie sonstige Vergünstigungen,

---

[25] Einen der wenigen Versuche zur vergleichenden Erforschung der höchsten Gerichtsbarkeit im Alten Reich stellt ein von Bernhard Diestelkamp herausgegebener Sammelband dar: B. D i e s t e l k a m p (Hg.), Oberste Gerichtsbarkeit und zentrale Gewalt im Europa der frühen Neuzeit (QFHG 29), Köln/Weimar/Wien 1996. Für die ihm Rahmen des Projekts im April 2006 durchgeführte Tagung ,Höchstgerichte im Europa der Frühen Neuzeit' ist ein Sammelband in Vorbereitung.

Legitimationen und Volljährigkeitserklärungen, Begnadigungen, Schutz-
briefe und Moratorien.[26] Zum anderen enthält das Reichshofratsarchiv
Protokolle aus dem kaiserlichen Hofrat, die mit dem Jahr 1541 einsetzen,
insbesondere für die 1540er und 1550er Jahre aber einige Lücken aufwei-
sen.[27] Allerdings gibt es eine Reihe von Fragen, die sich aus den Quellen
im Reichshofratsarchiv nicht oder nur sehr begrenzt beantworten lassen.[28]
Deswegen sollen – in enger Auswahl – weiteres Archivmaterial sowie die
gedruckten Sammlungen[29] herangezogen werden.

Auf der Basis dieser Informationen möchte das Projekt zum einen eine
knappe Verwaltungsgeschichte der beiden Hofräte erarbeiten, die auch
ihre personelle Besetzung berücksichtigt und damit das mit dem Jahr 1559
einsetzende Standardwerk von Oswald von Gschließer[30] um ein wichtiges
Kapitel ergänzen kann. Zum anderen soll die Tätigkeit der Hofräte – nicht
nur im Bereich der Rechtsprechung, sondern auch und vor allem auf dem
Gebiet der Gnadenangelegenheiten – untersucht werden[31]. Ein zusätzli-
cher Nutzen des Projekts soll darin bestehen, einen Beitrag zur Neuverzeichnung des Reichshofratsarchivs zu leisten. Schon während der Quel-
lenarbeit werden deswegen Informationen an den zuständigen Bestandsre-
ferenten weitergegeben und fließen in die elektronischen Findmittel ein,
die das Haus-, Hof- und Staatsarchiv seinen Benützern zunehmend zur
Verfügung stellt.

---

[26] Übersicht bei: L. Groß, Die Reichsarchive, in: L. Bittner (Hg.), Gesamtinventar des Wiener Haus-,
Hof- und Staatsarchivs, Bd. 1 (Inventare österreichischer staatlicher Archive V. Inventare des Wiener Haus-, Hof- und Staatsarchivs 4), Wien 1936, S. 273-394, hier S. 300-314.

[27] HHStA, RHR, Prot. rer. res. XVI/1a-23; HHStA, RK, RTA 7, Fasz. 7 (Protokoll aus dem kaiserlichen Hofrat auf dem Reichstag 1541). Eine Kurzbeschreibung der Protokollbände 1a-12 (1544-
1556) – ausgenommen Band 4 – bietet Winter, Ordo (wie Anm. 15), S. 105-109.

[28] Dazu gehört insbesondere die Frage nach der personellen Besetzung des Hofrats Kaiser Karls V.
Die einschlägigen Protokollbände enthalten nur in Einzelfällen Anwesenheitslisten, für die außerdem Namenskürzel verwendet wurden (z. B. HHStA, RHR, Prot. rer. res. XVI/8, fol. 251r und öfter). Vermerke auf den Akten, die etwa den Bearbeiter einer Causa oder die bei ihrer Beratung anwesenden Hofräte angeben, finden sich nur äußerst selten, z. B. auf der Abschrift einer zur Bestätigung eingereichten Lehensurkunde für das Kloster Gernrode: HHStA, RHR, Reichslehensakten dt.
Expedition 5, Konv. Anhalt (1532).

[29] Vgl. insbesondere A. v. Druffel (Bearb.), Beiträge zur Reichsgeschichte 1546-1555, 4 Bde.,
München 1873-1896; Familienkorrespondenz Ferdinands I. (wie Anm. 18); K. Lanz (Bearb.),
Correspondenz des Kaisers Karl V. Aus dem königlichen Archiv und der Bibliothèque de Bour-
gogne zu Brüssel, 3 Bde., Leipzig 1844-1846; C. Weiss (Bearb.), Papiers d'État du Cardinal de
Granvelle d'après les manuscrits de la bibliothèque de Besançon, 9 Bde. (Collection de documents
inédits sur l'histoire de France. Série 1: Histoire politique), Paris 1841-1852.

[30] Gschließer, Reichshofrat (wie Anm. 12).

[31] Vgl. meinen Beitrag zu dem in Anm. 25 erwähnten Sammelband: Gnadensachen vor dem Reichshofrat (1519-1564). Zur Verwaltungsgeschichte der Hofräte E. Ortlieb, Die Entstehung des
Reichshofrats in der Regierungszeit der Kaiser Karl V. und Ferdinand I. (1519-1564), in: Frühneu-
zeit-Info 17 (2006) (im Druck).

DER REICHSHOFRAT ALS OBERSTES JUSTIZORGAN UNTER KARL V. UND FERDINAND I. (1519-1564)

Von Markus Senn

I.

Reichs-Hofrath, Judicium Imperiale Aulicum, oder Aula Caesarea, ist das höchste Gerichte in dem Deutschen Reiche, welches alle mal bey der Kayserlich. Hofstadt zu seyn, und selbiger zu folgen pfleget.[1]

Cammer-Gericht, Lat. Camera Imperialis, ist das höchste Gericht im Heil. Römischen Reiche, vor welchem alle Reichs-Stände nebst ihren Unterthanen, jene unmittelbar, diese mittelbar Recht suchen und nehmen müssen.[2]

Die beiden oben wieder gegebenen Einträge aus Zedlers Universallexikon zeigen auf, dass bereits für die Zeitgenossen Schwierigkeiten bei der Abgrenzung der beiden obersten Reichsgerichte bestanden. Diese Schwierigkeiten beschäftigen die Forschung zur Reichshöchstgerichtsbarkeit auch heute noch. So konnten bislang nach Wolfgang Sellert *weder die verfassungsrechtliche Stellung noch die Kompetenzen des Reichshofrats (RHR) und des Reichskammergerichts (RKG) eindeutig bestimmt werden. Es herrsche daher im Allgemeinen nach wie vor das Bild zweier in der Rechtsprechung rivalisierender und konkurrierender höchster Reichsgerichte vor.*[3] In der jüngeren Forschung finden sich Ansätze zur teilweisen Revision dieses Urteiles. So hat etwa Eva Ortlieb darauf hingewiesen, dass sich in den Alten Prager Akten zahlreiche Beispiele für eine Zusammenarbeit des Reichshofrates und des Reichskammergerichtes finden lassen.[4]

---

[1] J. H. Z e d l e r (Hg.), Großes vollständiges Universal-Lexicon aller Wissenschaften und Künste, Bd. 31, Leipzig/Halle 1742 (Nachdr. Graz 1961), Sp. 92-96, hier Sp. 92, s. v. Reichs-Hofrath.

[2] Ebenda, Bd. 5, Sp. 427-434, hier Sp. 427, s. v. Cammer-Gericht.

[3] W. S e l l e r t, Der Reichshofrat, in: B. D i e s t e l k a m p (Hg.), Oberste Gerichtsbarkeit und zentrale Gewalt in Europa der frühen Neuzeit (Quellen und Forschungen zur höchsten Gerichtsbarkeit im Alten Reich = QFHG 29), Köln/Weimar/Wien, 1996, S. 15-44, hier S. 17.

[4] E. O r t l i e b, Die ‚Alten Prager Akten‘ im Rahmen der Neuerschließung der Akten des Reichshofrats im Haus-, Hof- und Staatsarchiv in Wien, in: Mitteilungen des Österreichischen Staatsarchivs 51 (2004), S. 593-634; hier S. 629.

Für die Zuständigkeitsabgrenzung zwischen RHR und RKG stellt die Untersuchung von Sellert nach wie vor das wichtigste Referenzwerk dar.[5]

Ausgehend von dem Befund, dass beim derzeitigen Forschungsstand eine Reihe von Fragen, die das Verhältnis des RKG zum RHR in dessen Formierungsphase berühren, offen bleiben müssen, möchte dieser Beitrag versuchen, einen möglichen Zugang zur Erlangung neuer Erkenntnisse aufzuzeigen.[6] Da die meinen weiteren Forschungen zugrunde liegende Quellenerfassung noch nicht abgeschlossen ist, versteht sich der vorliegende Aufsatz als ein Zwischenbericht, der den gewählten Ansatz zur Debatte stellen möchte.

II.

Eine erste, noch tentative Annäherung an eine Neubewertung des Verhältnisses von RKG und RHR soll in diesem Beitrag auf der Grundlage einer Untersuchung der Aufsichtsfunktion des RHR über das Gerichtswesen im Reich vorgenommen werden. Diese Aufsichtsfunktion nahm der RHR für den Kaiser als oberstem Richter und Quelle allen Rechts wahr. Grundlage für diesen Ansatz ist die Hypothese, dass die Hofräte bzw. später der RHR nicht nur bei Rechtsverweigerung und -verzögerung, sondern auch auf Anrufen der Reichsuntertanen als Aufsichtsorgan über andere Gerichte tätig wurden und in dieser Funktion letztlich auch dem RKG übergeordnet waren. Auf diese Überordnung des RHR über das RKG hat bereits Oswald von Gschließer in seinem Standardwerk zum Reichshofrat hingewiesen.[7] Zuvor hatte sich Kurt Perels in einem Aufsatz zur Rechtsverweigerung im Alten Reich mit dieser Thematik auseinander gesetzt.[8]

Seit alters her konnte jeder Reichsuntertan, der sich in seinen Rechten verletzt, ungerecht behandelt oder bedroht fühlte, den Kaiser als Reichsoberhaupt und Quelle allen Rechts um Schutz und Hilfe anrufen.

---

[5] W. S e l l e r t , Über die Zuständigkeitsabgrenzung von Reichshofrat und Reichskammergericht insbesondere in Strafsachen und Angelegenheiten der freiwilligen Gerichtsbarkeit (Untersuchungen zur deutschen Staats- und Rechtsgeschichte, N.F. 4), Aalen 1965.

[6] Dieser Beitrag entstand im Rahmen eines derzeit laufenden Forschungsprojektes der Kommission für Rechtsgeschichte Österreichs in der Österreichischen Akademie der Wissenschaften zur Formierung des Reichshofrates (1519-1564), vgl. E. Ortlieb und M. S e n n , Die Formierung des Reichshofrates unter Karl V. und Ferdinand I. (1519-1564), in: zeitenblicke 3, 2004, Nr. 3 [13.12.2004] http://www.zeitenblicke.de (25.10.2005); die Homepage des RHR-Projektes: http://www.univie.ac.at/rechtsgeschichte/reichshofrat sowie den Beitrag von E. Ortlieb in diesem Band.

[7] O. v. G s c h l i e ß e r , Der Reichshofrat. Bedeutung und Verfassung, Schicksal und Besetzung einer obersten Reichsbehörde von 1559 bis 1806 (Veröffentlichungen der Kommission für neuere Geschichte des ehemaligen Österreich 33), Wien 1942, S. 29.

[8] K. P e r e l s , Die Justizverweigerung im alten Reich seit 1495, in: ZRG GA 25 (1904), S. 1-51.

So wandte sich z. B. Valentin von Grabau (Stift Magdeburg) 1548 am Reichstag von Augsburg in einem Erbschaftsstreit mit seinen Brüdern an den Kaiser und teilte diesem mit, dass er sich *in die Stadt* [Augsburg] begeben habe um vor dem Kaiser als *ain brun, vnd ain wurtzell, aller gerechtigkhait, ain schutzher vnd ain schirmer, aller beschwerdten betrengten, vnd rechtlosen menschen* sein Anliegen vorzubringen.[9] In einem anderen Beispiel nannten Herzog Heinrich d. J. von Braunschweig und der Abt von Rittershausen den Kaiser *ein quellender prun der Gerechtigkeit* und der Zunftmeister der Bäcker von Nördlingen bezeichnete ihn in einem weiteren Fall als *besste prunnen aller guter pollicej, gepreuch vnnd Orndnung*.[10]

Der zugrunde liegende Topos wurde von der Spätantike über das Mittelalter bis in die Frühe Neuzeit tradiert. Die Vorstellung des Kaisers als einziger Quelle des Rechts wurde im Römischen Reich bereits unter dem Prinzipat entwickelt, fand seine endgültige Ausformung jedoch unter Kaiser Justinian in der Gestalt des christlichen Herrschers. Quelle des Rechts waren nunmehr der Kaiser beziehungsweise seine Beauftragten und nicht mehr der Senat.[11] Die Aufsicht über das Gerichtswesen im Reich stand dem Kaiser als oberstem Gerichtsherrn als ein persönliches Vorrecht zu und ist als ein Ausfluss der kaiserlichen Autorität anzusehen.

In dem bislang bearbeiteten Aktenbestand der sog. Judicialia miscellanea in den Judizialakten des Archivs des Reichshofrats im Österreichischen Staatsarchiv, Abteilung Haus-, Hof- und Staatsarchiv in Wien finden sich zahlreiche Belege dafür, dass der Kaiser die Ausübung der ihm zustehenden Aufsichtsfunktion über das Gerichtswesen zumindest teilweise an seinen Hofrat übertragen hat.[12]

Die Anzahl der für den Untersuchungszeitraum relevanten Verfahrensakten der Judicialia lässt sich anhand der Archivbehelfe auf ca. 4.000 Vorgänge schätzen. Die Judicialia miscellanea stellen dabei mit ca. 2.000

---

[9] Schreiben von Valentin von Grabau an den Kaiser, 1548 02 28, HHStA, RHR, Jud. misc. K. 30, Konv. 2.

[10] Herzog Heinrich d. J. von Braunschweig und der Abt von Rittershausen in einem Schreiben an den Kaiser, 1551 02 04, HHStA, RHR, Jud. misc. K. 8, Konv. 1: *ein quellender prun der gerechtigkeit* und der Zunftmeister der Bäcker von Nördlingen in einem Schreiben an den Kaiser, 1551 03 11, HHStA, RHR, Jud. misc. K. 44, Konv. 1: *besste prunnen aller guter pollicej, gepreuch vnnd Ordnung*.

[11] D. Liebs, Roman Law, in: A. Cameron, B. Ward-Perkins und M. Whitby (Hgg.), The Cambridge Ancient History, Vol. 14, Late Antiquity. Empire and successors, A.D. 425600, Cambridge 2000, S. 238-259; S. 240 f.

[12] Näheres zum RHR-Archiv bei L. Auer, Das Archiv des Reichshofrats und seine Bedeutung für die historische Forschung, in: B. Diestelkamp und I. Scheurmann (Hgg.), Friedenssicherung und Rechtsgewährung. Sechs Beiträge zur Geschichte des Reichskammergerichts und der obersten Gerichtsbarkeit im alten Europa, Bonn/Wetzlar 1997, S. 117-130.

Vorgängen den wichtigsten Quellenbestand dar. Die Auswertung der bislang erfassten Vorgänge (1.000 Verfahren; Stand: Oktober 2005) hat ergeben, dass 61 % der Vorgänge als Prozesse bzw. Gerichtsagenden im
engeren Sinne einzustufen sind. Der Rest setzt sich neben einem nicht
genau einer Kategorie zuordenbaren Anteil vorwiegend aus Gnaden- bzw.
Lehenssachen sowie politischen und diplomatischen Agenden zusammen.

In diesen Prozessen übten die Hofräte Karls und Ferdinands bzw. der
Reichshofrat in immerhin 12% der Fälle eine Aufsichtsfunktion über das
Gerichtswesen im Reich aus. Hier zeigen sich nicht nur im Allgemeinen
die vielfältigen Interaktionsmöglichkeiten zwischen den Hofräten bzw.
dem RHR und den anderen Gerichten im Reich. Die Aufsichtsfunktion
des Hofrates kann vielmehr darüber hinaus als eine Nahtstelle zwischen
den Hofräten bzw. dem RHR und dem RKG angesehen werden und eröffnet mithin auch die Möglichkeit, das Verhältnis der beiden obersten
Reichsgerichte unter Kaiser Karl V. und Kaiser Ferdinand I. näher zu
beleuchten. Über die Hälfte der entsprechenden Fälle betreffen nämlich
das RKG. Neben diesem richten sich entsprechende Anträge von Reichsuntertanen etwa gegen das Hofgericht Rottweil,[13] das pfalzgräfliche Hofgericht in Heidelberg,[14] das Hofgericht Ellwangen,[15] Herzog Albrecht von
Bayern,[16] den Kurfürst von Sachsen,[17] den Bischof von Bamberg[18] oder
die Stadt Nürnberg.[19]

Gemein ist diesen Verfahren, dass auf Antrag einer Partei eine Intervention des Hofrats in einem vor einem anderen Gerichte laufenden Verfahren erfolgt. Dabei zieht der Hofrat das Verfahren nicht an sich, sondern
belässt es an dem Gericht, an dem es ursprünglich anhängig war. Anzumerken ist, dass es sich bei den betreffenden Fällen keinesfalls um Appellationen an den Hofrat handelte, da das zugrunde liegende Verfahren noch
nicht abgeschlossen und der Antrag der Parteien in der Regel auf eine
Fortsetzung und einen Abschluss dieses Verfahrens gerichtet war.

Das wichtigste Rechtsinstrument des Hofrats zur Umsetzung der entsprechenden Anträge war das so genannte Promotorialschreiben.

Grundsätzlich lassen sich zwei Kategorien von Promotorialschreiben
unterscheiden. Beide sind Instrumente zur Beförderung eines Anliegens
einer Person: die erste Kategorie bezeichnet jedoch lediglich ein gnädiges

---

[13] Fuchs, Veit, Vogt der Herrschaft Triberg, 1558, HHStA, RHR, Jud. misc. K. 24, Konv. 1.
[14] Christgarten, Abt, [1544], HHStA, RHR, Jud. misc. K. 44, Konv. 1.
[15] Rumel, Johann Baptist Dr., Advokat bei der niederösterreichischen Regierung, 1560, HHStA, RHR,
     Jud. misc. K. 69, Konv. 3.
[16] Lichtenstein, Kunigunde Gräfin von, 1550, HHStA, RHR, Jud. misc. K. 48, Konv. 1.
[17] Gruner, Franz, Bürger von Nürnberg, 1550, HHStA, RHR, Jud. misc. K. 30, Konv. 2.
[18] Reich, Johann, 1549, HHStA, RHR, Jud. misc. K. 69, Konv. 2.
[19] Cribel, Christoph, Fuhrmann, aus Böhmen, 1562-1563, HHStA, RHR, Jud. misc. K. 33, Konv. 2.

Interzessions- bzw. Empfehlungsschreiben oder eine schriftliche Fürbitte, eine *Fürschrift*,[20] während die zweite Kategorie eine Aufforderung zur Verfahrensbeschleunigung oder die Eröffnung und Exekution eines Urteils beinhaltet.[21] Diese Unterscheidung besteht zwar prinzipiell bereits im Untersuchungszeitraum. Dennoch kam es zur teilweise parallelen Verwendung derselben Begriffe. So wurde etwa in Entscheidungsvermerken des kaiserlichen Hofrats Kaiser Karls von 1545[22] und des Hofrats Kaiser Ferdinands von 1562[23] der Begriff *Fürschrift* zur Bezeichnung von Promotorialschreiben im Sinne einer Verfahrensbeschleunigung benutzt, während in Entscheidungsvermerken von 1547,[24] 1548[25] und 1551[26] kaiserliche Interzessionsschreiben als *promotoriales* bezeichnet wurden.

Aus den Entscheidungsvermerken alleine lässt sich letztlich oftmals nicht eruieren, ob es sich im vorliegenden Fall um ein Promotorialschreiben der zweiten Kategorie handelt. Erst das Aktenstudium eröffnet hier die Möglichkeit, nähere Angaben zu erlangen.

Darüber hinaus weichen die Entscheidungen des Hofrats vielfach von den Anträgen der Kläger ab, oder es ist keine Entscheidung überliefert. So konnten bislang nur 45 Promotorialschreiben im Konzept, im Original oder in Abschrift in den Akten aufgefunden werden.

---

[20] DRW, Bd. 3, Sp. 1087 f., hier Sp. 1087, s. v. Für'schrift: *ein schreiben zur verwendung für jemand, ein empfehlungsschreiben.* J. und W. Grimm, Deutsches Wörterbuch, Bd. 4 (= Bd. 4, I Abt.), Leipzig 1878 (Nachdr. Berlin 1984), Sp. 802 f., hier Sp. 802, s. v. Fürschrift: *literae commendatitiae, ein fürschrifft, fürbitt [...] und ich habe beym keiser erworbn das er mir wird ein fürschrifft gebn.* Ebenda, Sp. 801 f., hier Sp. 802, s. v. Fürschreiben,: *durch ein schreiben empfehlen, schriftlich fürsprache thun, schriflich ein gutes wort einlegen.*

[21] J. H. Zedler, Universal-Lexicon, Bd. 29, Sp. 829 f., s. v. Promotorial-Schreiben: *Befoerderungs-Schreiben, Foerderungs-Briefe, Promotoriales, Literae Promotoriales werden in denen Rechten diejenigen Schreiben genennet, worinnen ein Ober-Richter den Unter-Richter zu gehoeriger Administration der Justiz vermahnet.* J. Gobler, Gerichtlicher Proceß, auss grund der Rechten vnd gemeyner übung zum fleissigsten in drei theyl verfasset, Frankfurt a. M. 1536, 6v setzt die Begriffe *promotoriales*, *fürdernusbrief* und *fürschriften* gleich, zit. nach DRW, Bd. 10, Sp. 1362 f., s. v. Promotorial.

[22] Balleck, Simon von Kraken, Bürger von Kaufbeuren contra Hirschau, Abt, 1545, HHStA, RHR, Jud. misc. K. 8, Konv. 1. Entscheidungsvermerk auf einem Schreiben des Klägers an den Kaiser, 1545 07 03: *ex consilio imperiali; ist eine Fürschrift* [an das RKG] erkennt.

[23] Drachstätt, Franz contra Braunschweig, Erich Herzog von, 1557-1562, HHStA, RHR, Jud. misc. K. 18, Konv. 1. Entscheidungsvermerk auf einem Schreiben des kaiserlichen Kommissars, des Bischofs von Magdeburg, an den Kaiser, 1562 02 14: *Fürschrift in communi forma* [an das RKG].

[24] Seibelsdorf, Servatius von, aus Schenkenau, 1547, HHStA, RHR, Jud. misc. K. 75, Konv. 1. Entscheidungsvermerk auf einem Schreiben des Antragstellers an den Kaiser, 1547 03 26 (Nürnberg): *fiant promotoriales* [an die Bischöfe von Brixen und Salzburg].

[25] Kotzau und Zedwitz, Hans Berthold von, kaiserlicher Trabant, 1548, HHStA, RHR, Jud. misc. K. 45, Konv. 1. Entscheidungsvermerk auf einem Schreiben des Antragstellers an den Kaiser, 1548 05 26 (im Lager vor Wittenberg): *in consilio imperiali; fiant promotoriales.*

[26] Siegestorf, Hans Lienhart von, kaiserlicher Trabant, 1551; 1553; 1554, HHStA, RHR, Jud. misc. K. 78, Konv. 2. Entscheidungsvermerk auf einem Schreiben des Antragstellers an den Kaiser, 1551 08 13: *Promotoriales bewilliget.*

Es besteht freilich die Hoffnung, diese ersten Ergebnisse durch die Untersuchung weiterer Aktenbestände des Archivs des Reichshofrats sowie der Parallelüberlieferung zu den Gerichten, an die die Promotorialschreiben gerichtet waren, ergänzen und erweitern zu können.

Auch das Reichskammergericht kannte Promotorialschreiben. In Titel 26 § 2 des 2. Teils der RKGO 1555 finden sich im Zusammenhang mit der Rechtsverweigerung und -verzögerung Ausführungen zu den Promotorialschreiben, die am RKG ergehen:

Da die Befolgung dieser Promotorialschreiben teilweise zu wünschen übrig lasse und die zu ihrer Verkündung bestellten Notare teilweise auch tätlich angegriffen worden seien, [...] *soll hinfürter eyn jeder churfürst, fürst, standt oder obrigkeyt, dem obgemeltermassen promotoriales verkündt und einmal insinuirt werden, in zeit derselbigen one weytere requisition oder ersuchen dem klagenten theyl rechtens zu verhelfen, den richter oder rechtßtag zu ernennen und anzusetzen und sonst, inhalt und vermög des promotorials, zu handlen schüldig sein.[...]*[27]

Diese Promotorialschreiben, von denen u. a. auch in Anträgen an den Hofrat die Rede ist,[28] scheinen freilich nur gegenüber sonstigen Gerichten und nicht gegenüber dem Hofrat ergangen zu sein. Bislang wurde noch kein Beleg für Promotorialschreiben des RKG an den RHR gefunden.

Darüber hinaus finden sich insbesondere im Zusammenhang mit der Strafrechtspflege ansatzweise Tendenzen zur Anwendung dieses Instruments, so z. B. um die Einhaltung von Verfahrensgrundsätzen und die Wahrung des Parteiengehörs sowie die Gewährung prozessualer Verteidigungsmittel anzumahnen.

Rein quantitativ gesehen wurden die meisten Promotorialschreiben – insbesondere an das RKG – zur Beschleunigung von Verfahren erlassen.[29]

Dies war vor allem bei langdauernden Verfahren um ausständige Schulden der Fall.[30]

---

[27] A. Laufs (Hg.), Die Reichskammergerichtsordnung von 1555 (QFHG 3), Köln/Wien 1996, S. 203 f.

[28] Neuner, Konrad, aus Nürnberg contra Brandenburg, Albrecht und Georg Friedrich, Markgrafen von, 1546, HHStA, RHR, Jud. misc. K. 57, Konv. 3.

[29] So etwa Schreiben des Kaisers an das RKG, 1558 03 07 (Frankfurt), HHStA, RHR, Jud. misc. K. 7, Konv. 1; Schreiben des Kaisers an das RKG, 1544 12 16 (Gent), HHStA, RHR, Jud. misc. K. 8, Konv. 1; Schreiben des Kaisers an das RKG, 1536 10 21 (Genua), HHStA, RHR, Jud. misc. K. 8, Konv. 1; Schreiben des Kaisers an das RKG, 1554 04 04 (Brüssel), 1556 26 04 (Brüssel), HHStA, RHR, Jud. misc. K. 8, Konv. 1; Schreiben des Kaisers an das RKG, 1562 03 08 (Prag), HHStA, RHR, Jud. misc. K. 12, Konv. 2; Schreiben des Kaisers an das RKG, 1544 06 10 (Speyer), HHStA, RHR, Jud. misc. K. 45, Konv. 1.

[30] Kessel, Trutgin, Witwe 1558: Schreiben des Kaisers an die Gerichte der Erzbischöfe von Köln und Trier; Johann Herzogs von Kleve, Jülich und Berg und das Stadtgericht Köln in einer Reihe von Schuldverfahren, HHStA, RHR, Jud. misc. K. 44, Konv. 1. Haide, Johann von der; Jogau, Konrad; Bigge contra Bremen, Erzbischof von; Hildesheim, Bischof und Domkapitel; Mecklenburg, Hein-

Außerdem baten Untertanen um Promotorialschreiben zur Urteilseröffnung in bereits submittierten Verfahren oder zur Exekution bereits ergangener Urteile. Insbesondere am RKG ist es teilweise zu längeren Verzögerungen zwischen der Submission eines Verfahrens und der Urteilseröffnung gekommen.[31] Die Untertanen wandten sich in diesen Fällen oft hilfesuchend an den Kaiser. Dieser erließ dann vielfach Promotorialschreiben. So erlangte etwa der kaiserliche Trabant Konrad von Boenem 1555 ein Promotorialschreiben zu Gunsten seiner Verwandten zur Urteilseröffnung in einer Reihe von am RKG anhängigen Verfahren.[32] Valentin Sauermann leitete 1560 als kaiserlicher Steuereintreiber im Sächsischen Reichskreis, das Ansuchen der Herzöge von Braunschweig um ein Promotorialschreiben zur Urteilseröffnung in einem Rechtsstreit mit der Stadt Lüneburg am RKG, in dem bereits zwei Jahre zuvor submittiert worden sei, an den Kaiser weiter.[33]

Das Phänomen beschränkte sich jedoch nicht auf das RKG. So erlangte Konrad Neuner 1546 ein Promotorialschreiben an die Statthalter und Räte der Markgrafen Albrecht und Georg Friedrich von Brandenburg zur Urteilseröffnung in einem vor zwei Jahren submittierten Verfahren.[34] Schließlich finden sich auch Promotorialschreiben zur Urteilseröffnung an sonstige Gerichte: So wurde Konrad Weber und Georg Österreicher 1558 ein Promotorialschreiben zur Eröffnung eines Schiedsspruches an ihre Schiedsrichter Jakob Herbrot d. Ä. und Joachim Jhenich zugesprochen.[35]

Neben Promotorialschreiben zur Eröffnung von Urteilen stellen Promotorialschreiben zur Urteilsexekution einen erheblichen Anteil dar. So findet sich in den Akten etwa ein kaiserliches Promotorialschreiben von 1537 an die Regierung von Ensisheim zu Gunsten des kaiserlichen Rats Ulrich Ehinger zur Exekution eines Urteils. Es ging dabei um den Nach-

---

rich und Albrecht Herzöge von; Braunschweig-Lüneburg, Ernst Herzog von; Lippe, Bernhard und Sigmund, Grafen zu der; Dortmund Stadt, 1544: Schreiben des Kaisers an das RKG in einem Schuldverfahren, HHStA, RHR, Jud. misc. K. 36, Konv. 1. Haim, Dorothea von; Guttenberg, Anna von, Schwestern, beide Witwen und geborene von der Tann contra Tann, Eberhard und Alexander von der und Brüder, 1548, Schreiben des Kaisers an den Abt von Fulda zur Beschleunigung eines Schuldverfahrens, HHStA, RHR, Jud. misc. K. 30, Konv. 1.

[31] B. C. Fuchs, Die Sollicitatur am Reichskammergericht, (QFHG 40), Köln/Weimar/Wien 2002.
[32] Schreiben des Kaisers an das RKG, 1555 11 15 (Brüssel), HHStA, RHR, Jud. misc. K. 4, Konv. 4.
[33] Entscheidungsvermerk auf einem Schreiben Valentin Sauermanns an den Kaiser, 1560 07 13, HHStA, RHR, Jud. misc. K. 51, Konv. 1: Auf Befehl des Kaisers wird der Bericht des Klägers dem Vizekanzler zur Verfertigung des erbetenen Promotorials an das RKG zugestellt.
[34] Schreiben des Kaisers an die Markgrafen Albrecht und Georg Friedrich von Brandenburg, 1546 06 19 (Regensburg), HHStA, RHR, Jud. misc. K. 57, Konv. 3.
[35] Schreiben des Kaisers an Jakob Herbrot d. Ä. und Joachim Jhenich als verordnete Schiedsrichter, 1558 11 16 (Prag), HHStA, RHR, Jud. misc. K. 90, Konv. 2.

lass des Konstanzer Bischofs.[36] 1546 erlangte Gregor Ferchlein d. Ä. aus Landsberg ein kaiserliches Promotorialschreiben an den Bischof von Trient zur Exekution eines gegen seinen Sohn im Streit um das Erbe seiner Tochter ergangenen Urteils.[37] Dem Gesandten des Stifts Hildesheim wurde 1553 ein Promotorialschreiben zur Exekution eines Urteils der Sacra Rota gegen die Herzöge von Braunschweig an das RKG erteilt, nachdem die Urteilsexekution zunächst vom Papst an den Kaiser übertragen und von diesem sodann an das RKG verwiesen worden war.[38]

Die Stadt Kempten wandte sich 1555 für ihren Mitbürger, Hans Greiter, an König Ferdinand und bat ihn um ein Promotorialschreiben an das RKG zur Durchsetzung des Endurteils einer kaiserlichen Kommission unter Graf Hugo von Montfort.[39]

Während die Promotorialschreiben zur Verfahrensbeschleunigung und Eröffnung oder Exekution von Urteilen grundsätzlich dazu dienten, die Durchführung eines Verfahrens und die Umsetzung der darin ergangenen Entscheidungen sicher zu stellen, konnte es auch vorkommen, dass die Durchführung eines Verfahrens im Interesse des Reiches oder aber aufgrund von bestehenden Exemtionsprivilegien unerwünscht war.

Die Hofräte bzw. später der RHR konnten in diesem Zusammenhang im Rahmen ihrer Aufsichtsfunktion eine Verfahrensunterbrechung anordnen.

So forderte der Kaiser etwa 1539 auf Anhalten Herzog Erichs von Braunschweig vom RKG die einstweilige Unterbrechung eines Verfahrens gegen Augustin Ainkorn und eine Berichterstattung über den Fall am kommenden Reichstag in Speyer.[40]

Darüber hinaus ergingen Verfügungen zur Aufhebung von Verfahren insbesondere im Zusammenhang mit dem Verstoß gegen Gerichtsstands- bzw. Exemtionsprivilegien. So erlangte der Vogt von Triberg 1551 ein Schreiben des Kaisers an das Hofgericht Rottweil, ein entgegen dem Exemtionsprivileg des Hauses Österreich eingeleitetes Verfahren gegen österreichische Untertanen aufzuheben.[41] Maria, Königin von Ungarn, erwirkte als Regentin der Niederlande im selben Jahre in einem Verfahren

---

[36] Schreiben des Kaisers an die Regierung in Ensisheim, 1537 02 23 (Valladolid), HHStA, RHR, Jud. misc. K. 21, Konv. 1.
[37] Schreiben des Kaisers an den Bischof von Trient, 1546 06 16 (Regensburg), HHStA, RHR, Jud. misc. K. 24, Konv. 1.
[38] Schreiben des Kaisers an das RKG, 1553 03 22 (Brüssel), HHStA, RHR, Jud. misc. K. 36, Konv. 1.
[39] Kempten, Stadt contra Bubenhofen, Hans Joachim von und Brüder, [1555], HHStA, RHR, Jud. misc. K. 33, Konv. 1.
[40] Entscheidungsvermerk, [1539], HHStA, RHR, Jud. Misc. K. 1, Konv. 1.
[41] Schreiben des Kaisers an das Hofgericht Rottweil, 1558 03 18 (Frankfurt), HHStA, RHR, Jud. misc. K. 24, Konv. 1.

einer Reihe von Kaufleuten gegen den Herzog von Jülich ein Schreiben des Kaisers an das RKG. Sie begründete ihr Vorgehen damit, dass das Verfahren den Bestimmungen des Vertrags von Venlo zuwider laufe. Dem RKG wurde die Remission der Angelegenheit an die Niederlande aufgetragen.[42] In derselben Angelegenheit ergingen 1551 und 1553 auf Ansuchen Herzog Wilhelms von Jülich weitere Anordnungen des Kaisers, nachdem das RKG trotz der kaiserlichen Intervention in seinem Verfahren fortschritt.[43]

Der soeben geschilderte Fall wirft die Frage nach der Wirksamkeit der kaiserlichen Verfügungen und insbesondere Promotorialschreiben im Rahmen der Aufsichtsfunktion über das Gerichtswesen im Reich auf.

Inwieweit wurden diese von den Gerichten, an die sie gerichtet waren – und hier wiederum insbesondere vom RKG – beachtet, wann wurden sie nicht befolgt?

Der Umstand, dass sich der Kaiser auch für Georg von Ratzenhausen im Juni 1530 nochmals um eine Verfahrensunterbrechung an das RKG wenden musste, nachdem das ursprüngliche Schreiben, das er am 2. April desselben Jahres aus Mantua nach Speyer geschickt hatte, nicht beachtet worden war,[44] legt den Schluss nahe, dass das RKG sich nicht verpflichtet fühlte auf Promotorialschreiben zu reagieren.

Das Urteil Uffenbachs, dass das RKG die Promotorialschreiben des Reichshofrats oft ungelesen mit einer Protestation zu den Akten gelegt, oder diese gar an den RHR zurückgeschickt habe,[45] scheint die These der relativen Wirkungslosigkeit der Promotorialschreiben des Reichshofrats zu untermauern.

Andererseits sprechen die relative Häufigkeit von Anträgen um Promotorialschreiben bzw. die zahlreichen Ausfertigungen von Promotorialschreiben wiederum dafür, dass sich zumindest die Antragsteller einen Erfolg dieser Maßnahmen erwartet bzw. erhofft haben müssen.

Zum jetzigen Zeitpunkt kann hierzu leider noch kein abschließendes Urteil gefällt werden, da die Fälle sich am Hofrat vielfach auf die Beantragung bzw. Erteilung eines Promotorialschreibens oder anderweitiger Verfügungen beschränken.

---

[42] Schreiben des Kaisers an das RKG, 1551 08 16 (Augsburg), HHStA, RHR, Jud. misc. K. 30, Konv. 2.

[43] Schreiben des Kaisers an das RKG, 1551 11 20 (Innsbruck) und 1553 03 22 (Brüssel), HHStA, RHR, Jud. misc. K. 39, Konv. 2.

[44] Schreiben des Kaisers an das RKG, 1530 06 23 (Augsburg), HHStA, RHR, Jud. misc. K. 8, Konv. 1.

[45] J. C. Uffenbach, Tractatus singularis et methodicus de excelsissimo consilio caesareo-imperiali aulico, Wien/Prag 1700, S. 91.

Über den weiteren Verlauf des zugrunde liegenden Verfahrens finden sich in den Beständen des Archivs des Reichshofrats in der Regel keine näheren Angaben. Der Ausgang des Verfahrens ist oft ungewiss.

Promotorialschreiben an das RKG und Promotorialschreiben an die sonstigen Gerichte im Reich sind unterschiedlich verfasst. Deshalb ist es angebracht, sie zu unterscheiden. Gerade von letzteren forderte der Hofrat auch die Einhaltung von Verfahrensgrundsätzen ein.

So wurde 1548 in einem Promotorialschreiben an das Gericht der Markgrafschaft Burgau die Anwendung der in der Halsgerichtsordnung den Streitparteien zuerkannten Verfahrensrechte angemahnt.[46]

Über die Aufsichtsfunktion im konkreten Anlassfall hinaus ging es auch in einer Reihe weiterer Fälle um die Implementierung und Durchsetzung der in einer Reihe von Reichsgesetzen (Constitutio Criminalis Carolina, Reichspolizeiordnung 1548) festgeschriebenen Prinzipien und Vorschriften gegenüber den territorialen Gerichten und Behörden der Landesherrn, mithin letztlich um die Durchsetzung der kaiserlichen Autorität in den multiplen Rechtssphären des Rechtsraumes Reich.

Entsprechende Maßnahmen waren gegenüber dem RKG als einer Reichsinstitution aus nahe liegenden Gründen hingegen nicht erforderlich.

Das Spektrum an Möglichkeiten, die dem Kaiser bzw. seinem Hofrat im Rahmen seiner Aufsichtsfunktion über das Gerichtswesen gegenüber den Gerichten im Reich offen standen, zeigt sich besonders augenscheinlich in einem Fall aus den Jahren 1554-1555.[47] Eine Gruppe kaiserlicher Söldner wurde von Markgraf Karl von Baden auf königlichen Befehl unter dem Vorwurf der Straßenräuberei und der Ermordung des Neffen des königlichen Fürschneiders, Johann Balassa, gefangen genommen. Zugleich wurde vor dem Schultheiß und Rat von Pforzheim ein Eilverfahren in Malefizsachen gegen sie eingeleitet. Der Kaiser forderte von dem Gericht mehrfach die Sicherstellung eines ordentlichen Verfahrens unter Wahrung des Parteiengehörs und Gewährleistung sämtlicher Verteidigungs- und Beweismittel zur Vermeidung einer rechtlichen Übereilung der Soldaten ein. Dadurch kam es zunächst zu einer Verzögerung des Verfahrens. Im Einzelnen sollten den Gefangenen (im Malefizverfahren aufgrund des – nach Angaben von Schultheiß und Rat von Pforzheim – hier nach wie vor geltenden Mündlichkeitsprinzips unüblich) Abschriften der Anklagen zugestellt, hinreichende Fristen zur Klagebeantwortung

---

[46] Schreiben des Kaisers an das Gericht von Burgau, 1548 04 16 (Augsburg), HHStA, RHR, Jud. misc. K. 18, Konv. 1.

[47] Mangelmann, Hans; Kugelbach, Georg aus Straßburg und Beyr, Wilhelm, aus Straubing; Melchior, aus Würzburg, kaiserliche Soldaten contra Baden, Karl, Markgraf von, 1554-1555, HHStA, RHR, Jud. misc. K. 54, Konv. 1.

gewährt und auch ein rechtskundiger Parteienvertreter zur Seite gestellt werden. Der den Gefangenen zugewiesene RKG-Prokurator, Dr. Martin Weisse, wurde vom Kaiser dazu angehalten, diese unter Hinzuziehung des Rates weiterer Rechtsgelehrter nach bestem Wissen und Gewissen zu verteidigen. Der Kaiser untersagte die Exekution eines im Verfahren ergehenden (Todes-)Urteils gegen die gefangenen Soldaten und forderte die Zusendung sämtlicher Prozessakten zur neuerlichen Begutachtung durch seinen Hofrat.

Die Schöffenrichter in Pforzheim fühlten sich durch die laufenden kaiserlichen Interventionen sichtlich bedrängt. Sie baten den Markgrafen daher mehrfach, ihnen das an sie delegierte Verfahren wiederum zu entziehen, da sie den vom Kaiser und Hofrat vorgeschriebenen langen Prozessgang als Laien nicht bewältigen könnten. Nach 32 Wochen gab der Markgraf schließlich auf. Das Gericht in Pforzheim sei nicht in der Lage, die vom Kaiser geforderten Verfahrensgrundsätze zu erfüllen. Unter Zusicherung einer Erörterung der Angelegenheit vor dem Hofrat wurden die Gefangenen gegen Leistung einer Urfehde schließlich frei gelassen. Zugleich übersandte der Markgraf dem Kaiser die bisherigen Prozessakten. Da in der Folge keine Partei vor dem Hofrat eine Anklage gegen die betroffenen Soldaten erhob, wurde das Verfahren schließlich eingestellt. Die Söldner baten den Kaiser daraufhin um einen Freispruch sowie eine Absolution von den geleisteten Urfehden. Zugleich sollten ihnen die vom Markgrafen auferlegten Prozesskosten erlassen und ihre Ehre wiederhergestellt werden. Darüber hinaus verlangten sie einen Kostenersatz für die ihnen vom Amtmann des Markgrafen in Mühlberg entzogenen Pferde und Güter, sowie den ihnen entgangenen Sold. Es erging zwar kein Freispruch zu Gunsten der Söldner, der Kaiser ließ sie jedoch gegen einen Eid, auf Anforderung jederzeit erneut vor dem Hofrat zu erscheinen, frei.

Der Umstand, dass sich der Kaiser in diesem Fall in ganz besonderem Maße für die in seinen Diensten stehenden Kläger eingesetzt hatte, verwundert nicht. In den Akten finden sich jedoch auch zahlreiche Belegstellen, in denen einfache Untertanen zumindest teilweise in die Gunst von Verfügungen zur Wahrung ihrer Verfahrensrechte kommen.[48]

Den kaiserlichen Anordnungen konnte auch der Charakter einstweiliger Verfügungen zukommen, wenn diese der Absicherung der Rechte einer Partei während eines laufenden Verfahrens durch die Untersagung störender Eingriffe dienten. So wandte sich Klaus Stocker aus Mühlhau-

---

[48] So etwa Kessel, Lorenz, Münzergeselle aus Augsburg contra Baumgartner, Wilhelm, Bürger und Münzmeister in Kempten; Kempten, Stadt; Luzern, Stadt, 1555, HHStA, RHR, Jud. misc. K. 44, Konv. 1 und K. 45, Konv. 1. Leitgast, Michael aus Oberkirchen, Weber contra Metzger, Lorenz aus Oberottenrot; Niederottenrot, Schultheiss, 1548, HHStA, RHR, Jud. misc. K. 51, Konv. 1.

sen 1550 an den Kaiser und führte aus, dass am Stadtgericht Straßburg ein Streit zwischen seiner Gattin und deren Schwester in einem Erbschaftsstreit anhängig sei. Stocker bat den Kaiser, sich während der Anhängigkeit dieses Verfahrens um die interimistische Einsetzung seiner Gattin in den ihr zustehenden Erbteil zu bemühen und anderweitige Verfügungen – insbesondere einen Verkauf des Erbes – zu untersagen.[49]

III.

Zusammenfassend lässt sich sagen, dass der Reichshofrat Promotorialschreiben sowohl an das Reichskammergericht als auch andere Gerichte versandte. Diese dienten dazu, Verfahren zu beschleunigen oder Urteile und Urteilsexekutionen durchzusetzen. Dabei war die Wirksamkeit der Promotorialschreiben nicht unbedingt garantiert.

Das bislang bearbeitete Quellenmaterial gewährt nur erste Einblicke in diesen Bereich und erfordert weitere Nachforschungen, so z. B. in Bezug auf die Parallelüberlieferung zu den von den reichshofrätlichen Verfügungen betroffenen Gerichten. Obwohl der Schwerpunkt meiner Quellenuntersuchungen auf den Aktenbeständen des Archivs des Reichshofrats in Wien liegt, möchte ich in Fällen, in denen sich eine Parallelüberlieferung auffinden lässt, den Spuren nachgehen, die sich im Aktenmaterial des RHR-Archivs zum RKG finden lassen. Die teilweise in den RHR-Akten vorliegenden RKG-Akten legen nämlich den Umkehrschluss nahe, dass sich auch in den RKG-Beständen RHR-Akten – und somit möglicherweise etwa auch Promotorialschreiben sowie die auf diese hin ergangenen Verfügungen – auffinden lassen.

Von diesen Untersuchungen erhoffe ich mir, weiterreichende Erkenntnisse zum Verhältnis der Hofräte bzw. des RHR zum RKG unter Kaiser Karl V. und Kaiser Ferdinand I. und somit für den Untersuchungszeitraum mögliche Antworten zur Wechselwirkung der beiden obersten Reichsgerichte erlangen zu können. Zudem soll über die Bedeutung, die der jeweilige Herrscher seinem Hofrat zugestand, auch das Selbstverständnis des Kaisers als Quelle allen Rechts untersucht werden.

Unabhängig von jeder Über- oder Unterordnung fungierten beide obersten Reichsgerichte im Untersuchungszeitraum jedenfalls als Garanten der bestehenden Rechtsordnung und des Rechtsfriedens. Zugleich wirkten sie auch als Katalysatoren der Implementierung des Reichsrechts und der weiteren Verrechtlichung und Vereinheitlichung des Rechtsraumes Reich.

---

[49] Stocker, Klaus, aus Mühlhausen (für seine Frau, Andlau, Richgarda von) contra Andlau, Adelhaid, Äbtissin zu Sankt Stephan in Straßburg, 1550, HHStA, RHR, Jud. misc. K. 2, Konv. 1.

Der Versuch, sich der praktischen Wirksamkeit dieser Prozesse in einem Teilbereich zu nähern, ist der Beitrag des Autors zu diesem Sammelband.

ADEL ZWISCHEN TERRITORIALSTAATLICHER INTEGRATION UND DEM *DRANG NACH SPEYER.* BAYERN UND DIE REICHSGERICHTSBARKEIT IM 16. JAHRHUNDERT

Von Christian Wieland

I.

Einleitung

Fraglos: Durch die Einrichtung des Reichskammergerichts, die allmähliche Etablierung des Reichshofrats als oberstes Organ der kaiserlichen Justiz oder durch Versuche, das Strafrecht des Reichs zu homogenisieren – wie in der Constitutio Criminalis Carolina geschehen –, standen im Laufe der ersten Hälfte des 16. Jahrhunderts Ansprüche und Angebote zur Herstellung einer *Gerichtslandschaft Altes Reich* auf mehreren Ebenen bereit.[1] Bekanntlich haben die Etablierung und Propagierung von Institutionen und Normen jedoch nicht notwendig ihre Durchsetzung zur Folge; der Grad ihrer Durchdringung und Realisierung hängt in hohem Maße sowohl von dem Willen und den Mitteln der Mächtigen ab, ihnen zur

---

[1] Einführend zu Reichskammergericht und Reichshofrat in vergleichender europäischer Perspektive: H. Duchhardt, Das Reichskammergericht, in: B. Diestelkamp (Hg.), Oberste Gerichtsbarkeit und zentrale Gewalt im Europa der frühen Neuzeit (Quellen und Forschungen zur Höchsten Gerichtsbarkeit im Alten Reich = QFHG 29), Köln/Weimar/Wien 1996, S. 1-13; W. Sellert, Der Reichshofrat, in: Ebd., S. 15-44; E. Ortlieb, Vom königlichen/kaiserlichen Hofrat zum Reichshofrat. Maximilian I., Karl V., Ferdinand I, in: B. Diestelkamp (Hg.), Das Reichskammergericht. Der Weg zu seiner Gründung und die ersten Jahrzehnte seines Wirkens (1451-1527) (QFHG 41), Köln/Weimar/Wien 2003, S. 221-289. Eine rechtshistorische Einordnung der Carolina bei: F.-C. Schroeder, Die Peinliche Gerichtsordnung Kaiser Karls V. (Carolina) von 1532, in: D. Albrecht (Hg.), Regensburg – Stadt der Reichstage. Vom Mittelalter zur Neuzeit (Schriftenreihe der Universität Regensburg, Bd. 21), Regensburg, 1994, S. 44-71. Vgl. auch: A. Ignor, Geschichte des Strafprozesses in Deutschland 1532-1846. Von der Carolina Karls V. bis zu den Reformen des Vormärz (Rechts- und Staatswissenschaftliche Veröffentlichungen der Görres-Gesellschaft. N. F., Bd. 97), Paderborn u. a. 2002. Eine kulturgeschichtliche Deutung nimmt vor: J. Wiltenburg, The Carolina and the Culture of the Common Man: Revisiting the Imperial Penal Code of 1532, in: Renaissance Quarterly 53 (2000), S. 713-734. Für Wiltenburg stellt die Carolina nicht lediglich ein Instrument der Herrschaft durch Recht dar, sondern ebenso eine rhetorische Strategie der Verfasser, mit deren Hilfe ein gemeinsamer kultureller Code aller „Verständigen" – der die Elite ebenso wie den *Common Man* einbezog – suggeriert wurde; dadurch wurde eine auf das Recht und die Regeln der Gesellschaft bezogene homogenisierende Ideologie sowohl imaginiert als auch realisiert. Das heißt: Die Sprache der Carolina und die in ihr formulierten Normen sollten einen Raum konstruieren, der prinzipiell alle integrierte und der seine Identität durch die Abgrenzung von denen, die seinen Regeln nicht folgten (und die damit als der Gesellschaft insgesamt Fremde definiert wurden), erhielt.

Wirkung zu verhelfen, als auch von der Attraktivität und den Möglichkeiten, mit denen sich ihre Akzeptanz durch die Nutzer erzielen lässt. Die Strukturierung eines homogenen Rechts- und Gerichtsraums Reich – was man als einen der notwendigen Schritte in der Herstellung von Staatlichkeit beschreiben könnte – kollidierte mit den mehr oder weniger konsequent betriebenen zentrifugalen Verstaatlichungstendenzen der Territorien; der in der historischen Forschung und weit darüber hinaus bis zum Überdruss betonte deutsche Sonderweg der Vormoderne, die Schwäche der Zentralmacht und die Stärke der Stände, lässt sich auch für den Bereich der Justiz identifizieren.[2] Das Herzogtum Bayern des 16. Jahrhunderts und seine adligen Untertanen sollen im folgenden unter dieser Fragestellung – nach dem Gewicht der Reichsgerichte, v. a. des Reichskammergerichts, im Verhältnis zu den Tendenzen der Herstellung von territorialstaatlicher Autonomie, der Praktizierung gewissermaßen eines juristischen Merkantilismus – vor allem in quantitativer Hinsicht untersucht werden. Damit sind Hinweise auf die Realität des politischen und juristischen Raums des Reichs und seine Akzeptanz durch die Reichsbewohner zu erwarten.

II.

Die Organisation der bayerischen Justiz

Das Herzogtum Bayern des späten Mittelalters und der Frühen Neuzeit gilt gemeinhin als Musterbeispiel früher und intensiver *Verstaatlichung* – probates Anschauungsobjekt für den Prozess der Territorialisierung im Kontext der Reichsgeschichte und Grund stolzer Selbstvergewisserung einer ungebrochenen bayerischen Identität.[3] Dieser Vorgang der vormo-

---

[2] Allgemeines zur Entwicklung von Staatlichkeit im Modernisierungsprozeß: W. R e i n h a r d, Das Wachstum der Staatsgewalt. Historische Reflexionen, in: Der Staat 31 (1992), S. 59-75. Zum Prozess der Unterwerfung von Recht und Justiz durch die werdende Staatsgewalt und zu ihrer Instrumentalisierung als *Machtmittel der jeweils Herrschenden* vgl.: Ders., Geschichte der Staatsgewalt. Eine vergleichende Verfassungsgeschichte Europas von den Anfängen bis zur Gegenwart, München 1999, S. 282 f. Zur gegenwärtigen Auseinandersetzung um den Grad der Staatlichkeit des Alten Reichs bzw. die Frage nach der Legitimität der Bezeichnung *Staat* für dieses monsterähnliche Gebilde vgl.: G. S c h m i d t, Geschichte des Alten Reiches. Staat und Nation in der Frühen Neuzeit 1495-1806, München 1999; H. S c h i l l i n g, Reichs-Staat und frühneuzeitliche Nation der Deutschen oder teilmodernisiertes Reichssystem. Überlegungen zu Charakter und Aktualität des Alten Reiches, in: HZ 272 (2001), S. 377-395; W. R e i n h a r d, Frühmoderner Staat und deutsches Monstrum. Die Entstehung des modernen Staates und das Alte Reich, in: ZHF 29 (2002), S. 339-358.

[3] Zur Genese des dynastischen Fürstenstaats am Übergang vom Mittelalter zur Neuzeit am bayerischen Beispiel vgl.: R. S t a u b e r, Herrschaftsrepräsentation und dynastische Propaganda bei den Wittelsbachern und Habsburgern um 1500, in: C. N o l t e (Hg.), Principes. Dynasten und Höfe im späten Mittelalter (Residenzenforschung, Bd. 14), Stuttgart 2002, S. 371-402, v. a. S. 371-373.

dernen Staatsbildung war eng mit dem Ausbau einer flächendeckenden, transparenten und hierarchisch gegliederten Justiz verknüpft; angesichts der Identität von Justiz und Verwaltung war die Entwicklung eines auf den Fürsten ausgerichteten Gerichtswesens nicht lediglich Zeichen oder Begleiterscheinung, sondern regelrecht Instrument, ja Wesen der Integration von eigenständigen regionalen und lokalen Einheiten in das, was hier anachronistisch als *Staat* bezeichnet wird.

Zwischen dem späten 13. und dem beginnenden 16. Jahrhundert vollzog sich in Bayern die Transformation von ehemals selbständigen Grafschaften, Vogteien und Herrschaften in *Ämter*, die in der Besetzung mit Rittern durch den Herzog eine Symbiose von fürstlicher Bürokratie und Privilegierung der regionalen Führungsgruppe – also von Zentrum und Peripherie – darstellten.[4] Im Laufe des 14. Jahrhunderts wurden diese Ämter – z. T. über traditionelle Grenzen hinweg – arrondiert und zunehmend als *Gerichte*, Vorgänger der späteren *Landgerichte*, bezeichnet.[5]

Ungefähr gleichzeitig mit der Bildung der Ämter bzw. Gerichte ist auch die Existenz bzw. Bezeichnung übergeordneter Gerichts- und Verwaltungseinheiten nachweisbar, der Vitztumämter, von denen es mit der Vereinigung der nieder- und der oberbayerischen Teilherzogtümer vier gab: Die auch als Rentämter oder Regierungen bezeichneten *Hofgerichte* München, Landshut, Burghausen und Straubing.[6] Mehr noch als die Landrichter fungierten die adligen Vitztume als Vertreter des Herzogs im Land.[7] Im Laufe des 16. Jahrhunderts etablierte sich der Münchener Hofrat als Appellationsinstanz für die übrigen Hofgerichte und nahm damit neben seiner auf das Rentamt München bezogenen geographischen Teil-

---

[4] Grundlegend zur Organisation der bayerischen Justiz in Spätmittelalter und Früher Neuzeit: S. H i e r e t h, Die bayerische Gerichts- und Verwaltungsorganisation vom 13. bis 19. Jahrhundert. Einführung zum Verständnis der Karten und Texte (Historischer Atlas von Bayern. Teil Altbayern), München 1950. V. P r e s s, Die wittelsbachischen Territorien: Die pfälzischen Lande und Bayern, in: Deutsche Verwaltungsgeschichte Band 1: Vom Spätmittelalter bis zum Ende des Reiches, K. G. A. J e s e r i c h, H. P o h l und G.-C. v o n U n r u h (Hgg.), Stuttgart 1983, S. 575-599, hier v. a. S. 575: *Territoriale Einheit und Geschlossenheit zeichneten den bayerischen Landesstaat in der Neuzeit aus;* [...] Ein Beispiel für die häufig wiederholte und im Kern auch nicht zu bezweifelnde Auffassung von der Vorreiterrolle Bayerns im Verdichtungsprozess der Vormoderne.

[5] H i e r e t h (wie Anm. 4), S. 6 f.

[6] Zur Vereinigung Gesamtbayerns am Beginn des 16. Jahrhunderts vgl.: R. S t a u b e r, Staat und Dynastie. Herzog Albrecht VI. und die Einheit des 'Hauses Bayern' um 1500, in: ZBL 60 (1997), S. 539-565; ders., Herzog Georg von Bayern-Landshut und seine Reichspolitik. Möglichkeiten und Grenzen reichsfürstlicher Politik im wittelsbachisch-habsburgischen Spannungsfeld zwischen 1470 und 1505 (Münchener historische Studien. Abteilung Bayerische Geschichte, Bd. 15), Kallmünz 1993.

[7] H i e r e t h (wie Anm. 4), S. 7 f.

zuständigkeit eine für die Rechtseinheit von ganz Ober- und Niederbayern zentrale Funktion wahr.[8]

Dies also die Struktur der für die Hoch- bzw. Blutgerichtsbarkeit zuständigen Institutionen; die Niedergerichtsbarkeit war zwar in dieses auf den Herzog ausgerichtete System integriert, behielt jedoch bis zum Ende des Ancien Régime in hohem Grade ihre ständisch begründete Autonomie: Das galt neben den Dorf- und Stadtgerichten vor allem für die Hofmarken, die in kirchlicher, besonders aber adliger Hand waren.[9] In diesen geschlossenen Herrschaftsbezirken funktionierte das Gerichtswesen noch weitgehend ungestört von landesherrlichen Einflüssen und konsolidierte im unmittelbaren Aufeinanderbezogensein von Bauern und Grundherren, von Landsassen und Hintersassen, die aristokratische Sozialordnung. Allerdings war der rechtliche Zugriff der Großgrundbesitzer auf ihre Bauern auf die Hofmarken beschränkt: In den – zahlreichen – einschichtigen Gütern war die Bevölkerung unmittelbar den Landgerichten und damit dem herzoglichen Zugriff ausgesetzt. Dieser Zustand änderte sich grundlegend im Jahr 1557: Weil die Bayernherzöge v. a. für Kontributionen zum militärischen Aufgebot des Reichs, dann aber zunehmend für eine immer aufwendigere Hofhaltung, Schulden in großer Menge anhäuften und die Stände in immer kürzeren Abständen zur Schuldentilgung angerufen wurden, ließ sich das tradierte Handlungsmuster von Geldbewilligungen der ständischen Korporation und Privilegienbestätigung durch den Fürsten nicht mehr beliebig fortsetzen; unter Albrecht V. gelang es dem Adel, für exzeptionell hohe Sondersteuern eine wesentliche Ausweitung der *Rechte und Freiheiten* durchzusetzen, die auf eine Erweiterung der Niedergerichtsbarkeit auf die Untertanen einschichtiger Güter hinauslief. Mit diesem als *Edelmannsfreiheit* bezeichneten Vorrecht wurden zahlreiche Bauern dem unmittelbaren landesherrlichen Zugriff entzogen und als Untertanen des Adels gleichsam mediatisiert; ein Vorgang, der sich als Absage an Vorstellungen einer linearen Modernisierung, die u. a. in konsequenter Homogenisierung und Integration eines Staatsvolkes besteht, liest.[10]

---

[8]   R. H e y d e n r e u t e r, Der landesherrliche Hofrat unter Herzog und Kurfürst Maximilian I. von Bayern (1598-1651) (Schriftenreihe zur bayerischen Landesgeschichte, Bd. 72), München 1981; P r e s s (wie Anm 4), S. 577-579.

[9]   Zum Themenkomplex der Hofmarken und der Edelmannsfreiheit vgl. H i e r e t h (wie Anm. 4), S. 10 f., 15 f. sowie F. L ü t g e, Die bayerische Grundherrschaft. Untersuchungen über die Agrarverfassung Altbayerns im 16.-18. Jahrhundert, Stuttgart 1949, S. 53-56.

[10]   Dazu ausführlich: C. W i e l a n d, Edelmannsfreiheit aus fürstlicher Gnade – Alter und neuer bayerischer Adel im 16. und 17. Jahrhundert, in: Zwischen Stagnation und Innovation. Landsässiger Adel und Reichsritterschaft im 17. und 18. Jahrhundert, K. A n d e r m a n n und S. L o r e n z (Hgg.), (Schriften zur südwestdeutschen Landeskunde, Bd. 56), Ostfildern 2005, S. 41-56. Zum politischen Kontext vgl.: H. L u t z und W. Z i e g l e r, Das konfessionelle Zeitalter. Erster Teil: Die Herzöge Wilhelm IV. und Albrecht V, in: A. K r a u s (Hg.), Handbuch der bayerischen Geschichte. Zweiter

Die Konsequenzen dieser *Edelmannsfreiheit* sind dennoch nicht leicht zu interpretieren: Wenn sie auch eine Bestätigung adliger Autonomie und ihres damit verbundenen lokalen Herrschaftsanspruchs darstellte, war sie zugleich ein Instrument der zentralisierten Kontrolle der Gesellschaft und der sozialen Mobilität in Bayern, die eben nicht mehr autonom die Zugehörigkeit zur geburtsständischen Oberschicht bestimmte, sondern diese Definition an den Fürsten delegiert hatte.[11] In der Folge stellte sich die Gerichtshoheit auf einschichtigen Gütern denn auch als keineswegs selbstverständliches adliges Recht heraus, sondern blieb – besonders bei Verkäufen von Gütern oder komplizierten Erbgängen – ein immer wieder vom Herzog zu erbittendes Privileg. Ein Ergebnis dieser faktisch ungeklärten Situation und der nach Albrecht V. neu erstarkten Macht der Herzöge im Verhältnis zum Landesadel war ein kontinuierlicher Kleinkrieg zwischen Gutsbesitzern und herzoglichen Beamten um die Gerichtszuständigkeit über Untertanen, was sich immer wieder in Entführungen von Delinquenten und willkürlich vorgenommenen Gerichtsverhandlungen niederschlug.

Dennoch lässt sich – mit einer auf das 16. Jahrhundert konzentrierten Perspektive – festhalten, dass die Konstruktion eines einheitlichen bayerischen Gerichtsraums durch die Wittelsbacher von bemerkenswerten Ausnahmen und Rückschlägen gekennzeichnet war, die Ergebnis eines vergleichbar in ganz Europa ausgetragenen Machtkampfes zwischen monarchischer und ständisch-korporativer, aristokratischer, Herrschaftsauffassung waren.

Band: Das alte Bayern. Der Territorialstaat vom Ausgang des 12. Jahrhunderts bis zum Ausgang des 18. Jahrhunderts, München ²1988, S. 322-392, v. a. S. 379. Vgl. auch: D. R. B e i s e l , The Bavarian Nobility in the Seventeenth Century: A Socio-Political Study, Ann Arbor, Mich. 1970, S. 64-71.

[11] Die heteronome Bestimmung von Adel – nicht mehr durch die internen Regelungsmechanismen des Zweiten Standes, sondern durch die Zuschreibung seitens des Monarchen – ist ein in vielen europäischen Landschaften zu beobachtendes Phänomen des 16. und frühen 17. Jahrhunderts; vgl. dazu: R. G. A s c h , Das monarchische Nobilitierungsrecht und die soziale Identität des Adels im 17. und 18. Jahrhundert. Eine Problemskizze, in: Die frühneuzeitliche Monarchie und ihr Erbe. Festschrift für Heinz Duchhardt, R. G. A s c h , J. A r n d t und M. S c h n e t t g e r (Hgg.), Münster u. a. 2003, S. 91-107. Zur Forschungssituation bezüglich des frühneuzeitlichen Adels vgl.: R. G. A s c h , Rearistokratisierung statt Krise der Aristokratie? Neuere Forschungen zur Geschichte des Adels im 16. und 17. Jahrhundert, in: GG 30 (2004), S. 144-154.

III.

Die rechtliche Autonomie Bayerns – Schritte ihrer Konstruktion

Unzweifelhaft bleibt jedoch, dass für das bayerische Herrscherhaus die gerichtliche Autonomie des Herzogtums ein zentrales Ziel darstellte: Mit der Konstruktion eines hierarchisierten landesherrlichen Gerichtssystems sollte diese ebenso ins Werk gesetzt werden wie mit der Abweisung von Einflüssen übergeordneter Reichsgerichte.[12] Diese vom späten 15. bis zum beginnenden 17. Jahrhundert konsequent vollzogene Durchsetzung des *privilegium de non appellando* setzte eine im Mittelalter begonnene Serie von Gerichtsstandsprivilegien der deutschen Könige und Kaiser an die bayerischen Herzöge fort.[13] Bereits 1480 erhielt Georg von Bayern-Landshut das Privileg, dass die Appellation gegen Beiurteile der herzoglichen Obergerichte ausgeschlossen sein sollte; diese Erwerbung Niederbayerns wurde mit der *Einheit des Hauses Bayern* auf Oberbayern ausgedehnt.[14] 1517 wurde die Appellation auf Gegenstände, deren Streitwert über 100 Gulden lag, beschränkt, 1521 wurde diese Summe auf 200 Gulden erhöht, 1559 schließlich auf 500 Gulden. In dem Privileg Ferdinands I. für Albrecht V. von Bayern wurde explizit darauf verwiesen, dass die *mutwillige* Appellation an das Reichskammergericht nicht nur abstrakt den Gang der *Justitia* durch unmäßige Verlängerung der Verfahren behindere und die Prozessparteien in nicht zu rechtfertigende Kosten stürze, sondern ebenso dazu diene, die Valenz der territorialen Gerichtsbarkeit zu beschädigen.[15] Mit dem 1620 verliehenen *privilegium de non appellando illimitatum* und der 1625 erfolgten Errichtung des Revisoriums durch

---

[12] Dieser Vorgang vollzog sich parallel zum Ausbau eines zentralisierten Behördensystems; vgl. M. Lanzinner, Fürst, Räte und Landstände. Die Entstehung der Zentralbehörden in Bayern (Veröffentlichungen des Max-Planck-Instituts für Geschichte, Bd. 61), Göttingen 1980.

[13] Zu den im Mittelalter erfolgten Privilegierungen der Bayernherzöge vgl.: F. Battenberg, Die Gerichtsstandsprivilegien der deutschen Kaiser und Könige bis zum Jahre 1451. 2 Teilbde. (QFHG 12/I-II), Köln/Wien 1983; Battenberg weist Privilegien für Ernst und Wilhelm von Bayern-München und Heinrich III. von Bayern Landshut von 1417 (S. 642) sowie für Albrecht III. von Bayern-München von 1443 (S. 810 f.) und 1447 (S. 826 f.) nach.

[14] Zur Beurteilung der bayerischen Appellationsprivilegien um 1500 und den Bemühungen der Wittelsbacher um die Abwehr der Appellation an das Reichskammergericht vgl.: J. Weitzel, Der Kampf um die Appellation ans Reichskammergericht. Zur politischen Geschichte der Rechtsmittel in Deutschland (QFHG 4), Köln/Wien 1976, S. 158-166.

[15] Text des Appellationsprivilegs von 1559 abgedruckt in: W. Ziegler (Bearb.), Dokumente zur Geschichte von Staat und Gesellschaft in Bayern. Abteilung I: Altbayern vom Frühmittelalter bis 1800. Band 3, Teil 1: Altbayern von 1550-1651, München 1992, S. 286-288, S. 287: *Dardurch auch die haubtsachen an gemelt vnnser Camergericht zebringen, irem gegenthail vnnd seiner lieb die erste Instanntz zuennttziehen oder aber zu vnzimlichen verträgen damit zedrinngen, Welches doch von allter heer bei seiner Lieb voreltern bis auf sein Lieb nie gestattet, [...]*

Maximilian I. – beides im Zusammenhang mit der Übertragung der pfälzischen Kurwürde auf die bayerischen Wittelsbacher – sowie der Ausweitung des Appellationsprivilegs auf die Oberpfalz 1628 war die gerichtliche Einhegung des jungen Kurfürstentums gewissermaßen vollendet. 1786 bestätigte Joseph II. das *privilegium de non appellando illimitatum* zum letzten Mal in der Geschichte des Alten Reichs und dehnte es zugleich auf weitere – kleine – Gebietserwerbungen der Wittelsbacher aus.[16]

Die Autonomisierung Bayerns hinsichtlich der Rechtsprechung verdienten sich die Wittelsbacher nicht lediglich durch Verdienste um Kaiser und Reich – dies die immer wiederkehrenden Formeln, mit denen die Appellationsprivilegien begründet wurden –, sondern sie flankierten diese Vorgänge auch mit einem entschiedenen Vorgehen gegen die wenigen autonomen Herrschaftsgebiete, die wie ein Dorn im Fleisch des Herzogtums steckten; allerdings war ja die Vereinheitlichung Bayerns u. a. wegen des Fehlens von freien Reichsstädten innerhalb seiner Grenzen und wegen der zielstrebigen Integration der wenigen reichskirchlichen Elemente, die im Fall von Freising und Berchtesgaden ohnehin meist wittelsbachische Sekundogenituren darstellten, relativ früh weit vorangeschritten.[17] In diesem Kontext musste die Existenz reichsunmittelbarer Adelsherrschaften denn auch besonders störend wirken, und so bekämpfte das Haus Bayern erfolgreich die Autonomie der Herrschaften Haag und Degenberg und strengte bereits 1549 einen Reichskammergerichtsprozess gegen die Grafen von Ortenburg an, denen man die Reichsunmittelbarkeit bestritt;[18] allerdings verließ man sich nicht auf die – wenn auch vielleicht nicht stumpfen, so doch friedlichen und langsamen – Waffen der Justiz,

---

[16] Regesten der bayerischen Appellationsprivilegien und ihrer Bestätigungen von 1480 bis 1786 bei: U. Eisenhardt (Hg.), Die kaiserlichen *privilegia de non appellando* (QFHG 7), Köln/Wien 1980, S. 71-73; Text des *privilegium de non appellando illimitatum* von 1628: ebd., S. 166-169.

[17] Dieser Befund wird visualisiert in: M. Spindler (Hg.), Bayerischer Geschichtsatlas, München 1969, S. 21.

[18] BHStA München, RKG 5658: Prozeß des kaiserlichen Fiskals gegen Wilhelm IV. von Bayern von 1549 bis 1573 wegen der Verpflichtung der Grafen von Ortenburg als unmittelbare Reichsstände zu Beiträgen zu den Reichslasten und der Einrede der Exemption zugunsten des Herzogs von Bayern. Dazu auch: W. Ziegler, Bayern, in: Die Territorien des Reichs im Zeitalter der Reformation und Konfessionalisierung. Land und Konfession 1500-1650. 1: Der Südosten, A. Schindling und W. Ziegler (Hgg.) (KLK, Bd. 49), Münster ²1989, S. 56-70, v. a. S. 63-66. Zur Führungsrolle der am oberen Rand der bayerischen Adelsgesellschaft angesiedelten Familien, die sich zwischen Landstandschaft und Reichsunmittelbarkeit bewegten, im aristokratischen Widerstand gegen den wittelsbachischen *Frühabsolutismus*, v. a. gegen die Religionspolitik der Bayernherzöge, vgl.: J. Schneider, Spätmittelalterlicher deutscher Niederadel. Ein landschaftlicher Vergleich (Monographien zur Geschichte des Mittelalters, Bd. 52), Stuttgart 2003, S. 238-252. Siehe auch: S. Weinfurter, Herzog, Adel und Reformation. Bayern im Übergang vom Mittelalter zur Neuzeit, in: ZHF 10 (1983), S. 1-39.

und im Zusammenhang mit der sogenannten *Adelsverschwörung* von 1563 nutzte Albrecht V. den Protestantismus prominenter Adelsfamilien und die ungewöhnlich deutlichen Äußerungen aristokratischen Selbstbewusstseins auf dem Ingolstädter Landtag, um den Vorwurf einer Revolte des Adels zu konstruieren und mit Waffengewalt gegen die Ortenburger vorzugehen. Der sich anschließende Prozess gilt gemeinhin als deutliches Signal und Ausgangspunkt landesherrlichem Absolutismus gegenüber den bayerischen Aristokraten.[19]

Diese Maßnahmen dienten einerseits dazu, die Gerichtsrechte des Adels bezüglich der bäuerlichen Untertanen zu schwächen und so die herzoglichen Landgerichte in jeder Hinsicht aufzuwerten; andererseits waren sie Instrumente der Nivellierung aller Bayern – seien sie adlig oder nicht – als Untertanen, denen die erstinstanzliche Anrufung der Reichsgerichte soweit wie möglich erschwert werden sollte.

In außenpolitischer Hinsicht handelte es sich bei solchen Maßnahmen zweifellos um Instrumente des Kampfes der dynastischen Konkurrenz innerhalb der *société des princes*, wobei hier besonders die kurpfälzischen Vettern zu nennen sind;[20] innenpolitisch ging dieser hochadlige Wettstreit mit Rationalisierungsvorgängen einher: Dazu gehörte neben der Hierarchisierung von Land- und Hofgerichten und dem Hofrat auch die Möglichkeit der Anklageerhebung gegen den Landesherrn vor dem Hofrat in Erster Instanz, die *supplicatio ad manus principis* gegen Hofratsurteile und die Errichtung des Revisoriums von 1625, wodurch Appellationen an Reichsgerichte theoretisch – und großenteils auch tatsächlich – unmöglich gemacht wurden.[21]

Alle genannten Instrumente, mit denen Bayern sich von den Einflüssen übergeordneter Instanzen abschirmte, fanden nun innerhalb eines intellektuellen Kontexts statt, der die Gründung und den Ausbau eben dieser Instanzen, des Reichskammergerichts und des Reichshofrats, erst ermöglichte; diese Nähe schlug sich einerseits in der 1520 erlassenen bayerischen Gerichtsordnung sowie in der Orientierung des Hofrats am *stilus camerae* nieder, andererseits im personellen Austausch: Reichskammerge-

---

[19] Vgl. dazu: C. W i e l a n d , Die bayerische Adelsverschwörung von 1563. Ereignis und Selbstdeutungen, in: zeitenblicke 4 (2005), Nr. 2, [2005-06-28], URL: http://www.dipp.zeitenblicke.de/2005/2/Wieland/index_html, URN: urn:nbn:de:0009-9-1326.

[20] L. B é l y , La société des princes: XVIe-XVIIIe siécle, Paris 1999; zur bayerisch-habsburgischen Konkurrenz vgl. S t a u b e r (wie Anm. 3), S. 390 f.; zur innerwittelsbachischen Konkurrenz zwischen Bayern und der Pfalz vgl. V. P r e s s , Bayerns wittelsbachische Gegenspieler – Die Heidelberger Kurfürsten 1505-1685, in: H. G l a s e r (Hg.), Um Glauben und Reich. Kurfürst Maximilian I. Beiträge zur Bayerischen Geschichte und Kunst 1573-1657 (Wittelsbach und Bayern, Bd. II/1), München/Zürich 1980, S. 24-39.

[21] H e y d e n r e u t e r (wie Anm. 8), S. 186, 208-217.

richtsassessoren oder auch nur ehemalige Studienpraktikanten am Reichskammergericht wurden als bayerische Hofräte bevorzugt eingestellt; um-
gekehrt wechselten auch Hofräte aus München als Assessoren nach Speyer – dies sind v. a. für die Regierungszeit Herzog bzw. Kurfürst Maximilians I. nachweisbare Austauschvorgänge.[22]

Dies also die Situation besonders des späteren 16. Jahrhunderts, die in
ihren Grundzügen beinahe einen *locus communis* darstellt: Mit Hilfe von
Instrumenten, die in ihrer Rationalisierung und Verwissenschaftlichung
weit über den lokalen Kontext hinauswiesen, schuf Bayern sich wei-
testgehende – durch rechtliche Einhegung produzierte – territoriale Autonomie.

IV.

Appellationen

Mit welchem Maß an Erfolg waren diese Maßnahmen gekrönt? Zur Kontrolle der gerichtlichen Praxis im Verhältnis zur bürokratischen Theorie
werden hier Prozesse des bayerischen Adels an den territorialen und
Reichsgerichten in den Blick genommen: Einerseits, weil mit der relativ
kleinen Gruppe der Ritter eine annähernd vollständige Erfassung aller
relevanten Prozesse (zumindest an Reichskammergericht und Reichshofrat) möglich ist; andererseits, weil die Reichsgerichte für den Adel allein
deshalb eine attraktive Form der Auseinandersetzung bedeuteten, weil sie
dazu geeignet schien, der Reichsunmittelbarkeit nicht lediglich zu folgen,
sondern sie – qua Praxis – zu bestätigen oder gar zu verleihen; drittens
schließlich, weil es ja vor allem der Adel war, der im 16. und frühen
17. Jahrhundert einen mit dem Fürsten konkurrierenden Anspruch auf
Herrschaft formulierte, wodurch es den Landesherrn wiederum besonders
angelegen sein musste, den Adel auch juristisch in ihren Herrschaftsbe-
reich zu integrieren.[23]

Betrachtet man die quantitative Entwicklung der Prozesse mit Adels-
beteiligung am Landshuter Hofgericht, so lässt sich feststellen, dass bis in
die 1570er Jahre von einem kontinuierlichen, danach sogar von einem

---

[22] Heydenreuter (wie Anm. 8), S. 224-227.
[23] Prosopographisches Material zum bayerischen Adel: H. Lieberich, Die bayerischen Landstände
1313/40-1807 (Materialien zur bayerischen Landesgeschichte, Bd. 7), München 1990. Vgl. auch:
Schneider (wie Anm. 15), S. 119-125.

sprunghaften Anwachsen der aristokratischen Prozesstätigkeit – oder Justiznutzung – gesprochen werden kann.[24]

Tabelle 1: Prozesse des bayerischen Adels am Hofgericht Landshut (16.Jh.), nach Jahrzehnten geordnet[25]

Jahrzehnt	Zahl der Prozesseingänge
1490	
1500	
1510	1
1520	2
1530	5
1540	27
1550	19
1560	45
1570	56
1580	145
1590	129
1600[26]	17

Unabhängig von Überlieferungszufällen und -lücken, abgesehen auch von den Unwägbarkeiten, die lediglich durch die Überlieferung der anderen Hofgerichte geklärt werden könnten, scheint die Tendenz eindeutig: In dem Maße, in dem Bayern sich rechtlich nach außen abschloss, intensivierte es seine Binnenprozesstätigkeit, gerade was den Zweiten Stand betraf. Ein Vergleich mit den Zahlen der Reichskammergerichtsprozesse, die Appellationen nach Urteilen bayerischer Hofgerichte bzw. des Münchener Hofrats darstellten, passt sich in den beschriebenen Befund, eine

---

[24] Es handelt sich bei den folgenden Zahlen um das Ergebnis einer Auswertung der Indices und Akten in: StA Landshut, Regierung Landshut, Akten; eine nach Gerichten – also der geographischen Herkunft der Parteien – geordnete Aufführung aller Prozesse am Landshuter Hofgericht.

[25] Vgl. zu diesen quantitativen Ausführungen: C. W i e l a n d, Bayerischer Adel und Reichskammergericht im 16. Jahrhundert. Quantifizierende Bemerkungen, in: A. B a u m a n n u. a. (Hg.), Prozeßpraxis im Alten Reich. Annäherungen – Fallstudien – Statistiken (QFHG 50), Köln/Weimar/Wien 2005, S. 91-118. Hier, wie auch bei den folgenden Tabellen, wurden sowohl Prozesse, in denen Adlige als Kläger auftraten, als auch solche, in denen sie beklagt wurden, ausgewertet. Zum sozialem und rechtlichen Status der Parteien: ebd., S. 105-110.

[26] Hier, wie auch in den folgenden Tabellen, sind unter *1600* ausschließlich die Prozesse aufgeführt, die im Jahr 1600 selbst aufgenommen wurden; diese Zahlen bezeichnen also im Gegensatz zu den anderen lediglich ein Jahr, kein Jahrzehnt.

erfolgreiche Bindung des Adels an die eigene Gerichtsbarkeit durch die Wittelsbacher und ihren Regierungs- und Verwaltungsapparat, ein:[27]

Tabelle 2: Prozesse des bayerischen Adels am Reichskammergericht (16. Jh.), nach Vorinstanzen im Herzogtum Bayern

Vor-instanz Jahrzehnt	Hofgericht München	Hofgericht Landshut	Hofgericht Burghausen	Hofgericht Straubing	Hofrat München	Bayern gesamt
1490		3		2	2	7
1500	5	4			1	10
1510	9	5	1	1	1	17
1520	3	6		2	2	13
1530	3	13	1	1	1	19
1540	3	1	1		1	6
1550	5	3	1		2	6
1560	2	1	4	1	2	8
1570	4		2	1	2	5
1580					1	1
1590	1			1	1	2
1600	1					1

Während sich ohnehin nicht sehr viele Prozesse dieser Art für das 16. Jahrhundert nachweisen lassen – 95 –, spricht auch deren Frequenz für den Erfolg der Justizprivilegierung der Wittelsbacher. Nach einer gewissen bescheidenen Hochphase bis in die 1530er Jahre gingen in der Folge die Appellationen ans Reichskammergericht rapide zurück, um bis zum

---

[27] Es handelt sich bei diesen und den folgenden quantitativen Angaben, die bayerische Adelsprozesse am Reichskammergericht betreffen, um eine Auswertung der im BHStA München befindlichen Indices; vgl. zum Stand der Erschließung: B. S c h i l d t, Inhaltliche Erschließung und ideelle Zusammenführung der Prozessakten des Reichskammergerichts mittels einer computergestützten Datenbank, in: ZNR 25 (2003), S. 269-290; F. B a t t e n b e r g, Reichskammergericht und Archivwesen. Zum Stand der Erschließung der Reichskammergerichtsakten, in: B. D i e s t e l k a m p (Hg.), Das Reichskammergericht in der deutschen Geschichte. Stand der Forschung, Forschungsperspektiven (QFHG 21), Köln/Wien 1990, S. 173-194. Der jüngst erschienene Index-Band der Reichskammergerichtsakten im Bayerischen Hauptstaatsarchiv München: Bayerisches Hauptstaatsarchiv: Reichskammergericht Band 11, Nr. 4492-5084 (Buchstabe H), W. F ü s s l und M. H ö r n e r (Bearb.) (Bayerische Archivinventare, Bd. 50/11; Inventar der Akten des Reichskammergerichts, Bd. 19), München 2004. Zu den erstinstanzlichen Verfahren des bayerischen Adels vor dem Reichskammergericht vgl. unten, S. 11 f.

Ende des Jahrhunderts quantitativ gänzlich insignifikant zu werden – das bereits 25 Jahre vor der Errichtung des Revisoriums.

Diese Beobachtung erfährt allerdings eine gewisse Einschränkung, wenn man neben den herzoglich-bayerischen auch andere Vorinstanzen berücksichtigt: Neben den Hofgerichten anderer – benachbarter – Fürsten: Pfalz-Neuburg, Ober- bzw. Kurpfalz oder dem bischöflich-augsburgischen Hofgericht in Dillingen sticht besonders das Gewicht des Kaiserlichen Hofgerichts in Rottweil ins Auge.[28]

Tabelle 3: Reichskammergerichtsprozesse des bayerischen Adels, nach Vorinstanzen außerhalb des Herzogtums Bayern

Vorinstanz Jahrzehnt	Hofgerichte anderer Fürsten	Landgerichte anderer Fürsten	Stadtgerichte ausserhalb Bayerns	Stadtgericht Augsburg	Kaiserliches Hofgericht Rottweil	Landgericht Markgrafschaft Burgau	Kaiserliches Landgericht in Schwaben	Andere	Gesamt: Appellationen an das RKG nach Vorinstanzen
1490	4							7	18
1500	1			1	5			7	24
1510	7	1			4			8	37
1520	3			1	4		1	5	27
1530	3			4	8		2	6	42
1540	6	2			18		4	5	41
1550	2	2			12			12	34
1560	8	1	3	5	26	2	3	4	60
1570	5		1	6	16	3		6	42
1580	3		1	2	6			3	16
1590	8			1			2	11	24
1600								3	4

---

[28] Es handelt sich bei diesen Prozessen um Auseinandersetzungen, die wegen der Lage der Gegenstände außerhalb des Herzogtums Bayern ohnehin anderen Regelungen unterlagen als innerbayerische Konflikte; allerdings prozessierten in diesen Fällen Familien, die auch – oder mehrheitlich – innerhalb Bayerns begütert waren und die damit teilweise den Beschränkungen der wittelsbachischen Justizpolitik unterworfen waren, teilweise jedoch nicht. Damit wies die bayerische Adelslandschaft hinsichtlich der Möglichkeiten und Grenzen von „Justiznutzung" eine bemerkenswerte Heterogenität auf.

Nicht nur steigt durch diesen Perspektivwechsel die absolute Zahl der Appellationen ans Reichskammergericht aus dem bayerischen Bereich, auch die Phasen der Justiznutzung erscheinen verschoben, mit einem Anstieg bis in die 1560er Jahre und einem wesentlich flacheren Abfall in den folgenden Jahrzehnten. Dennoch bleibt der Eindruck eines gewissen Rückgangs der Anrufung der Reichsgerichtsbarkeit ab dem letzten Viertel des 16. Jahrhunderts bestehen, was die oben festgestellten Tendenzen nach wie vor bestätigt.

Nun reflektiert die Integration der außerbayerischen Vorinstanzen in einer Untersuchung zur Geschichte des bayerischen Adels in erster Linie die Konturen der Personengruppe, die als *bayerischer Adel* identifiziert wurde: Es handelt sich um einen hohen Anteil von Familien und Individuen, die ihren Besitz- und Herrschaftsmittelpunkt gar nicht in Altbayern hatten, sondern lediglich durch den Besitz weniger Hofmarken zusätzlich die bayerische Landstandschaft begründeten, beziehungsweise um solche Aristokraten, die – aus einem anderen regionalen oder gar einem städtischen Kontext stammend, wie die Augsburger Fugger, – erst im Laufe des 16. Jahrhunderts eine prominente Rolle innerhalb der bayerischen Adelswelt zu spielen begannen. Indem jedoch solche Familiengruppen zumindest ansatzweise zu Bayern gemacht wurden, trugen sie – und dies angesichts von stark forcierten Homogenisierungstendenzen – dazu bei, dass der bayerische Adel nach wie vor Beziehungen pflegte und Erfahrungen und Handlungsräume besaß, die über die Grenzen des Wittelsbacher Herzogtums weit hinauswiesen – dies eben auch in juridischer Hinsicht.

V.

Nutzung der Reichsgerichte: Reichskammergericht und Reichshofrat

Um die Antwort auf die Frage nach dem Erfolg oder Misserfolg der Integration des bayerischen Landesadels durch das Rechtssystem weiter zu präzisieren, bedarf es eines Blicks auf die Tätigkeit bzw. Nutzung der Reichsgerichte, unabhängig von territorialen Vorgängen: Denn Reichskammergerichts- und Reichshofratsprozesse stellten auch für die landsässige Aristokratie häufig erstinstanzliche Verfahren dar, und dies nicht nur, wenn es sich um Besitzer reichsunmittelbarer Lehen oder um Auseinandersetzungen mit eindeutig reichsunmittelbaren Prozessgegnern wie Fürsten oder Städte handelte.

Am Reichskammergericht sind Prozesse mit Beteiligung der bayerischen Ritterschaft vom ersten Jahrzehnt seines Bestehens an nachzuweisen, in kontinuierlichem Anstieg bis in die 1540er Jahre, ab 1550 dann auf einem fast doppelt so hohen Niveau, was die Zahl der durchschnittlichen Prozesseingänge betrifft, und dies bemerkenswert stabil bis zum Ende des 16. Jahrhunderts.

Tabelle 4: Prozesse des bayerischen Adels (16. Jh.) am Reichskammergericht, nach Jahrzehnten geordnet

Jahrzehnt	Zahl der Prozesseingänge
1490	23
1500	30
1510	57
1520	50
1530	71
1540	77
1550	130
1560	122
1570	129
1580	119
1590	126
1600	18

Dies fällt umso mehr auf, als zwar die Gesamtfrequenz der Reichskammergerichtsprozesse (nach Ranieri) einen ähnlichen Trend aufweist, die Zahl der Prozesse, die aus dem bayerischen Reichskreis nach Speyer gelangten, ab der zweiten Hälfte des 16. Jahrhunderts jedoch merklich zurückging, was allgemein mit dem Erfolg der wittelsbachischen Justizpolitik interpretiert wird.[29] Während das 16. Jahrhundert als die *große Zeit* des Reichskammergerichts gilt, übernahm der Reichshofrat vor allem ab den 1620er Jahren dessen Funktion.

---

[29] F. Ranieri, Recht und Gesellschaft im Zeitalter der Rezeption. Eine rechts- und sozialgeschichtliche Analyse der Tätigkeit des Reichskammergerichts im 16. Jahrhundert (QFHG 17/I-II), Köln/Wien 1985, S. 175 f.

Hinsichtlich des Reichshofrats ist es (aufgrund der Forschungslage, eine Formulierung, die häufig nicht mehr leistet, als eigene Forschungsdefizite zu bemänteln) bekanntermaßen schwieriger, Aussagen über die Prozessfrequenz bzw. soziale und territoriale Indienstnahme zu treffen.[30] Während die absoluten Zahlen sich im Laufe weiterer Recherchen noch erhöhen werden, können einige Tendenzen trotzdem ausgemacht werden: Nachdem das kaiserliche Gericht sich als solches formiert hatte, wurde es auch schnell als solches in Anspruch genommen – zunächst noch zögerlich, ab den 1540er Jahren jedoch zunehmend intensiv und spätestens mit den 1580ern auf einem Niveau, das dem des Reichskammergerichts vergleichbar war.

Tabelle 5: Prozesse bayer. Adliger am Reichshofrat (16. Jh.), nach Jahrzehnten geordnet[31]

Jahrzehnt	Zahl der Prozesseingänge
1490	
1500	
1510	
1520	2
1530	21
1540	61
1550	83
1560	87
1570	93
1580	118
1590	113
1600	9

---

[30] Zum Stand der Erschließung der Reichshofratsakten im Wiener Haus-, Hof- und Staatsarchiv vgl.: E. Ortlieb, Die ‚Alten Prager Akten‘ im Rahmen der Neuerschließung der Akten des Reichshofrats im Haus-, Hof- und Staatsarchiv in Wien, in: Mitteilungen des Österreichischen Staatsarchivs 51 (2004), S. 593-634; G. Polster, Die elektronische Erfassung des Wolfschen Repertoriums zu den Prozessakten des Reichshofrats im Wiener Haus-, Hof- und Staatsarchiv, in: Ebd., S. 635-649.

[31] Es handelt sich bei diesen Zahlen nicht, wie bei den Tabellen zum Reichskammergericht, um das Ergebnis einer vollständigen Erfassung aller relevanten Reichshofratsprozesse, sondern um vorläufige, eher tendenzielle Werte, die lediglich auf einer Auswertung des Wolfschen Repertoriums beruhen. Zur Einordnung der hier vorgestellten Befunde in die Gesamtfrequenz des Reichshofrats vgl.: E. Ortlieb und G. Polster, Die Prozessfrequenz am Reichshofrat (1519-1806), in: ZNR 26 (2004), S. 189-216.

Die Intensivierung adliger Prozesstätigkeit auf allen Ebenen der territorialen und der Reichsjustiz im Laufe des 16. Jahrhunderts lässt sich einerseits als systeminterner Vorgang bezeichnen: gelehrtes, institutionalisiertes Recht dient nicht der Vermeidung von Konflikten, es führt vielmehr zu einer *immensen Vermehrung der Konfliktchancen*.[32] Ein einmal etabliertes Angebot zur relativ risikoarmen Durchsetzung von Ansprüchen zieht gewissermaßen automatisch die Formulierung, ja die Entdeckung solcher Ansprüche nach sich.

Andererseits stellten das schriftlich fixierte Recht und seine Institutionen ein Medium dar, dessen sich Gesellschaften und Gesellschaftssegmente aktiv zur Aufrechterhaltung ihrer internen Regelungsmechanismen bedienten – die Justiz war nicht lediglich ein dem Adel oktroyiertes Fremdes, sondern wurde zum Teil seines Konfliktlösungsinstrumentariums. Hier wie bei anderen gesellschaftlichen Gruppen bietet die Theorie der Justiznutzung weitreichende Erklärungsmuster.[33]

Schließlich fanden in der Kommunikation mit dem gelehrten Recht auch beim Adel Verrechtlichungs- und Rationalisierungsvorgänge für zentrale Lebensbereiche statt, die à la longue dazu beitrugen, Konflikte aus der individuellen Verfügungsgewalt zu extrapolieren und sie gleichsam zu objektivieren. Dies gilt bemerkenswerterweise nicht – oder doch nur in sehr begrenztem Maße – für Fragen von Hierarchie und Rang, die im Gegensatz zum Bürgertum kaum vor Gericht thematisiert wurden;[34] wohl aber für Komplexe wie: Besitz und Herrschaftsgrenzen, Familienverhältnisse und Testamente, Abgaben und Justizzuständigkeiten – wesentliche Aspekte des adligen Lebens auf dem Lande.[35]

Welche Konsequenzen lassen sich aus diesen quantitativen Beobachtungen ziehen?
1. Im 16. Jahrhundert, vor allem seit seiner zweiten Hälfte, nahm die Gerichtstätigkeit oder Justiznutzung des Adels massiv zu – und dies auf allen Ebenen der Justiz, sowohl hinsichtlich der landesherrlichen als

---

[32] N. L u h m a n n, Soziale Systeme. Grundriß einer allgemeinen Theorie, Frankfurt a. M. 1987, S. 511.

[33] Vgl. zu diesem Konzept: M. D i n g e s, Frühneuzeitliche Justiz: Justizphantasien als Justiznutzung am Beispiel von Klagen bei der Pariser Polizei im 18. Jahrhundert, in: Vorträge zur Justizforschung – Geschichte und Theorie, Bd. 1, H. M o h n h a u p t und D. S i m o n (Hgg.), Frankfurt a. M. 1992, S. 269-292; d e r s., Justiznutzung als soziale Kontrolle in der Frühen Neuzeit, in: Kriminalitätsgeschichte. Beiträge zur Sozial- und Kulturgeschichte der Vormoderne (Konflikte und Kultur – Historische Perspektiven, Bd. 1), A. B l a u e r t und G. S c h w e r h o f f (Hgg.), Konstanz 2000, S. 503-544.

[34] B. S t o l l b e r g - R i l i n g e r, Rang vor Gericht. Zur Verrechtlichung sozialer Rangkonflikte in der frühen Neuzeit, in: ZHF 28 (2001), S. 385-418.

[35] Nach dem Titel des Werks von M. G i r o u a r d, Das feine Leben auf dem Lande. Architektur, Kultur und Geschichte der englischen Oberschicht, Frankfurt a. M./New York 1989.

auch der Reichsgerichtsbarkeit. Ob man diesen Vorgang mit einer gestiegenen Konfliktbereitschaft des Zweiten Standes deuten will, oder vielmehr als Befriedung im Sinne der Ablösung gewalttätiger Auseinandersetzungsformen durch rationalisierte oder friedlich geregelte, oder gar als Zwischenform, in der Recht und Gewalt sich gegenseitig ergänzten, anstatt sich zu ersetzen, muss hier offen bleiben.

2. Während sowohl Appellationen von bayerischen und anderen Vorinstanzen an die Reichsgerichte – zumindest das Reichskammergericht – im letzten Drittel des 16. Jahrhunderts abnahmen, als auch die territoriale Gerichtstätigkeit hinsichtlich des Adels sich im gleichen Zeitraum intensivierte, man also oberflächlich von einer rechtlichen Verdichtung auf territorialer Ebene ausgehen könnte, stieg gleichzeitig die unmittelbare Nutzung der Reichsgerichte massiv an. Der in Zahlen gemessene absolute Erfolg der Wittelsbacher bei der Beschränkung der Appellationen wurde durch einen gegenläufigen Trend beim Adel konterkariert, der in der Zusammenschau von Reichshofrat und Reichskammergericht besonders deutlich wird.

3. Damit praktizierten bayerische Adlige in vielfältiger Hinsicht eine Art von friedlichem Widerstand gegen die Territorialisierungsversuche ihrer Dynastie und nutzten – ob direkt oder indirekt – das Gerichtswesen als Instrument und Plattform zur Durchsetzung und Darstellung eines nach wie vor auf Autonomie begründeten Status', eines vom Herzog unabhängigen ständischen Selbstbewusstseins – dadurch erhält das Konzept der Justiznutzung eine systematisch-strategische Komponente.

4. Dies setzte jedoch voraus, dass die Reichsgerichtsbarkeit insgesamt im Formierungsprozess der Vormoderne relativ früh auch vom Adel akzeptiert und in das traditionelle Konfliktlösungsrepertoire integriert wurde. Dieser Vorgang – so sehr man ihn auch als Auflehnung gegen territorialstaatliche Homogenisierungstendenzen im Rechtsbereich deuten mag – trug, indem er eine Vielzahl von Untertanen mit Reichsgerichtserfahrung produzierte, zur Formierung einer *Gerichtslandschaft Altes Reich* wesentlich bei.

ANTON GERLACH VON SCHWARZENFELS ALS JUSTIZRAT IN STADE

Von Volker Friedrich Drecktrah

I.

Einleitung

Der Beitrag befasst sich mit der Tätigkeit des späteren Assessors am Reichskammergericht, Anton Gerlach von Schwarzenfels,[1] in Stade. Dort wirkte er von Oktober 1734 bis März 1745 als Justizrat. Eingebettet ist diese Tätigkeit in einen bemerkenswerten verwandtschaftlichen Beziehungsrahmen, der nach einer kurzen Vorstellung der Person dargestellt werden soll. Darüber hinaus benennt der Beitrag die Institutionen, in denen Schwarzenfels in Stade wirkte. Letztlich wird hier die *Vorkarriere* eines RKG-Assessors beschrieben, die sich ungeachtet verschiedener Territorialgrenzen im Alten Reich entwickelte.

II.

Zur Person[2]

Anton Gerlach von Schwarzenfels wurde am 3. Juli 1712 in Gotha geboren, er starb am 22. April 1752 in Wetzlar. Er stammte aus einer altadligen sächsischen Familie, sein Vater Anton Ludewig von Schwarzenfels (1658-1725) war u. a. sachsen-weimarischer Hof- und Regierungsrat sowie von 1701 bis zu seinem Tod Mitglied des herzoglich-sächsischen gemeinschaftlichen Hofgerichts in Jena. Seine Mutter Dorothea war eine geborene von Münchhausen *und leibliche Schwester derer um die Wohlfarth unsers Teutschen Vatterlandes unsterblich verdienten beyden König-*

---

[1] In den Quellen wird sowohl *Schwarzenfels* wie *Schwartzenfels* parallel verwendet, hier wird einheitlich *Schwarzenfels* benutzt.

[2] Die Angaben zur Person beruhen auf der von J. G. Funcke verfaßten Leichenpredigt (Georg-Wilhelm-Leibniz-Bibliothek Hannover, Cm 322, Bl. 308-326) und auf den Angaben bei S. Jahns, Das Reichskammergericht und seine Richter. Verfassung und Sozialstruktur eines höchsten Gerichts im Alten Reich, Teil II Biographien, Bd. 1 (Quellen und Forschungen zur Höchsten Gerichtsbarkeit im Alten Reich = QFHG 26), Köln/Weimar/Wien 2003, S. 269-274. Ebenso zu nennen sind J. H. Zedler, Grosses vollständiges Universal-Lexikon aller Wissenschaften und Künste, Halle/Leipzig 1733-1750, (Neudruck 1961 ff.), Bd. 35, Sp. 1743; Stiftung Deutsches Adelsarchiv (Hg.), Genealogisches Handbuch des Adels, Bd. 128, Limburg an der Lahn 2002, S. 206, sowie E. H. Kneschke, Neues allgemeines Deutsches Adels Lexikon, Bd. VIII, Hildesheim/New York 1973, S. 395 f.

lich-Großbrittanischen und Chur-Braunschweigischen Staats-Ministern, derer Freyherren von Münchhausen.[3]

Schwarzenfels heiratete im Jahr 1742 Charlotte Friederike v. Uffel, geboren 1722, die ebenfalls einer alt-adligen sächsischen Familie angehörte. In Stade wurde 1744 ihre Tochter Wilhelmine Friederike Sophie und in Wetzlar 1748 der Sohn Karl Christian Anton geboren.

Anton Gerlach von Schwarzenfels studierte in Jena und Halle Rechtswissenschaften. An der sächsischen Universität in Jena wurde er am 7. August 1726 immatrikuliert, *woselbst Er etliche Jahre unter Anführung der damahligen Rechts-Lehrer Brückner, Buder und anderer, dem Bürgerlichen und Staats-Recht mit Ruhm-vollen Fleiß obgelegen, anbey des Seeligen Herrn Professoris Buddaei Vorlesung über die geistliche Moral, wie auch des Herrn Professoris Walchens Collegia Philosophica Sich beständig zu Nutz machte.*[4] Sein Studium an der juristischen wie auch an der philosophischen Fakultät musste er im Dezember 1729 krankheitsbedingt beenden.

Die kurze Lebensspanne Schwarzenfels könnte ihre Ursache in dieser Krankheit haben, die ihn als 17jährigen, also zu der vorgenannten Zeit seines Studiums in Jena, für ein halbes Jahr hat darniederliegen lassen. Dazu heißt es: *Sein Körper war eben nicht stark und feste. Daher befiehl ihn öfters eine hinderliche Krankheit. Insonderheit mußte er 1729 um Weynachten, eine schwere, und halbjährige Krankheit, die in eine Schwindsucht übergehen wollte, ausstehen.*[5]

Nach der Genesung setzte er sein Studium nunmehr an der Königlich-Preußischen Friedrichs-Universität in Halle mit der Immatrikulation am 7. September 1730 fort, *woselbst Er einige Jahre in des Wohlseeligen Herrn Geheimden Rahts Boehmers Behausung wohnete, und nicht nur dessen vortreffliche Unterweisung besonders in der Kirchen-Historie und denen Geist- und Bürgerlichen Rechten genoße, sondern auch die Vorlesungen des auch Seeligen Herrn Geheimden Rahts Gundling über das Staats-Recht, des Herrn Geheimden Rahts Ludewig über das Lehen-Recht, des Jungen Herrn Boehmers über das Bürgerliche und Peinliche Recht um so mehr mit ausnehmendem Nutzen besuchte, je größere Fähigkeiten*

---

[3] So führt die Leichenpredigt (wie Anm. 2), S. 14, im Abschnitt *Personalia* bereits im ersten Absatz die Familie mütterlicherseits ein, um dann später noch zweimal auf diesen Zweig zu sprechen zu kommen, jedoch nicht mehr auf die – wohl im Vergleich unbedeutendere – väterliche Linie.

[4] Leichenpredigt (wie Anm. 2), S. 16.

[5] J. H. Pratje, Altes und Neues aus den Herzogtümern Bremen und Verden, 9. Bd., Stade 1777, S. 254 f. Nach der Leichenpredigt (wie Anm. 2), S. 16, begann die Krankheit am 13. Dezember 1729.

*sein munterer Geist besaße, alles was Ihm vorkam gründlich zu untersu-
chen und vollkommen zu begreifen.*[6]

Damit hatte er eine ausreichende Grundlage gelegt für seine künftige
juristische Tätigkeit,[7] die von ihm mit dieser Ausbildung im gesamten
Alten Reich wahrgenommen werden konnte und schließlich auch wurde.

Der Schlüssel zum Verständnis für den weiteren beruflichen Lebensweg Schwarzenfels dürfte in seiner über die Mutter begründeten verwandtschaftlichen Beziehung zur Familie v. Münchhausen zu sehen sein.
In einem Bericht aus dem Jahr 1777 heißt es insoweit über Schwarzenfels:
Nachdem er von Halle [nach dem Ende seines Studiums] *zurückgekom-
men war; so besuchte er die Oberstallmeisterin von Münchhausen, seine
Großmutter, zu Rudolstadt. Und dies bahnte ihm den Weg zu seiner ersten
Beförderung: dann er ward 1733 Regierungsrath* [in Rudolstadt] *mit Sitz
und Stimme, und in solcher Qualität den 29sten April eingeführt.*[8] Auch
die Leichenpredigt hebt diesen Umstand besonders hervor: *Denn nach
einem kurzen Aufenthalt daselbst* [bei seiner Großmutter in Rudolstadt]
*wurde Derselbe den 29ten Aprilis 1733 auf Befehl des damahls Regieren-
den Herrn Fürsten zu Schwartzburg-Rudolstadt Durchlaucht cum Voto &
Sessione in der Regierung eingeführet, ...* In dieser Funktion blieb er bis
zu seiner Ernennung zum Justizrat in Stade im Jahr 1735, nur unterbro-
chen von einem siebenmonatigen Praktikum beim RKG-Assessor Georg
Melchior v. Ludolf in Wetzlar.

III.

Berufliche Tätigkeit in Stade

Die Herzogtümer Bremen und Verden mit dem Regierungssitz in Stade
gehörten seit 1715 zum Kurfürstentum Hannover, dessen Regent in Personalunion König von Großbritannien war und der mit der Regierung in
Hannover seinen Geheimen Rat betraut hatte. Die Schwierigkeit der
Kommunikation ließ den hannoverschen Regierungsapparat im Laufe
dieser Personalunion, die immerhin von 1714 bis 1837 dauerte, recht träge
werden, was sich u. a. auf die zögerliche Besetzung frei werdender Ämter
auswirkte. Chef dieser hannoverschen Regierung war der Minister Ger-

---

[6] Leichenpredigt (wie Anm. 2), S. 16 f.

[7] Wenn P r a t j e , Altes und Neues (wie Anm. 5), S. 254, meint, dass sich Schwarzenfels nach seinen
eigenen Neigungen lieber *gänzlich der Theologie gewidmet* hätte, so gibt es hierfür keinen nach-
vollziehbaren Beleg. Möglicherweise kommt darin ein Wunschdenken des Verfassers zum Ausdruck: Pratje war General-Superintendent der Herzogtümer Bremen und Verden.

[8] P r a t j e , Altes und Neues (wie Anm. 5), S. 255. Es ist nicht zu verkennen, dass dieser Bericht nach
dem Erscheinen der Leichenpredigt verfasst wurde.

lach Adolph von Münchhausen, Chef der Stader Regierung war der Geheime Rat Philipp Adolph von Münchhausen, mithin die beiden bereits in der Leichenpredigt genannten Brüder der Mutter Schwarzenfels .

III.1
Der Aufbau der Stader Verwaltung und Justiz[9]

In Stade bestanden als oberste Verwaltungseinrichtung die Regierung und daneben als Justizbehörden die Justizkanzlei und das Hofgericht sowie als Kirchenbehörde mit gerichtlichen Aufgaben das Konsistorium. Die Regierungsmitglieder waren qua Amt Mitglied der drei weiteren obersten Behörden, im übrigen erfolgte die Tätigkeit der Mitglieder in den drei Justizinstitutionen nahezu durchweg in Personalunion, soweit es die Justizräte betraf.

Die Justizkanzlei war sachlich zuständig für sämtliche anfallenden weltlichen obergerichtlichen Verfahren, soweit sie nicht in die Zuständigkeit des Hofgerichts fielen. Demnach war die Kanzlei nur noch für jene Verfahren zuständig, die nicht unter Titel XIV des ersten Teils der Hofgerichtsordnung *Von der Jurisdiction des Hofgerichts, was für Personen und Sachen davor gehören* fielen. Hierzu gehörten in Zivilsachen als erstinstanzliche Verfahren insbesondere Vormundschafts- sowie Arrest-, Konkurs- und sonstige Vollstreckungssachen der ihr oder dem Hofgericht gerichtsunterworfenen Personen, zudem Appellationen gegen Entscheidungen der Untergerichte. In den übrigen Zivilverfahren war sie nur im summarischen Verfahren zuständig. Ferner hatte sie die Kompetenz für Kammerprozesse, darunter waren Klagen gegen die Ämter oder Gerichte der Herzogtümer Bremen und Verden zu verstehen, ohne dass dies dem heutigen Verständnis eines Verwaltungsgerichtsverfahrens entspricht. Es ging vielmehr allein um die Geltendmachung von Ansprüchen gegen die Regierung oder ihre Ämter.

In Strafsachen war die Justizkanzlei zuständig für alle vorkommenden Criminalsachen, es sei denn, solche Verfahren stammten von adeligen Gerichten sowie aus dem Alten Land oder aus dem Lande Kehdingen und die Rechtsmittelführer konnten sich auf althergebrachte privilegierte Rechte berufen. In solchen Fällen bestand eine erst- oder zweitinstanzliche Zuständigkeit des Hofgerichts. In den verbliebenen Strafsachen stand der Justizkanzlei die Hoch-[10] oder Halsgerichtsbarkeit zu, hierzu gehörten

---

[9] Näheres bei V. F. D r e c k t r a h , Die Gerichtsbarkeit in den Herzogtümern Bremen und Verden und in der preußischen Landdrostei Stade von 1715 bis 1879, Frankfurt am Main 2002, S. 48 ff.

[10] Vgl. zu deren Inhalt A. E r l e r und E. K a u f m a n n (Hgg.), Handwörterbuch zur deutschen Rechtsgeschichte, M e r z b a c h e r (Bearb.), *Hochgerichtsbarkeit*, Band 2, Sp. 172 ff.

u. a. die Verhängung und Vollstreckung von Todesurteilen, letztere jedoch nur nach Bestätigung durch den Landesherrn.

Das Hofgericht hatte die erstinstanzliche Kompetenz für alle den Untergerichten nicht unterworfenen Personen, hierzu zählten in den Herzogtümern Bremen und Verden insbesondere die Angehörigen der Ritterschaft sowie alle Beamten. Es war zudem Appellationsinstanz für die Entscheidungen der Landgerichte der Herzogtümer. Besetzt war es sowohl mit den von der Regierung ernannten Justizräten, wie auch mit den gewählten Vertretern der Stände, den Hofgerichtsassessoren. Das Hofgericht trat in jedem Quartal einmal zu sogenannten Juridiken von etwa einer Woche Dauer zusammen[11], davon fand die Sitzungswoche im Sommer jeweils in Bremen statt.

Die Aufgabe des Konsistoriums lag zum einen in der Aufsicht über die kirchliche Lehre und in der Prüfung und Anstellung der Prediger und Lehrer und zum anderen in der Wahrung der Iura episcopalia et patronatus des Landesherrn[12], hierzu zählten auch die Vermögensaufsicht und die Gerichtshoheit über die geistlichen Personen, also über die Pastoren, die Schul- und Kirchenbedienten und deren Personal sowie ihren Angehörigen. Diese Personen waren mithin von der Gerichtsbarkeit der Untergerichte eximiert.

III.2
Die Bestellung zum Justizrat

Am 27. Oktober 1734 verfügte die Regierung in Hannover, unterzeichnet u. a. vom Minister von Münchhausen, dass Schwarzenfels als *Extraordinairer Justizrath* bei der Stader Justizkanzlei zu bestellen sei.[13] Nach dem Ende seiner Tätigkeit in Rudolstadt wurde Schwarzenfels am 25. Juni 1735 in Stade vereidigt;[14] er legte den Eid ab vor dem Geheimen Rat von Münchhausen sowie dem Regierungsrat von der Lieth.[15] Nach dem Tod des in mecklenburgischen Diensten gestandenen Justizrates von Püchler

---

[11] E. v. Meier, Hannoversche Verfassungs- und Verwaltungsgeschichte 1680-1866, Erster Bd.: Die Verfassungsgeschichte, Leipzig 1899, S. 293.

[12] Es war letztlich Ausdruck des *landesherrlichen Kirchenregiments*, so H. A. Winkler, Der lange Weg nach Westen, Erster Bd.: Deutsche Geschichte vom Ende des Alten Reiches bis zum Untergang der Weimarer Republik, 2. Aufl., München 2001, S. 14.

[13] Niedersächsisches Landesarchiv – Staatsarchiv Stade – (künftig: StaatsA Stade) Rep. 70 Nr. 119.

[14] StaatsA Stade Rep. 70 Nr. 119.

[15] Wenn Jahns, Das Reichskammergericht (wie Anm. 2), S. 273, ausführt, dies sei Ende 1735 erfolgt, fehlt mir dafür ein Beleg, das Vereidigungsprotokoll ist demgegenüber eindeutig. Dies könnte jedoch darin begründet sein, dass Schwarzenfels siebenmonatiges Praktikum beim RKG am 12. Februar 1735 begonnen hatte und damit zum Zeitpunkt der Vereidigung in Stade noch nicht beendet war.

erhielt Schwarzenfels schließlich dessen Stelle; dies war vom König in London am 9./20. Dezember 1736 verfügt und von der Regierung in Hannover unter dem 11. Januar 1738, allein unterzeichnet durch von Münchhausen, der Regierung in Stade mitgeteilt worden.[16]

In diesem Zusammenhang gewinnt eine weitere Tatsache an Bedeutung, insbesondere unter dem Gesichtspunkt seiner familiären, verwandtschaftlichen Beziehungen zur Regierungsspitze sowohl in Hannover wie in Stade: Es geht um die hinausgezögerte Ernennung des Auditors von Scharnhorst zum Justizrat bei der Stader Justizkanzlei nach dessen Gesuch an die Stader Regierung vom 31. Juli 1733.[17] Hintergrund dieses Gesuchs war, dass Scharnhorst seit 1726 als Auditor bei der Stader Justizkanzlei tätig war. Auf sein Gesuch um die Stelle eines Justizrates hatte ihm diese die Regierung in Hannover am 10. Januar 1730 mit der Maßgabe bewilligt, dass er *so lange bis eine Justitz-Rath-vacanz sich daselbst ergeben wird, ohne Besoldung zu dienen habe*. Nachdem in der ersten Hälfte des Jahres 1733 der Stader Justizrat von Püchler in mecklenburgische Dienste gewechselt war, stellte Scharnhorst das erwähnte Gesuch, weil diese Vakanz nunmehr vorlag. Ihm wurden von der Stader Regierung zwar Fleiß und Eignung bescheinigt, aber eine Bestätigung dieser Stelle für Scharnhorst erfolgte von der Regierung in Hannover nicht. Stattdessen wurde dem in fremde Dienste getretenen von Püchler zugesichert, er könne, wann immer er in Stade sei, sein altes Amt als Justizrat mit Sitz und Stimme ausüben,[18] so dass diese Stelle letztlich vakant blieb. Nach dem Tod von Püchlers erhielt allerdings Schwarzenfels und nicht Scharnhorst diese Stelle.

Angesichts dieser äußeren objektiven Bedingungen scheint mir die Behauptung nicht sehr gewagt zu sein, dass die verwandtschaftliche Beziehung nicht nur hilfreich war, die Stelle in Stade überhaupt zu erhalten, sondern auch dafür sorgte, andere Kandidaten nicht zum Zuge kommen zu lassen.

Aus der Tätigkeit Schwarzenfels als Justizrat sind in den Akten der Justizkanzlei und des Hofgerichts nur Spuren erhalten. So hat er am 26. Februar 1738 an einer Sitzung der Justizkanzlei unter dem Vorsitz des Geheimen Rates v. Münchhausen teilgenommen und das Protokoll neben den weiteren sechs Teilnehmern paraphiert.[19] Die überlieferten Urkunden sind, soweit sie Schwarzenfels betreffen, durchweg in einer lediglich

---

[16] StaatsA Stade Rep. 70 Nr 119.
[17] Einzelheiten bei D r e c k t r a h, Die Gerichtsbarkeit (wie Anm. 9), S. 117.
[18] StaatsA Stade Rep. 70 Nr. 2258.
[19] StaatsA Stade Rep. 70 Nr. 46.

fragmentarischen Weise erhalten. Rückschlüsse auf seine konkrete Arbeit, z. B. in der Form erhaltener Voten, lassen sich deshalb nicht ziehen.

An Sitzungen des Hofgerichts nahm Schwarzenfels nach den ebenfalls nur sporadisch erhalten gebliebenen Akten am 6. Juli 1739,[20] 30. September 1743[21] sowie am 31. Januar[22] und 4. Februar 1745[23] teil. Schließlich rechnete er seinen Aufwand für die auswärtige Sitzungswoche des Hofgerichts im Sommer des Jahres 1736 in Bremen mit 77 Reichstalern ab, in der Höhe ist dieser Betrag identisch mit den Abrechnungen der übrigen anwesenden Justizräte.[24] Auch insoweit sind Einzelheiten zu dort verhandelten Verfahren nicht ersichtlich.

III.3
Mitglied einer Kaiserlichen Kommission

Im Jahr 1738 wurden Schwarzenfels und ein braunschweig-lüneburgischer Rat mit einer diplomatischen Mission betraut: Sie sollten als Delegierte der bereits seit 1721 in Ostfriesland bestehenden Kaiserlichen Kommission letztlich friedensstiftend wirken. Der Hintergrund war zum einen, dass in Ostfriesland seit etwa 1720 erhebliche Auseinandersetzungen zwischen dem regierenden Fürstenhaus und den Landständen bestanden und zum anderen sowohl Hannover wie Preußen versuchten, sich dieses Land *einzuverleiben*.[25]

Ursprünglicher Gegenstand der Auseinandersetzungen war der Streit des regierenden Hauses mit den Ständen um den Einfluss auf die Landesfinanzen. Insoweit hatte bereits ein Dekret Kaiser Karls VI. vom 18. August 1721 auf Klage des Fürsten dahin erkannt, dass dieser berechtigt sei, die Oberaufsicht über die Landesgelder zu führen. Die Stände weigerten sich jedoch, diesen Spruch anzuerkennen, weil er nach ihrer Auffassung nicht den althergebrachten Landesverträgen entsprach. 1724 wurden daher der Kurfürst von Sachsen und der Herzog von Braunschweig-Wolfenbüttel beauftragt, mit Hilfe einer zu entsendenden Kommission die kaiserlichen Dekrete durchzusetzen. Erst 1734 befahl eine kaiserliche Resolution die Rückkehr der Ständeadministration und der ständischen Steuerverwaltung nach Emden.

---

[20] StaatsA Stade Rep. 70 Nr. 15.
[21] StaatsA Stade Rep. 70 Nr. 23.
[22] StaatsA Stade Rep. 70 Nr. 38
[23] StaatsA Stade Rep. 70 Nr. 15.
[24] Vgl. Drecktrah, Die Gerichtsbarkeit (wie Anm. 9), S. 118.
[25] Vgl. hierzu näher J. König, Verwaltungsgeschichte Ostfrieslands bis zum Aussterben seines Fürstenhauses, Göttingen 1955, S. 495 ff., sowie H. Reimers, Ostfriesland bis zum Aussterben seines Fürstenhauses, Bremen 1925, S. 242 ff.

Als Subdelegatus dieser bestehenden kaiserlichen Kommission reiste Schwarzenfels 1738 nach Ostfriesland.[26] Er erfuhr dort offensichtlich unmittelbar die Unversöhnlichkeit der widerstreitenden Positionen, denn in einem Schreiben vom 17. November 1738 an den hannoverschen Minister von Münchhausen, seinen Onkel, äußerte er sich über den Kanzler des ostfriesischen Fürsten recht deutlich: *..., daß der Geheimte Raht Langelen, welcher hier eine absolute Herrschaft auch selbst über den Fürsten führet, nach seinem argwöhnischen, heftigen Temperamente und seinem der Stadt Emden zugetragenen eingewurtzelten, tödtlichen und unversöhnlichen Haß alle ... actiones* [der Kommission], *die auch noch so unschuldig, ... vor Partheylichkeit declariret.*[27]

Die wohl recht konfusen Zustände jener Zeit in Ostfriesland beruhigten sich unter dem Einfluss dieser Kommission, kamen aber gleichwohl nicht zu einem einvernehmlichen Abschluss. Denn mit dem Tode Kaiser Karls VI. im Jahr 1740 endete die Aufgabe der Kommission schließlich ohne greifbares Ergebnis.[28] Für Ostfriesland blieb dies letztlich unerheblich, denn mit dem kinderlosen Tod des letzten Fürsten im Jahr 1744 fiel das Land an Preußen, eine kaiserliche Kommission war jetzt ohnehin nicht mehr erforderlich.

III.4
Rückkehr nach Stade

Anton Gerlach von Schwarzenfels war nach seiner Rückkehr aus Ostfriesland weiterhin in seiner bisherigen Funktion als Justizrat sowohl in der Justizkanzlei wie auch im Hofgericht in Stade tätig.

Schließlich wurde Schwarzenfels im Jahr 1744 Mitglied im Konsistorium der Herzogtümer Bremen und Verden[29] und nahm damit auch Aufgaben der geistlichen Gerichtsbarkeit wahr. Einzelheiten zu diesen beruflichen Tätigkeiten sind ebenfalls nicht überliefert.

Am 16. März 1745 wurde Anton Gerlach von Schwarzenfels aus hannoverschen Diensten entlassen, weil er als Assessor an das Reichskam-

---

[26] Die Leichenpredigt (wie Anm. 2), S. 18, merkt hier an, Schwarzenfels sei *bey den Reichsbekandten Ost-Friesischen Troublen zu der angeordneten Kayserlichen Commission als Ansehnlichen Subdelegatum zu gebrauchen.* Für die Zeitgenossen konnte die Auseinandersetzung im Nordwesten des Alten Reiches durchaus als bekannt vorausgesetzt werden.

[27] Zitiert nach K ö n i g , Verwaltungsgeschichte (wie Anm. 25), S. 502.

[28] Vermutlich ist Schwarzenfels dort nicht durchgehend gewesen, denn sonst ließe sich seine Paraphe unter einer Entscheidung vom 6. Juli 1739 sowie vom 4. Juli 1740, StaatsA Stade Rep. 70 Nr. 15, nicht erklären.

[29] StaatsA Stade Rep 40 Nr. 1167. P r a t j e , Altes und Neues (wie Anm. 5), S. 254, geht demgegenüber von einer Bestellung im Jahr 1743 aus, was sich angesichts des überlieferten Protokolls nicht halten lässt.

mergericht wechselte. Damit endete eine nicht einmal zehnjährige Tätigkeit im Kurfürstentum Hannover; angesichts seiner kurzen Lebensspanne
umfasste diese Zeit jedoch immerhin die Hälfte seiner beruflichen Lauf-
bahn. Schwarzenfels erhielt bereits am 1. Juni 1742 die kursächsische
Präsentation durch Kurfürst Friedrich August II. von Sachsen, seine Vereidigung am RKG erfolgte am 31. Mai 1745.[30]

Ein Nachfolger für seine Justizratsstelle stand schon bereit: Am 8. September 1738, also im zeitlichen Zusammenhang mit Schwarzenfels Aufgabe in Ostfriesland, war der bisherige Auditor Otto Dietrich Wilhelm
von Schlütter als *Extra-ordinairer Justizrath* in das Justizkollegium eingeführt worden, der schließlich am 17. Mai 1745 die seit zwei Monaten va-
kante Stelle Schwarzenfels als Justizrat erhielt.[31]

III.5

Außerberufliche Tätigkeit in Stade

Zu Schwarzenfels Privatleben in Stade lässt sich nichts Konkretes feststellen. Zwar gehörte er altem sächsischen Adel an, aber er war in Stade
nicht Mitglied der bremischen Ritterschaft geworden, der im Übrigen die
Adeligen der Region angehörten. Dies dürfte seine Ursache darin gehabt
haben, dass hierzu Grundbesitz, nämlich ein ritterfähiges Gut in den Herzogtümern Bremen und Verden, erforderlich war, worüber er nicht verfügte. Er war aber auch nicht Mitglied einer der in Stade ansässigen Brü-
derschaften, das sind althergebrachte, noch heute existierende wohltätige
Einrichtungen in Stade. So waren in der St. Antonii Brüderschaft nahezu
alle Mitglieder der Regierung und der Justiz vertreten, nicht jedoch
Schwarzenfels.[32] Der Justizrat von Wenckstern, später ebenfalls Assessor
am Reichskammergericht, war dort z. B. Mitglied. Die Ursache für
Schwarzenfels Zurückhaltung insoweit ist nicht ersichtlich.

IV.

Fazit

Der Titel des Beitrags ist bedingt irreführend. Zu Schwarzenfels Tätigkeit
als Justizrat konnte ich nur Marginalien mitteilen: Stader Prozessakten
sind nicht systematisch erhalten, es bleiben allein Zufallsfunde. Darauf

---

[30] Jahns, Das Reichskammergericht (wie Anm. 2), S. 274.
[31] StaatsA Stade Rep. 70 Nr. 121.
[32] Liste der Mitglieder bei H. Wohltmann, Die Mitglieder der St. Antonii Brüderschaft von 1439-
1934, Stader Jahrbuch NF 24 (1934), S. 75.

eine solide Aussage über Schwarzenfels Wirken, gar über eigene Einflüsse auf die örtliche Rechtsprechung aufzubauen, halte ich für zu gewagt, als dass ich das auch nur ansatzweise versuchen wollte. Es bleibt eine kleine Überraschung: die Übernahme einer diplomatischen Aufgabe, die zwar nicht von Erfolg gekrönt sein konnte wegen der äußeren Bedingungen, nämlich dem Tod des Kaisers und damit dem zwangsläufigen Ende der Kommission, die aber gleichwohl für einen gewissen Zeitraum friedensstiftend wirken konnte.

Damit wird gleichzeitig die Verknüpfung der verschiedenen Territorien im Alten Reich, aber auch deren divergierende Interessen und die Funktion des Reiches als einigende, verbindliche Klammer anschaulich gemacht. Hinzu kommt, dass der berufliche Lebensweg Schwarzenfels ihn durch drei Reichskreise geführt hat, nämlich den obersächsischen in Rudolstadt, den niedersächsischen in Stade und den westfälischen in dem von Stade aus verwalteten Herzogtum Verden. Schließlich ist festzustellen, dass das damalige Studium der Rechte an jeder Universität der verschiedenen Territorien, hier einer sächsischen und einer preußischen, dazu qualifizierte, auch in hannoverschen und damit letztlich in allen Gerichten des gesamten Reiches und dort sowohl in weltlicher wie auch in geistlicher Funktion tätig zu sein. Das Recht erwies sich somit, trotz bestehender Territorialrechte, als einigende Klammer des Alten Reiches. Im Falle Schwarzenfels erwies sich jedoch die familiäre Beziehung als die stärkste Klammer über alle Territorialgrenzen hinweg.

DAS PRIVATE PROTOKOLLBUCH DES MATHIAS ALBER (RKG-ASSESSOR 1532/33) – INNENANSICHTEN DER KONTURIERUNG DES ‚RECHTSRAUMS ALTES REICH' DURCH RECHTSPRECHUNG

Von Steffen Wunderlich

I.

Einleitung

Während seiner gesamten, über dreihundert Jahre andauernden Judikatur hielt das RKG[1] an dem Grundsatz fest, den Parteien, die am Gericht Prozesse führten, die Urteilsgründe nicht bekannt zu geben.[2] Es stützte diese Praxis auf D. 42.1.59 pr. und X 2.27.16[3], oder begründete sie mit seiner Autorität[4]. Die Entscheidungen sollten über jeden Zweifel der Fehlerhaftigkeit erhaben sein und deshalb einer angreifbaren Begründung nicht bedürfen. Das Gerichtspersonal musste sich durch Eid zur Geheimhaltung verpflichten.[5]

Doch nicht alle Kammergerichtspersonen hielten sich daran. In der zweiten Hälfte des 16. Jahrhunderts wurden von ehemaligen Assessoren erste private Entscheidungssammlungen samt Gründen herausgegeben und der Öffentlichkeit zugänglich gemacht[6]. Damit war die Kamerallitera-

---

[1] Zu anderen zeitgenössischen Gerichten, allen voran die Rota Romana, vgl. H. Coing (Hg.), Handbuch der Quellen und Literatur der neueren europäischen Privatrechtsgeschichte, Bd. 2/2, München 1976, S. 1113 ff.

[2] H. Gehrke, Die privatrechtliche Entscheidungsliteratur Deutschlands, Frankfurt 1971, S. 23 ff.; ders., in: H. Coing, Handbuch 2/2 (wie Anm. 1), S. 1343, 1347 ff.; W. Sellert, Zur Geschichte der rationalen Urteilsbegründung gegenüber den Parteien insbesondere am Beispiel des Reichshofrats und des Reichskammergerichts, in B. Diestelkamp und G. Dilcher (Hgg.), Recht, Gericht, Genossenschaft und Policey, Symposion für Adalbert Erler, Berlin 1986, S. 97, 101 ff.; W. Sellert, Prozeßgrundsätze und Stilus Curiae am Reichshofrat, Aalen 1973, S. 353 ff., insbes. 361 ff.

[3] In Wirklichkeit besagen aber diese Stellen bloß, dass ein Urteil auch ohne Bekanntgabe von Gründen wirksam sein kann, nicht dass es dem Gericht schlechthin verboten ist, dem Urteil Gründe beizufügen. Das wurde in der damaligen Zeit aber noch nicht so gesehen. H. Gehrke, Die privatrechtliche Entscheidungsliteratur Deutschlands, Frankfurt 1971, S. 31 m. w. N.

[4] Sellert, Prozeßgrundsätze (wie Anm. 2), S. 366.

[5] Siehe dazu die Bestimmung der RKGO von 1495 Tit. I § 4.

[6] Beginnend mit MYNSINGER VON FRUNDECK: Singularium observationum iudicii imperialis camerae, Basel 1563. Er musste sich dann auch dem schwerwiegenden öffentlichen Vorwurf des Eidbruchs stellen. Bereits kurz danach aber veröffentlichte ANDREAS GAIL schon eine weitere Sammlung: Practicarum observationum, tam ad processum iudicarium, praesertim imperialis camerae, quam ad causarum decisiones pertinentium, Köln 1578; RAPHAEL SEILER hatte daneben in den Jahren 1572/73 ein Kompendium von Urteilstenoren herausgegeben, allerdings ohne Nennung der Gründe: Camergerichts bei unnd end urthail, Frankfurt a.M. 1572/73.

tur geboren[7], die heute eine der wichtigsten Erkenntnisquellen[8] darüber darstellt, welche Rechtsregeln das RKG in den konkreten anhängigen Prozessen anwendete.[9]

Wegen ihres Einsetzens erst in der zweiten Hälfte des 16. Jahrhunderts kann die Kameralliteratur über die Rechtsprechung des RKG während der ersten Jahrzehnte seines Bestehens so gut wie keine Auskunft geben[10]. Dies war aber eine Zeit, die in jeder Hinsicht für die Entwicklung des Gerichts eminent wichtig war, beispielsweise in bezug auf die Ausbildung der Gerichtsverfassung und des gerichtlichen Prozesses, sowie der Etablierung des RKG im Reich trotz vielfältiger Widrigkeiten. Doch obwohl diese wichtigste Quellengattung schweigt, steht die heutige Forschung nicht ganz mit leeren Händen da.

Glücklicherweise sind aus der ersten Hälfte des 16. Jahrhunderts vereinzelt für den Privatgebrauch bestimmte Sitzungsprotokolle von RKG-Assessoren überliefert. Sie beinhalten Aufzeichnungen über die Prozesse, an denen sie mitwirkten: Sachverhalte, Aktenauszüge und Urteile, aber auch Mitschriften aus den Voten der Referenten und Notizen über die sich daran anschließende rechtliche Diskussion unter den im Urteilergremium

---

[7] Zur weiteren, erfolgreichen Entwicklung dieser Literaturgattung geben die in Fn. 2 genannten Publikationen Auskunft. Dort nicht genannt sind Werke des ehemaligen Generosus Friedrich SCHENCK VON TAUTENBERG (RKG: 1530–1534). Im Jahr 1537 erscheinen in Schwäbisch Hall die Titel Progymnasmata fori und Viridarium conclusionum iuridicarum. Die Progymnasmata stellen eine kurze, systematisch gegliederte prozeßrechtliche Abhandlung dar, während das Viridarium ein in 122 *conclusiones* verschiedensten Inhalts eingeteiltes Sammelwerk ist. Letzteres könnte eine Sammlung der von Tautenberg am RKG mitentschiedenen Fälle sein, allerdings ist dies nur schwer zu verifizieren. Die *conclusiones* sind anonymisierte, abstrakt-rechtliche Erörterungen, ohne Sachverhaltsdarstellung. In beiden Arbeiten werden weder konkrete, mit den Namen der Streitparteien individualisierte RKG-Entscheidungen genannt, noch wird allgemein auf den *stilus curiae* abgestellt. Es finden sich nur die üblichen Zitate der gemeinrechtlichen Literatur des mos italicus. Aus diesem Grund sind die Werke noch nicht zur Kameralliteratur zu rechnen. Selbst wenn sie von Zeitgenossen Tautenbergs so kurz nach dessen Ausscheiden aus dem Dienst am RKG als authentische Mitteilung von Entscheidungskriterien des höchsten Gerichts im Reich aufgefaßt werden konnten, ist bei Tautenbergs Arbeiten kein Aufschrei der Empörung seiner Kollegen über die Verletzung des am RKG zu beachtenden Geheimnisses der Urteilsfindung überliefert, wie dies später z.B. bei Mynsinger der Fall war.

[8] Umfassend zu den für das RKG bestehenden Quellen(-gattungen) B. D i e s t e l k a m p, Ungenutzte Quellen zur Geschichte des Reichskammergerichts, in: E. C. C o p p e n s und B. C. M. J a c o b s (Hgg.), Een Rijk Gerecht, Festschrift für P. L. Nève, Nijmegen 1998, S. 115 ff.; P. O e s t m a n n, Die Rekonstruktion der reichskammergerichtlichen Rechtsprechung des 16. und 17. Jh. als methodisches Problem, in: A. B a u m a n n u. a. (Hgg.), Prozeßakten als Quelle (Quellen und Forschungen zur Höchsten Gerichtsbarkeit im Alten Reich = QFHG 37), Köln/Weimar/Wien 2001, S. 15 ff.; P. O e s t m a n n, in: Ders., Aus den Akten des Reichskammergerichts, Hamburg 2004, S. 345 ff.

[9] In neuester Zeit ist für die weitere Erforschung des konkret angewendeten Rechts ein sehr wichtiges Hilfsmittel erstellt worden, A. B a u m a n n, Gedruckte Relationen und Voten des Reichskammergerichts vom 16. bis 18. Jahrhundert (QFHG 48), Köln/Weimar/Wien 2004.

[10] Das eben in Fn. 9 genannte Nachschlagemittel von Anette Baumann enthält nur 60 Einträge zu Kammergerichtsverfahren aus der ersten Hälfte des 16. Jahrunderts; zum Vergleich: bis zum Ende des Aufnahmezeitraums (vor 1785) werden insgesamt 1.346 Einträge mitgeteilt.

zusammengekommenen Assessoren. Darüber hinaus enthalten sie teils Formularsammlungen, Briefkonzepte und persönliche Anmerkungen. Gegenüber den eben genannten, in der zweiten Hälfte des 16. Jahrhunderts veröffentlichten kammergerichtlichen *observationes* haben diese Protokollbücher zudem den Vorteil, dass sie sowohl die Prozessparteien namentlich nennen, als auch meist die Namen der an der Entscheidungsfindung mitbeteiligten Assessoren. Sie können also viel besser noch Auskunft über gerichtliche Interna geben.

Heute sind folgende private Protokollbücher von RKG-Assessoren aus der ersten Hälfte des 16. Jahrhunderts bekannt: Mathias Alber (Assessor 1532-1535)[11], Viglius van Aytta (Assessor 1535-1537)[12] und Matheus Neser (Assessor 1536-1544 und 1548-1554)[13]. Aus der zweiten Hälfte des 16. Jahrhunderts wird zudem von Johannes Thomaen (= Johannes Werner de Themar?)[14], Conrad Bünting (Assessor 1569-1570)[15] und Adam Mörder (Assessor 1573-1576)[16] berichtet. Darüber hinaus hat die Forschungs-

---

[11] UB Innsbruck 176, hierzu: G. D o l e z a l e k, Die Assessoren des Reichskammergerichts und der Nürnberger Religionsfriede vom 23. Juli 1532, in: D i e s t e l k a m p und D i l c h e r, Recht, Gericht, Genossenschaft (wie Anm. 2), S. 84 ff.; d e r s., Die juristische Argumentation der Assessoren am RKG zu den Reformationsprozessen 1532-1538, in: B. D i e s t e l k a m p (Hg.), Das RKG in der deutschen Geschichte (QFHG 21), Köln/Wien 1990, S. 25 ff.

[12] MS Brüssel, Van den Gheyn 2838 (4758), 2839 (4762), 2837 (3338-43), 2840 (3777), hierzu vor allem R. S p r e n g e r, Viglius van Aytta und seine Notizen über Beratungen am RKG 1535-1537, Nijmegen 1988, P. L. N è v e, Viglius von Aytta als Berichterstatter über das RKG (1535-1537), in: W. S e l l e r t (Hg.), Rechtsbehelfe, Beweis und Stellung des Richters im Spätmittelalter, Köln 1985, S. 35-53; P. L. N è v e und R. S p r e n g e r, Das Plenum des Reichskammergerichtss als Spruchkörper; zwei Jahre während des rechtlichen Krieges 1535-1537, in: N. A c h t e r b e r g u. a. (Hgg.), Recht und Staat im sozialen Wandel (Festschrift Scupin), Berlin 1983, S. 145, insbes. S. 148 f.; P. L. N è v e, Samenvatting van een op 20-03-1981 te Göttingen gehouden voordracht over Viglius van Aytta van 1535-1537: rechterlijk intermezzo, in: Rechtshistorisch Nieuws, 1981, S. 9-10; P. L. N è v e, Les Carnets de l'assesseur Viglius van Aytta, membre du tribunal de la Chambre impériale, in: Revue de droit francais et étranger 60 (1982), S. 694-695.

[13] Bundesarchiv Koblenz, AR 1 Misc. 530 (alt: III d. 58), hierzu: P. R i c h t e r, Register und Protokolle des Reichskammergerichts als Geschichtsquellen, in: Korrespondenzblatt des Gesamtvereins der deutschen Geschichts- und Altertumsvereine 70 (1922), Sp. 41-48; d e r s., Aus dem Reichskammergerichtsprotokoll des Assessors Matheus Neser, 1536-1544, in: Historische Zeitschrift 125 (3. Folge 29) 1922, S. 439-457; D o l e z a l e k, Die juristische Argumentation (wie Anm. 11), S. 32, Fn. 22.

[14] HHStA Wien, Handschrift Blau Nr. 781 Bd.2 fol. 9-34v. B. D i e s t e l k a m p, Ungenutzte Quellen (wie Anm. 8) S. 212, Fn. 32, benennt Johannes Thomaen mit Aufzeichnungen aus dem Zeitraum 1550-1600. In der Assesssorenliste von Ludolf, Georg Melchior: De iure camerali Wetzlariae 1741, Appendix X. S. 347 ff. ist kein kurtrierischer Assessor mit diesem Namen und der langen Amtszeit aufgelistet, Ludolf nennt aber den Assessor Johann Werner de Themar 1548 präsentiert vom Oberrheinischen Reichskreis, 1549-53 von Kurtrier; zu ihm D. D r ü l l, Heidelberger Gelehrtenlexikon 1386-1651, Berlin/Heidelberg/New York 2002, S. 547 f. (*Wernher, Johann, (von Themar)*) m. w. N. Ob er der Verfasser des Protokollbuches ist, muss am Original verifiziert werden.

[15] Niedersächsische Landesbibliothek Hannover, MS XIII 817 und MS II 276.

[16] Bundesarchiv Koblenz AR 1 III, hierzu: D i e s t e l k a m p, Ungenutzte Quellen (wie Anm. 8), S. 212, Fn. 29; d e r s., Das Reichskammergericht im Rechtsleben des 16. Jahrhunderts, in: H.-J. B e c k e r

stelle der Gesellschaft für Reichskammergerichtsforschung in Wetzlar auf einer Auktion ein weiteres, bisher unidentifiziertes Protokollbuch aus dem 16. Jahrhundert erworben, mit dessen Erforschung in naher Zukunft begonnen wird.

Bisher ist noch keine umfassende Aufarbeitung dieser Quellengattung geleistet worden. Allerdings gibt es wichtige Studien über einzelne Protokollbücher[17], sowie über die Behandlung einzelner rechtlicher Materien oder Prozesse, wie sie sich nach den Aufzeichnungen eines Assessors darstellen. Hierbei sind insbesondere die Studien von Paul L. Nève, Regina Sprenger und Gero Dolezalek zu nennen.

Paul L. Nève und seine Frau Regina Sprenger leisteten zusammen sehr umfangreiche und grundlegende Arbeiten zu Viglius van Aytta, insbesondere die Aufarbeitung der drei Protokollbücher des Viglius mittels Regesten durch Frau Sprenger.[18] Darüber hinaus erschienen von Nève und Sprenger Studien zur Arbeitsweise der Assessoren am RKG allgemein[19] und speziell während des rechtlichen Krieges[20], über den Einfluss des gemeinen[21] und des französischen[22] Prozessrechts am RKG, sowie über

---

u. a. (Hgg.), Rechtsgeschichte als Kulturgeschichte, Festschrift für Adalbert Erler, Aalen 1976, S. 435, 443; vgl. H. Rabe, Der Augsburger Religionsfriede und das Reichskammergericht 1555-1600', in: Ders. (Hg.), Festgabe für Ernst Walter Zeeden zum 60. Geburtstag, Münster 1976, S. 260 ff.

[17] Siehe insbesondere die Nachweise in den Fußnoten 11-16.

[18] Siehe die Nachweise in Fn. 12.

[19] Nève, Viglius von Aytta als Berichterstatter (wie Anm. 12), S. 24 ff.; Sprenger, Viglius von Aytta (wie Anm. 12), S. 37 ff., 45 ff.

[20] Nève und Sprenger, Das Plenum des Reichskammergerichtss (wie Anm. 12), S. 145-159; Sprenger, Viglius von Aytta (wie Anm. 12), S. 61 ff.

[21] P. L. Nève, Enige opmerkingen over de betekenis van het Rijkskamergerecht voor de receptie van het geleerde recht in de Nederlanden (1494-1550), in: TRG 48 (1980), S. 151-179.

[22] Französische Einflüsse auf das Kameralprozessrecht im frühen 16. Jahrhundert, ZNR 7 1985, S. 1-6; P. L. Nève, L'influence du droit procédural francais sur le droit de l'Empire (XVIe siècle), in: Revue historique de droit francais et étranger 62 (1984), S. 695-696.

die gerichtsinterne Diskussion zur Entscheidung einzelner Prozesse[23] bzw. über einzelne Rechtsinstitute[24].

Gero Dolezalek[25] beschäftigte sich anhand des Protokollbuches von Mathias Alber damit, wie sich die Religionsstreitigkeiten in der Zeit des *rechtlichen Krieges* in der Argumentation der Assessoren am RKG spiegelten. Er stellte dabei einerseits die bei den Religionsprozessen bestehenden rechtlichen Problembereiche umfassend dar, andererseits schilderte er die politischen Hintergründe, mit denen die RKG-Assessoren bei der Entscheidungsfindung konfrontiert waren.

Der vorliegende Beitrag knüpft an die vorstehend genannten Arbeiten an. Er wird das Protokollbuch des Mathias Alber ins Zentrum des Interesses stellen (1), welches Gegenstand eines umfassenden Forschungsprojekts des Verfassers ist, das vorgestellt werden soll (2). Da die Aufzeichnungen einen seltenen Einblick in die Interna des RKG im frühen 16. Jahrhundert gewähren, können sie wertvolle Erkenntnisse für das Tagungsthema liefern. Sie zeigen, wie ein zeitgenössischer Vertreter der höchsten Reichsgerichtsbarkeit das Alte Reich als Rechtsraum, bzw. Rechtsräume im Alten Reich wahrnahm und mitgestaltete (3).

---

[23] P. L. N è v e, 'Appellation, so für dem Urteil beschicht': Maastricht tussen Brabant en het Rijkskamergerecht, in: Consilium Magnum 1473-1973, in: Internationaal Colloquium Parlement van Mechelen 1973, Brüssel 1977, S. 353-369; P. L. N è v e, La pauvre femme de Maestricht et sa lutte pour la justice; au berceau de la séparation des pouvoirs? (1528-1544), in: Revue du Nord 63 (1981), S. 292-293 ; P. L. N è v e, Rechters en standen contra de keizer, in: Liber amicorum John Gilissen, Antwerpen 1983, S. 307-325; P. L. N è v e, Het Rijkskamergerecht tussen Brabant en Maastricht. Enkele aanvullingen op de 'affaire Vrintz' (1535-1537), in: De Maasgouw 104, 1985, S. 137-145; P. L. N è v e und R. S p r e n g e r, Sacrilège ou contentieux d'annulation? La chambre imperiale vis-a-vis des rescrits imperiaux de Charles V (1532-1537), in: H. A n k u m u. a. (Hgg.), Satura Roberto Feenstra, Fribourg 1985, S. 477-488; P. L. N è v e, Szenen aus den Anfangsjahren des Reichskammergerichtsprozesses (1512-1536), in: J. H a u s m a n n und T. K r a u s e (Hgg.), Zur Erhaltung guter Ordnung, Festschrift für Wolfgang Sellert, Köln/Weimar/Wien 2000.

[24] P. L. N è v e und R. S p r e n g e r, Restitution und Supplikation. Über die Geschichte der Rechtsmittel im 16. Jh., in: H. de S c h e p p e r (Hg.), Höchste Gerichtsbarkeit im Spätmittelalter und der frühen Neuzeit, Amsterdam 1985, S. 41-59; R. S p r e n g e r und A. W i j f f e l s, De Actio quanti minoris in de praktijk van het Rijkskamergerecht ca. 1535. Uit de Aantekeningen van Viglius van Aytta, in: D. L a m b r e c h t (Hg.), Lopend rechtshistorisch onderzoek: handelingen van het Tiende Belgisch-Nederlands Rechtshistorisch Colloquium (Brugge 18/19.05.1987) (Iuris scripta historica III), Brussel 1990.

[25] Wie Anm. 11.

II.

Beschreibung des privaten Protokollbuches

In dem 329 Blätter umfassenden Manuskript[26] sind ausschließlich Aufzeichnungen über die richterliche Tätigkeit des Mathias Alber[27] enthalten. Einträge, die sein Privatleben betreffen, gibt es nicht. Der Assessor hat hauptsächlich Prozesse aufgezeichnet, bei deren Durchführung und Entscheidung er mitgewirkt hat.[28] Einige der 116 Gerichtsverfahren erscheinen in einem weiter fortgeschrittenen Prozessstadium ein zweites oder sogar ein drittes Mal. Daneben finden sich vereinzelt Notizen über gerichtsorganisatorische Themen.[29] Die insgesamt 146 Einträge umfassen einen Zeitraum von Oktober 1532 bis April 1533.

Albers Mitteilungen über die Prozesse sind verschieden umfangreich. Das Spektrum reicht von kurzen, wenige Zeilen füllenden Notizen[30] bis hin zu einer 146 Seiten umfassenden Relation[31]. Gründe für die unterschiedliche Länge der Einträge sind beispielsweise die Komplexität[32] der zu treffenden Entscheidung, oder deren rechtliche oder politische Bedeutsamkeit. So finden sich u. a. umfangreiche Einträge zu den Religionsprozessen.[33] War der Assessor Referent oder Correferent und hatte er deshalb Akteneinsicht, sind die Fälle umfangreicher verzeichnet.[34]

---

[26] Es wird in der Universitätsbibliothek Innsbruck aufbewahrt unter der Signatur 176. Zur Geschichte der Handschrift Gero Dolezalek, der das Buch durch die unter Fn. 11 genannten Beiträge bekannt gemacht hat.

[27] Zur Biographie des Assessors siehe G. D o l e z a l e k, Die Assessoren (wie Anm. 11) S. 88; F. R a n i e r i (Hg.): Biographisches Repertorium der Juristen im Alten Reich, 16.-18.Jh., Bd. 1, Frankfurt a. M. 1989, Nr. 318, S. 55.

[28] In seltenen Fällen kommt es vor, dass Alber aufschreibt, dass er an der Sitzung eines Urteilergremiums nicht teilgenommen hat, zum Beispiel auf fol. 133v: *Georg Schenck contra Jacob Jud. Eadem die (= 22.03.1533) hec supplicatio fuit proposita. Tamen quoniam eam non intellexi primo congressu, in ea consulere nolui. Und habens Hudbert, Praun und Dechwitz ad decidendum zu inen genumen.*

[29] Zum Beispiel Besoldung, fol. 126v, 184v-185v, 187v-188r, oder die problembehaftete Präsentation eines neuen Assessors, fol. 85r.

[30] Ein Beispielsfall ist im dritten Teil dieses Beitrags abgedruckt.

[31] Die umfangreiche Relation im Fall Wilhelm Truchseß von Waldburg gegen Jacob Rappolstein bildet den letzten Teil des Manuskripts. Sie erstreckt sich über die Blätter 256-329. Dabei überwiegen die Aktenauszüge (fol. 256r-315v), ab fol. 316r erfolgt die rechtliche Würdigung.

[32] Vgl. den unter 3. aufgeführten Fall des Zenger gegen die Sintzenhoverin. Der Fall ist vergleichsweise umfangreich verzeichnet. Es geht daraus deutlich hervor, dass es den Assessoren nicht leicht gefallen ist zu entscheiden, wie mit dem Klerikerprivileg umgegangen werden soll, das sich Zenger rechtsmissbräuchlich zunutze machen wollte.

[33] Hierzu näher D o l e z a l e k (wie Anm. 11).

[34] Das vorliegende Manuskript Albers enthält Fälle, an denen er als Referens oder Correferens beteiligt war, ebenso wie Fälle, in denen er bloß mitentscheidender Assessor war. Viglius van Aytta (RKG-Assessor 1535-1537) führte diesbezüglich unterschiedliche Protokolle. Näher hierzu N è v e, Viglius von Aytta als Berichterstatter (wie Anm. 12), S. 35 ff.

Nach dem vorläufigen Forschungsstand kann noch nicht gesagt werden, ob Alber gleich von Beginn an seine Aufzeichnungen in ein gebundenes Buch geschrieben hat. Dafür spricht, dass die Einträge überwiegend in chronologischer Reihenfolge vorgenommen worden sind. Stand ein Fall mehrfach auf der Tagesordnung, dann finden sich Einträge an verschiedenen Stellen des Manuskripts.[35] Alber überarbeitete die Notizen, die er sich während der Sitzung der Beratungsgruppe gemacht hatte. Reichte der Platz für nachträgliche Bemerkungen nicht mehr aus, musste der Assessor Verweisungen vornehmen und seine Aufzeichnungen zu dem Fall einige Seiten weiter hinten fortsetzen.

Zweifel daran, dass das Buch bereits von Anfang an gebunden war, stellen sich aber durch eine Notiz auf fol. 60v ein, wo eine Überschrift (*Bauern von Münzesheim gegen Adam Hover*) verkehrt herum am unteren Rand der Seite steht. Alber hat die Überschrift durchgestrichen, anschließend das Papier um 180 Grad gedreht und dann einen anderen Fall aufgezeichnet. Die Bauern von Münzesheim werden erst viel weiter hinten auf fol. 156v erwähnt. Außerdem hat Alber häufig sehr weit bis an den inneren Rand geschrieben. Es könnte also sein, dass er kein fest gebundenes Buch vor sich hatte, sondern erst nur einzelne Blätterstapel, die er, um Papier zu sparen, so weit als möglich mit Notizen füllen wollte. Die Bindung könnte erst nachträglich erfolgt sein, wobei die Blätterstapel in chronologischer Reihenfolge miteinander verbunden wurden. Hierzu sind aber noch weitere Nachforschungen anzustellen, insbesondere ist die Chronologie der Prozesse genau zu analysieren und auch die Bindung des Manuskripts wird zu untersuchen sein. Es gibt leere oder halb leere Blätter, ab wann und warum treten diese auf?

Alber fertigte die Aufzeichnung eines Falles häufig während der Sitzung des Urteilergremiums an. Dabei beschrieb er den rechten Teil einer Seite, während er links einen breiten Rand ließ, der etwa ein Drittel der Seitenbreite umfasst. Diesen Rand nutzte er für Überschriften, die ihm später die Orientierung erleichtern sollten, sowie für nachträgliche weiterführende Anmerkungen und Präzisierungen.[36] Dort finden sich häufig juristische Allegationen zu den in den Fallaufzeichnungen aufgeworfenen Rechtsproblemen. Alber vermochte es nicht, die mündlichen Beiträge

---

[35] Deutlich tritt dies zum Beispiel in dem Fall der Reichsstadt Goslar gegen Herzog Heinrich den Jüngeren von Braunschweig-Wolfenbüttel zu Tage. Einträge finden sich auf folgenden Seiten: fol. 72r-82v, 85v-93v, 94r-105v, 106r-109v, und auch fol. 173r-176r, 176v-181v. Umfassend zu dem Prozess P. J. M e i e r : Der Streit Herzog Heinrichs des Jüngeren von Braunschweig-Wolfenbüttel mit der Reichsstadt Goslar um den Rammelsberg, 1928.

[36] Diese Arbeitsweise des Assessors lässt sich gut an dem im Anhang zu diesem Beitrag abgedruckten Fall Zenger gegen Sintzenhoverin erkennen.

seiner Kollegen so schnell zu notieren, dass er alle Details zu Papier brachte. Deshalb nahm er die nachträglichen Ergänzungen im stillen Kämmerlein vor, wo ihm genügend Zeit zur Verfügung stand und er zudem Fachliteratur zur Hand hatte. Dann präzisierte Alber auch manchmal den in der Beratung verfassten Text, indem er einzelne Wörter oder sogar ganze Passagen ausstrich und andere Formulierungen zwischen die Zeilen oder an den Rand schrieb. In manchen Fällen wurden aufgrund dessen die Aufzeichnungen unübersichtlich.[37]

Im Text oder am Rand finden sich, wenn auch selten, persönliche Bemerkungen des Assessors. Zum Beispiel im Fall Zenger gegen Sintzenhoverin über den Prokurator Dick: *Er ist ain narr.* und *Stultisat Dickius.* (fol. 169v), oder über Kaiser Friedrich II., der eine Konstitution erlassen hatte, die Alber dem Wortlaut nach zu weit ging: *stultus imperator* (fol. 170r). Jedoch war er wesentlich vorsichtiger in bezug auf den amtierenden Kaiser Karl V. Das zeigt sich deutlich bei seinen Bemerkungen zu den Religionsprozessen.[38] In einem anderen Fall urteilt Alber abschätzig über einen Kollegen: *Or, contra hanc Pleickeres fantasiam ego deduxi [...]* (fol. 91v). Es finden sich aber auch selbstkritische Äußerungen wie: *Mathia, tu erras* (fol. 107r). Die Bemerkungen geben damit auch Auskunft über das Selbstverständnis des Assessors.

Mehrere Hinweise lassen vermuten, dass Alber zusätzlich noch mindestens ein weiteres Protokollbuch führte. Er verweist an einer Stelle (fol. 123r) auf ein Consilium in einem bereits früher entschiedenen Prozess, das sich nicht in dem vorliegenden Protokollbuch findet. Auf fol. 21v schreibt Alber, dass er das Urteil in einem gerade behandelten Fall in einem anderen *prothocol* vermerkt hat, genauso auf fol. 174r bezüglich des Textes eines geänderten Klagelibells. Derzeit kann jedoch noch keine Aussage darüber getroffen werden, was der Assessor in dieses unbekannte Parallelwerk aufgenommen hat.

Die dem Verfasser vorliegende Handschrift enthält zudem nur Fälle aus dem Zeitraum zwischen Oktober 1532 und April 1533. Mathias Alber war aber bis August 1535 am RKG. Es ist zu vermuten, dass der Assessor mindestens noch ein weiteres Protokollbuch führte, das diese spätere Amtszeit umfasst.

Alber hat selbst keine eindeutige Nachricht hinterlassen, zu welchem Zweck er die Aufzeichnungen verfertigte. Man könnte vermuten, dass er für eine kontinuierliche Rechtsprechung den *stilus curiae* festhalten woll-

---

[37] So zum Beispiel Fall Eberhardt von Andlau gegen das Kloster Baumgarten, fol. 70r-71v; vgl. auch die Bemerkungen von Paul Richter mit Bezug auf das Protokollbuch des Matheus Neser, R i c h t e r , Aus dem Reichskammergerichtsprotokoll des Assessors Matheus Neser (wie Anm. 13), S. 439 ff.
[38] Näheres hierzu siehe die Aufsätze in Anm. 11.

te. Dagegen spricht aber, dass der Assessor manchmal in Fällen, bei denen er sich seinen Kollegen gegenüber nicht durchsetzen konnte, nur seine abweichende Meinung notierte, die nicht Urteilsinhalt wurde.[39] Auch sonst vermerkte Alber in aller Regel seine eigene Rechtsansicht umfänglicher als die Ansichten seiner Kollegen. Das spricht dafür, dass ihm bei der Aufzeichnung die letztlich vom Gericht getroffene Entscheidung von eher nachgeordneter Bedeutung war.

Ein anderer Ansatz erscheint deshalb vorzugswürdig: Alber beabsichtigte, sich mittels der Fallaufzeichnungen gegen Haftungsprozesse zu wappnen. Die Syndikatsklage des römischen Rechts[40] war im Jahr 1532 durch eine ausdrückliche reichsgesetzliche Regelung[41] bestätigt worden. Haftungsprozesse wurden auch tatsächlich durchgeführt, wie die Fälle der Frantzin gegen die Stadt Maastricht[42] und der Erben des Ambrosius Dietrich gegen die Fröschin[43] zeigen. Mathias Alber wollte mit seinen Aufzeichnungen nachweisen können, dass er den zu seiner Zeit geltenden Rechtsregeln gemäß urteilte und sich nicht einer für falsch angesehenen Ansicht anschloss. Beispielsweise formuliert er auf fol. 93r: *Dem allen nach, so du umb dem urtail zu red gesetzt wierst, so magstu erstlich sagen: [...],* es folgt die rechtliche Würdigung Albers.

Allerdings legen die persönlichen Bemerkungen (zum Beispiel die negativen Äußerungen über seine Kollegen) nahe, dass der Assessor seine Aufzeichnungen Dritten nicht bekannt geben, sondern sie für sich als interne Argumentationssammlung nutzen wollte. Jedoch rechnete Alber zumindest zeitweise mit der Möglichkeit, dass seine Notizen in fremde Hände gelangen konnten. Beispielsweise hat er auf den ersten 22 Blättern die Namen der mitentscheidenden Assessoren nicht mitgeteilt oder diese nachträglich unkenntlich gemacht. Er wollte wohl mit dieser Maßnahme die Kollegen schützen.

---

[39] Zum Beispiel Fall Wilhelm Truchseß von Waldburg gegen die Stadt Isny, fol. 254r.

[40] C. 7.42; Nov. 119, c. 5.

[41] RA Regensburg 1532 III. § 17. Weitere Nachweise B. D i c k , Die Entwicklung des Kameralprozesses nach den Ordnungen von 1495-1555 (QFHG 10), Köln 1981, S. 218; W. E n d e m a n n , Das deutsche Civilprozeßrecht, 1868 (Neudr. 1969), S. 111; H a r p p r e c h t , Staats-Archiv, Bd. 5, S. 93, 128; W. S e l l e r t , Prozessgrundsätze und Stilus Curiae am Reichshofrat (RHR), Aalen 1973, S. 395 ff.

[42] Fol. 37r-45v, 133v, insbes. fol. 165r, 182r-183v, 204r; vgl. N è v e , 'Appellation, so für dem Urteil beschicht' (wie Anm. 23), S. 353-369; d e r s ., La pauvre femme de Maestricht (wie Anm. 23), S. 292-293; d e r s ., Het Rijskamergerecht tussen Brabant en Maastricht (wie Anm. 23), S. 137-145; S p r e n g e r , Viglius van Aytta (wie Anm. 12), Regest Nr. 275.

[43] Fol. 48v- 60r, insbes. fol. 57r.

III.

Das Forschungsprojekt

Aufgrund der in der Einleitung erwähnten, unzureichenden Quellenlage
für das frühe 16. Jahrhundert erscheint es dem Verfasser lohnenswert, das
Protokollbuch Albers einem größeren Leserkreis zugänglich zu machen
und wissenschaftlich zu bearbeiten. Dies soll mit drei Schwerpunktset-
zungen geschehen: Edition des Textes, Erstellung von Regesten und wissenschaftliche Auswertung unter vornehmlich rechtshistorischen Ge-
sichtspunkten.

III.1.
Edition

Die Edition ist bereits weitgehend abgeschlossen. Der Text ist vollständig
transkribiert und die Arbeiten befinden sich im Stadium der Endkorrektur.

III.2.
Regesten

Die Erstellung der Regesten erfolgt parallel zu der Editionskorrektur. Die
Regesten bilden die Grundlage für die systematische Auswertung, außerdem sollen sie später interessierten Nutzern einen schnelleren und präzise-
ren Zugang zu den Aufzeichnungen Albers hinsichtlich der an sie heran-
getragenen Fragestellungen verschaffen. Das Regestenschema wurde vom
Verfasser mit Blick auf die Eigenheiten der Quelle entwickelt. Wichtigste
Vorlage war die Monographie Regina Sprengers.[44] Weiterhin dienten die
Forschungen Diestelkamps[45], die Habilitationsschrift Filippo Ranieris[46]
und daran anschließend Verzeichnisprojekte der Prozessakten von RKG[47]

---

[44] S p r e n g e r, Viglius van Aytta (wie Anm. 12).

[45] D i e s t e l k a m p, Das RKG im Rechtsleben des 16. Jahrhunderts (wie Anm. 16), S. 435-480.

[46] F. R a n i e r i, Recht und Gesellschaft im Zeitalter der Rezeption: eine rechts- und sozialgeschichtliche Analyse der Tätigkeit des Reichskammergerichts im 16. Jahrhundert, 2 Bde. (QFHG 17), Köln
1985.

[47] Veröffentlichungslisten *Inventar der Akten des Reichskammergerichts* finden sich u. a. bei
M. H ö r n e r und M. K s o l l - M a r c o n, Bayrisches Hauptstaatsarchiv Reichskammergericht, Bd. 9
(Buchst. F), in Bayrische Archivinventare 50/9, München 2002, S. 858 ff; J. H a u s m a n n, Hessi-
sches Staatsarchiv Marburg, Reichskammergericht, Marburg 2003; W i e c h, M., Nordrhein-
Westfälisches Hauptstaatsarchiv Düsseldorf. Reichskammergericht, Siegburg 2003 (Bd. 9);
M. W i e c h, P. H o f f m a n n und Th. J. van R e n s c h, Prozessakten des Hauptstaatsarchivs Düssel-
dorf im Rijksarchief Limburg in Maastricht (Bestand 02.01), Siegburg 2003 (Bd. 10); R. J. W e-
b e r, Akten des Reichskammergerichts im Staatsarchiv Sigmaringen, Stuttgart 2004. Außerdem

und RHR[48] als Vorbilder. Da allerdings die Fallaufzeichnungen Albers einen anderen Charakter besitzen als die Prozessakten, wurden Anpassungen vorgenommen. Deshalb wird das nachfolgende Regestenschema zugrunde gelegt.

III.3.
Regestenschema

Seitenzahl im Protokollbuch Albers.

Kläger: Nachname, Vorname, ggf. Partei in der Vorinstanz, Prokurator, in den Fußnoten ggf. weiterführende Hinweise zur Person.
Beklagter: wie beim Kläger.
Sonstige Personen: die, ohne Partei zu sein, in den Fallaufzeichnungen Albers genannt werden.

Grund gerichtlicher Auseinandersetzung: In diesem Feld erfolgt eine stichwortartige Verzeichnung des bei Alber geschilderten Falles nach den Kategorien Ranieris. An diesen Kategorien wurde teils Kritik geübt[49], sie wurden dennoch beibehalten, um die Vergleichbarkeit den Verzeichnisprojekten der Prozessakten zu erhalten.
Prozessstadium: Hier wird zum besseren Verständnis so knapp wie möglich die Prozessgeschichte nacherzählt und es wird rechtlich präzise die konkret vom RKG zu treffende Entscheidung benannt.

Datumsangaben: Dieses Feld befasst sich mit dem vorangegangenen Prozessverlauf. Da Prozessakten aus dem frühen 16. Jahrhundert verloren gegangen sind, können die bei Alber vermerkten Angaben einmalige Nachrichten über Prozesse sein. Genauso verhält es sich mit extrajudizialen Entscheidungen, bei denen meist keine Prozessakte angelegt wurde.

Prozessart: In diesem Feld wird eingetragen, ob es sich um einen Zitations-, einen Mandats- oder einen Appellationsprozess handelt.

---

befasste sich eine Tagung des Netzwerkes Reichsgerichtsbarkeit mit dem Thema, dazu der Tagungsband A. Baumann u. a. (Hgg.), Prozeßakten als Quelle (QFHG 37), Köln/Weimar/Wien 2001; siehe aus diesem Band insbes. die Beiträge von A. Baumann, Die quantifizierende Methode und die Reichskammergerichtsakten, S. 55 ff.; M. Hörner, Anmerkung zur statistischen Erschließung von Reichskammergerichtsprozessen, S. 69 ff.
[48] E. Ortlieb, Die ‚Alten Prager Akten' im Rahmen der Neuerschließung der Akten des Reichshofrats im Haus-, Hof- und Staatsarchiv, in: Mitteilungen des Österreichischen Staatsarchivs 50 (2002), S. 593 ff.
[49] Vgl. Hörner (wie Anm. 47), S. 69 ff.

Vorinstanzen, Klagen, Urteile der Vorinstanzen
Referent, Correferent, Assessoren der Beratungsgruppe

Quellenmaterial: Dem Verfasser ist es wichtig, die verschiedenen Quellengattungen miteinander zu vernetzen. Deshalb sollen folgende Quellennachweise aufgenommen werden: Signatur der Prozessakten, Signatur des Wetzlarer Generalrepertoriums, Urteile bei Seiler/Barth[50], Mitteilung von Prozessen in der Kameralliteratur[51], Fälle, die bei Viglius van Aytta (RKG-Assessor 1535-37) verzeichnet sind.[52]

Stil der Aufzeichnung des konkreten Prozesses
Angewendetes Recht
Auswertung des Falles: Aufgrund der bereits geschilderten Art und Weise, wie Alber seine Aufzeichnungen vornahm und später teils noch einmal umfangreich bearbeitete, gestaltet sich der inhaltliche Zugang dem Leser teils schwierig. In diesem Feld wird daher der konkrete Fall in der chronologischen Abfolge der Geschehnisse nacherzählt, anschließend wird die rechtliche Würdigung der Assessoren und die getroffene Entscheidung in deutscher Sprache wiedergegeben und für die bessere Verständlichkeit erläutert. Außerdem werden weiterführende Literaturhinweise gegeben. Die Einzelfallauswertung ist zudem Grundlage für den dritten Schwerpunkt der Arbeit: die systematische Auswertung.

III.4.
Systematische Auswertung

Das Protokollbuch Albers soll in einem dritten großen Forschungsteil systematisch ausgewertet werden. Der Schwerpunkt liegt hierbei auf der rechtshistorischen Auswertung, sowohl bezüglich der äußeren (Geschichte der Institution RKG) als auch der inneren Rechtsgeschichte (Dogmengeschichte, Methode der Entscheidungsfindung).

---

[50] Gelegentlich findet sich ein bei Alber verzeichnetes Urteil in der Sammlung von Raphael Seiler und Christian Barth: Urtheil und Bescheyd am hochlöblichen Cammergericht, Speyer 1605. Zwar ist das Werk vor allem Sammlung von Formulierungsbeispielen für den Urteilstenor, die Namen der Parteien sind nur mit Anfangsbuchstaben und obendrein verschlüsselt angegeben. Aber diese Verschlüsselung ist entzifferbar – vgl. W. P r a n g e , Vom Reichskammergericht in der ersten Hälfte des 16. Jahrhunderts (QFHG 42), Köln/Weimar/Wien 2002, S. 25 ff. -, so dass eine Zuordnung der Fälle möglich ist. Bei einer stichprobenartigen Suche wurden bereits einschlägige Entscheidungen gefunden.
[51] Insbes. nach B a u m a n n , Gedruckte Relationen und Voten (wie Anm. 9).
[52] Vgl. S p r e n g e r , Viglius van Aytta (wie Anm. 12).

Unter dem Blickwinkel der äußeren Rechtsgeschichte können die Fallaufzeichnungen Albers insbesondere die Gerichtsorganisation im frühen 16. Jahrhundert erhellen. Beispielsweise kann damit die Einteilung des RKG in Spruchkörper erforscht werden.[53] Gab es schon in den 1530er Jahren feste Spruchkörper, die möglicherweise sogar noch bestimmte Materien behandelten? Wann wurden verkleinerte oder erweiterte Spruchkörper gebildet, wann wurde das Plenum einberufen? Da Mathias Alber oft die Namen seiner mitberatenden Kollegen und das Datum der Beratungen verzeichnet hat, lassen sich hierzu Aussagen treffen. Genauso lässt sich erforschen, ob zur Entscheidung eines anstehenden Urteils mehrere Beratungssitzungen anberaumt wurden. Aus den Äußerungen von Alber oder anderen Assessoren lassen sich Rückschlüsse ziehen, wie sich die Assessoren des RKG im Verhältnis zu anderen Institutionen des Alten Reichs sahen. Es können sozialhistorische Forschungen bereichert werden über das Selbstbildnis von RKG-Assessoren in dieser Zeit. Wie dachten die Assessoren übereinander, wie über das Kanzleipersonal oder über die Parteien und deren Vertreter?

Bezüglich der inneren Rechtsgeschichte kann gefragt werden, aufgrund welcher Rechtsregeln die Entscheidungen getroffen wurden. Wie wurden beispielsweise die verschiedenen Rechtsquellen (gemeines Recht, neueres Reichsrecht, partikulare Rechte) ins Verhältnis zueinander gesetzt? Sind Einflüsse von Standesunterschieden und politischer Brisanz festzustellen? Welche juristische Methode wurde bei der Entscheidungsfindung angewandt?

Daneben kann allerdings nur für einen zeitlich stark begrenzten Abschnitt die konkrete Rechtsanwendung[54] ins Auge gefasst werden bezüglich des materiellen Rechts, vor allem aber bezüglich des Verfahrensrechts. Aus den Aufzeichnungen Albers ergibt sich, dass von ihm und seinen Kollegen vor allem prozessrechtliche Entscheidungen zu treffen waren. Die Auswertung kann damit Ergänzung zu den Forschungen von Bettina Dick[55] sein. Dick analysiert vor allem die normativen Grundlagen des Kameralprozesses, und zwar hauptsächlich die Regelungen des Reichsgesetzgebers. Der Blick in die Aufzeichnungen Albers kann Aufschluss geben, wie die reichsrechtlichen Normen vor dem Hintergrund des gemeinen Rechts konkret angewandt wurden.

---

[53] Siehe auch schon anhand der Aufzeichnungen des Viglius van Aytta: N è v e und S p r e n g e r, Das Plenum des Reichskammergerichts als Spruchkörper (wie Anm. 12).

[54] Bezogen auf die Religionsprozesse siehe D o l e z a l e k, Die juristische Argumentation (wie Anm. 11), S. 37.

[55] D i c k, Die Entwicklung des Kameralprozesses (wie Anm. 41).

IV.

Reichsgerichtsbarkeit und Rechtsraum: Beispielsfälle aus den Aufzeichnungen Albers[56]

IV.1.
Fall Bauern von Münzesheim gegen ihren Junker.

Reichsgerichtsbarkeit und Rechtsraum: Grundsätzlich kann festgestellt werden, dass für die Menschen des 16. Jahrhunderts tätliche und rechtliche Konfliktlösungsmöglichkeiten alternativ nebeneinander standen. Welcher Weg beschritten wurde, hing u. a. davon ab, was am effektivsten für die Verfolgung eigener Interessen erschien. Dabei spielte eine Rolle, welche Macht eine Streitpartei gegenüber der anderen hatte. So war es des Öfteren der Fall, dass Adlige mit Mitteln der Gewalt Interessen gegen ihre Untertanen durchzusetzen versuchten, während die Untertanen eher juristische Maßnahmen ergriffen. Ein Beispiel hierfür begegnet in den Aufzeichnungen Albers bei dem Fall der Bauern von Münzesheim gegen ihren Junker. Mit den nachfolgenden Zeilen ist zugleich ein Beispiel für eine kurz gehaltene Fallnotiz Albers gegeben.

Seitenzahl: 156v
Kläger: Münzesheim, Bauern von
Beklagter: Münzesheim, Junker von[57]

Grund gerichtlicher Auseinandersetzung: Kriminalität, Gefangennahme.
Prozessstadium: Extrajudizialstadium. Es ist an den Junker ein Mandat sine clausula iustificatoria auf die Acht ergangen. Dieser leistet dem Mandat nicht Folge. Die klagenden Bauern haben darauf hin formlos beantragt, *ein einsehen zuthun*. Es geht um die Behandlung dieses Antrages.

Datumsangaben: 1533,01,21, Di. – Supplik der Bauern.

1. Instanz: RKG
Prozessart: Mandatsprozess

---

[56] Mein besonderer Dank gilt Herrn Prof. Dr. Gero Dolezalek für seine wertvolle Hilfe bei der Durchsicht der transkribierten Texte, die als Anhang zu diesem Artikel beigefügt sind.
[57] Extrajudiziales Handeln der Bauern, der Junker tritt nicht in Erscheinung.

Klagen: 1. mandatum de relaxando captivo[58] auf die Acht; 2. Kein förmlicher Antrag: *Dieweil sy nun weiter nit khunnen umb grosser peen anhalten, so bitten sy deshalben, ein einsehen zuthun. Et nihil aliud petunt.*

Urteilergremium am RKG: k.A.

Urteile des RKG: 1. *Mandatum* de non turbando auf die Acht, drei gefangene Bauern freizulassen. (In der Zeit vor den Aufzeichnungen Albers.); 2. *Interlokut*, das die formlose Supplikation als unzulässig zurückweist. Die Supplikanten sollen in den Formen des Prozessrechts handeln.

Prozessakten: k.A.
Wetzlarer Generalrepertorium: k.A.
Viglius van Aytta: k.A.
Seiler/Barth: k.A.
Kameralliteratur: k.A.

Stil der Aufzeichnungen Albers: Es liegt ein sehr knapp geschilderter Fall vor. Der für die Entscheidung erforderliche Sachverhalt wird von Alber nur skizziert. Er erwähnt die gerichtliche Entscheidung, geht aber nicht auf die Meinungen seiner Kollegen ein. In einer kurzen Randnote zeigt Alber mittels Literaturzitaten auf, welche Kriterien für ihn selbst ausschlaggebend waren. Am Ende vermerkt er, was seines Erachtens nach die wirkungsvollste Supplik der Bauern wäre.

Verwendetes Recht: Zur Beurteilung der zu klärenden Rechtsfrage zitiert Alber die Glosse zu C. 2.4.15 und eine Entscheidung aus der Sammlung des Parlaments von Grenoble, veröffentlicht von Guido Papa. Es ist für Alber aber untypisch, zeitgenössische französische Juristen zu zitieren.

Auswertung des Falles: Auf Antrag der Bauern hat das RKG dem Junker durch Mandat bei Strafe der Acht aufgegeben, drei Gefangene freizulassen. Darauf hat dieser weitere zwei Bauern gefangen, und zwar diejenigen, die für einen bereits anhängigen Prozess (evtl. für den Prozess von fol. 60v) benötigt werden. Die Bauern bitten das RKG, *ein einsehen zu tun*. Dies ist kein förmlicher Antrag. Die Supplikation könnte als Bitte auf ein Handeln des RKG ex officio verstanden werden.

---

[58] Zur Terminologie M. Uhlhorn, Mandatsprozeß sine clausula des Reichshofrates (QFHG 22), Köln/Wien 1990, S. 95 mit Verweis auf J. J. Moser, Merckwürdige RHR-Conclusa, Bd. 1, S. 205, Bd. 7, S. 107, 709.

Doch das Gericht schlägt das Vorbringen ab. Die Bauern sollen in den prozessrechtlich dafür vorgesehenen Formen handeln. Hier zeigt sich – wie auch in einem ähnlichen Fall auf fol. 164v – die Zurückhaltung des RKG hinsichtlich eines Tätigwerdens ex officio.

IV.2.
Fall: Haimeran Zenger gegen die Sintzenhoverin

Reichsgerichtsbarkeit und Rechtsraum: Anders als in der vorstehenden Fallaufzeichnung suchen hier beide Parteien die Durchsetzung ihrer Interessen auf dem Wege des Rechts. Der Beispielsfall verdeutlicht eine andere auf der Tagung diskutierte Erscheinung: Auf dem Boden des Heiligen Römischen Reichs Deutscher Nation bestanden nebeneinander mehrere Rechtsräume, die sich teils überschnitten und demzufolge miteinander konkurrieren konnten. Vorliegend zeigt sich dies an der Abgrenzung zwischen kirchlicher und weltlicher Gerichtsbarkeit. Der Kleriker Haimeran Zenger berief sich in einer wahrhaft weltlichen Streitigkeit auf seinen Gerichtsstand als Geistlicher (*privilegium sacerdotale*). Er wollte erreichen, der weltlichen Gerichtsbarkeit des bayrischen Territoriums sowie des Reiches entzogen und der geistlichen Gerichtsbarkeit der römisch-katholischen Kirche unterstellt zu werden. Die römisch-katholische Kirche war zu der damaligen Zeit ein weltumspannendes Gebilde und unterlag trotz aller Gemengelagen eigenen Regeln, sie stellte demzufolge auch innerhalb der Reichsgrenzen einen eigenen Rechtsraum dar.

Vorliegend ist die Berufung Zengers auf das *privilegium sacerdotale* ein offensichtlicher Missbrauch, denn rechtlich musste der Fall sowohl nach Zivilrecht als auch nach kanonischem Recht im Sinne der Sintzenhoverin entschieden werden. Das Stattgeben des Antrags würde aber zur Folge haben, dass der Rechtsstreit sich weiter in die Länge zieht. Durch seine Entscheidung hatte das RKG damit auch konkret festzustellen, wo die Grenzen der sich durchwirkenden Räume des Reichs- und des kanonischen Rechts waren.

Bei der Diskussion unter den Assessoren zeigt sich darüber hinaus, dass rechtstatsächliche Argumente eine Rolle spielten: In wie weit wird das RKG durch sein Urteil den (weltlichen) *Rechtsraum Altes Reich* befördern oder schwächen? Wenn es zu erkennen gäbe, dass die Sintzenhoverin materiell im Recht ist, bestünde dann nicht die Gefahr, dass Haimeran Zenger im Vollstreckungsverfahren vor einer anderen Behörde durch fortgesetztes Berufen auf das *privilegium sacerdotale* dem Ansehen des RKG Schaden zufügen könnte? Gerade weil keine Urteilsgründe veröffentlicht werden durften, war die Möglichkeit gegeben zu behaupten, das

RKG habe bei Urteilsfindung unzureichende rechtliche Erwägungen angestellt.

Seitenzahl: 168v-171r

Kläger: Zenger, Haimeran, Domherr und Priester (zweimal aus Versehen „Sintzenhover" genannt) (Bekl.)
Prokurator: Dr. Heinrich Lewesow von Rostock („Rostat")[59]
Prokurator: Dr. Leopoldus Dick

Beklagte: Sintzenhoverin, Margaretha, Tochter des Niclas Zenger, welcher der Bruder von Haimeran Zenger war. Ehefrau Leonhard Sintzenhovers zu Teublitz, herzoglich bayrischen Pflegers zu Asching. Inhaberin des Grundstückes Lichtenwald bei Regensburg. (Kl.) [fol. 168v]
Prokurator: Dr. Hieronimus Lerchenfelder

Dritte: Kloster Sankt Emmeram (= Haimeran) in Regensburg [fol. 168v] 1505 Abt Erasmus I.; 1520 Abt Ambros I.
Michel Zenger, Bruder des Haimeran Zenger [fol. 168v]
Niclas Zenger, Bruder des Haimeran Zenger, Vater der Sinzenhoverin [fol. 168v]

Grund gerichtlicher Auseinandersetzung: Schuldforderung, Rentenkauf
Prozessstadium: Extrajudizialstadium. Appellant Zenger hat gegen ein Endurteil der Vorinstanz Appellation eingelegt. Vor dem RKG ändert er seine prozessuale Handlungsweise und stützt die Appellation nur noch auf Nichtigkeit des vorinstanzlichen Urteils. Eine materiell-rechtliche Ungerechtigkeit wird nicht vorgebracht (weil das vorinstanzliche Urteil ersichtlich keine materiell-rechtlichen Fehler aufweist). Die Prozessgegnerin bestreitet die Zulässigkeit einer Appellation, die einzig auf Nichtigkeit gestützt ist. Das RKG hat darüber zu entscheiden.

Datumsangaben:
1505   Beginn der Zinszahlungen von Haimeran Zenger an den Abt des Klosters St. Emmeram in Regensburg. [fol. 168v]

---

[59] Zu ihm als Prokurator A. Baumann, Die Prokuratoren am Reichskammergericht in den ersten Jahrzehnten seines Bestehens, in: B. Diestelkamp, Das Reichskammergericht. Der Weg zu seiner Gründung und die ersten Jahrzehnte (QFHG 45), Köln/Weimar/Wien 2003, S. 161, 172 m. w. N.; siehe auch Dolezalek, Die Assessoren (wie Anm. 11), S. 88.

1520	Haimeran Zenger stellt die Zahlungen ein. Daraufhin lässt der Abt das hypothekarisch verpfändete Grundstück beschlagnahmen, an dem die Klägerin (Mit-)Eigentum hat. [fol. 168v]
1526,09	Die Sintzenhoverin klagt vor dem Hofgericht in Landshut gegen Haimeran Zenger auf Freistellung. (P)[60]
1527,02	Interlokut des Hofgerichts Landshut, mit dem es sich für zuständig erklärt. (P)
1529,02	Ein weiteres Interlokut des Hofgerichts Landshut. Zenger soll vorgebrachte Behauptungen beweisen. (P)
1530,09	Endurteil des Hofgerichts Landshut. (P)
1531,05,10,	Mi. – Die Appellation muss vor diesem Termin erfolgt sein. Der erste Prokurator, der den Appellanten vertritt, war Dr. Heinrich Lewesow von Rostock, welcher ab dem 10.5.1531 Assessor am RKG wurde.
1533,02,05,	Fr. – Erste Beratung am RKG zu dem Fall, in einer Urteilergruppe von sieben Assessoren. [fol. 168v]
1533,02,06,	Mo. – Zweite Beratung zu dem Fall, diesmal in einer erweiterten Urteilergruppe (15 Assessoren). [fol. 169v]
1533,02,07,	Di. – Datum des RKG-Urteils. (P und Seiler/Barth S. 173 F (s.u.).)

1. Instanz: Hofgericht Landshut (weltlicher Richter) [fol. 168v, 169r]
2. Instanz: RKG
Prozessart: Appellationsprozess

Klagen: *1. Instanz*: der Bekl. soll verurteilt werden, das Grundstück der Kl. von der Belastung mit einer Rentenschuld freizustellen; *RKG*: Appellation mit inzidenter Nichtigkeitsklage.

Urteilergremium am RKG

Erste Abstimmung [fol. 168v]

Hubertus Schmetz (hier: Referent)
    RKG 1530 (Ass. extraord.), 13.1.1533-1536 (Niederrhein, Ritterstelle), 1538-1543, 1548-1554 [fol. 168v]

---

[60] Einige der Zeitangaben teilte mir dankenswerterweise Manfred Hörner, HStA München, auf Anfrage mit. Weil sich die Daten nicht aus den Aufzeichnungen Albers ergeben, sondern nur durch die Hinzuziehung der Prozessakte (P) gewonnen werden konnten, sind sie extra kenntlich gemacht.

Dr. Mathias Alber
>   seit 11.10.1532 (Bayern, Doktorenstelle) [fol. 168v]

Dr. Phillipp Drachstedt
>   seit 1531 (Sachsen, Doktorenstelle) [fol. 168v]

Dr. Andreas Könneritz
>   seit 1531 (Sachsen, Ritterstelle) [fol. 168v]

Kaspar Baldung
>   seit 1531-1533 (Burgund, Habsburg) [fol. 168v]

Bernhard Kühorn
>   seit 1526 (Kurmainz) [fol. 168v]

Johannes König von Offenburg
>   seit 1529-1535 (Schwaben, Ritterstelle) [fol. 168v]

Zweite Abstimmung [fol. 170v]

Dr. Mathias Alber
>   seit 11.10.1532 (Bayern, Doktorenstelle) [fol. 169v]

Johann Sebastian von Hirnheim
>   1521-1522 (Franken), seit 1522 (Kurpfalz) [fol. 170v]

Mathias Ilau
>   1521-1527 (Kurmainz), 1531-1532 (Franken), seit 1532 (Kurbrandenburg) [fol. 170v]

Konrad Bleicker
>   seit 1531- t 1534 (Oberrhein, Doktorenstelle) [fol. 170v]

Hubertus Schmetz
>   RKG 1530 (Ass. extraord.), 13.1.1533-1536 (Niederrhein, Ritterstelle), 1538-1543, 1548-1554 [fol. 170v]

Dr. Phillipp Drachstedt
>   seit 1531 (Sachsen, Doktorenstelle) [fol. 170v]

Dr. Andreas Könneritz
>   seit 1531 (Sachsen, Ritterstelle) [fol. 170v]

Johannes König von Offenburg
>   seit 1529-1535 (Schwaben, Ritterstelle) [fol. 170v]

Kaspar Baldung
>   seit 1531-1533 (Burgund, Habsburg) [fol. 170v]

Bernhard Kühorn
   seit 1526 (Kurmainz) [fol. 170v]

Arnold Glauburger
   seit 1521 (Kurtrier) [fol. 170v]

Hartmann Mor
   RKG 1521-23.8.1537 (Kurköln) [fol. 170v]

Friedrich Schenk Herr zu Tautenberg
   seit 1530 (Generosus) [fol. 171r]

Dr. Phillip Burchard
   seit 1531 (Kaiser, Doktorenstelle) [fol. 171r]

Wilhelm Werner Herr zu Zimmern (Historiker)
   seit 1529 (Generosus) [fol. 171r]

Weitere Fälle bei Alber zur Nichtigkeitsklage mit inzidenter Appellation: Bischof von Kurland gegen Sebastian von Eltenach, fol. 198r infra; Lüneburg/Sutten gegen Billungshauser, fol. 192r-192v, 199r-203v

Quellennachweise:
Privilegium de non appellando limitatum für Summen bis zu 200 Gulden rheinisch vom 15.2.1521, BAYHSTA MÜNCHEN, Bayer. Urk. 107; vgl. auch EISENHARDT, Ulrich: Die kaiserlichen privilegia de non appellando (Quellen und Forschungen zur Höchsten Gerichtsbarkeit im Alten Reich = QFHG 7), Köln/Wien 1980, Nr. 4.3, S. 71.

Prozessakte: HStA München Nr. 14440
Wetzlarer Generalrepertorium: Z 178
Viglius van Aytta: k.A.
Seiler/Barth[61]: S. 173 F, 07.02.1533: *Causa appell. pro conclusa etc. et in Camera non acceptatur. In angemaster zweiter Appellationsachen zwischen Herrn G. B. Canonicken deß Thumbstiffts zu T. Appellanten eins und O. V. Appellaten anders theils: Ist die sach ex officio für beschlossen angenommen: Und darauff nach allem fürbringen zu Recht erkannt: Das solch sach an diesem Keys. Cammergericht nicht anzunemmen sey: Als wir dieselb auch nicht annemmen.*
Kameralliteratur: k.A.

---

[61] R. Seiler, und C. Barth, Urtheil und Beschaydt am hochlöblichen kayserlichen Cammergericht vom Jahr 1495, Speyer 1604, Bd. 2 (Jahre 1531-1548), S. 173 f.

Literaturhinweise:

Zur Rentenschuld: Helmut COING, Europäisches Privatrecht, Älteres Gemeines Recht, München 1985, § 75, S. 378 ff., m. w. N.

Zum Verhältnis von Nichtigkeitsbeschwerde und Appellation siehe insbes. Jürgen WEITZEL, Der Kampf um die Appellation ans Reichskammergericht (QFHG 4), Köln/Wien 1976, S. 46 ff. m. w. N.; aber auch: Tilmann SEEGER, Die Extrajudizialappellation (QFHG 25), Köln/Weimar/Wien 1992, S. 228 ff.; Georg Wilhelm WETZELL, System des ordentlichen Civilprocesses, 3. Aufl., Leipzig 1878, § 60, S. 782 ff.

Stil der Aufzeichnung Albers:

Allgemeine Anmerkungen: Alber fertigt umfangreichere Aufzeichnungen zu dem Fall an. Es gibt zwei Sitzungen von Urteilergruppen. Für die erste Sitzung scheint er keine Vorbereitungen getroffen zu haben. Das prozessuale Geschehen, der zugrundeliegende Sachverhalt und die zu entscheidende Rechtsfrage werden knapp und stichpunktartig erwähnt.

Für die zweite Sitzung merkt Alber an, dass er sein Votum nicht in Unkenntnis der Akten abgeben möchte. Anschließend folgen genauere Notizen zum Fall. Der Sachverhalt wird umfassender nacherzählt mit einer eigenen rechtlichen Würdigung Albers. Zuletzt verzeichnet der Assessor knapp die Ansichten seiner Kollegen, die zwar in der Sache ebenfalls der Sintzenhoverin Recht geben wollen, dies aber anders formulieren und begründen. Die Argumentation der Kollegen wird nur kurz notiert mit vereinzelten Anmerkungen Albers.

Die letztendliche Entscheidung ist nicht im Wortlaut festgehalten. Sie ergibt sich aber aus der Auflistung der Voten und aus dem Tenor, der bei Seiler/Barth verzeichnet ist.

Spezielle Anmerkungen: Die Namen von Appellant und Appellatin werden vertauscht aufgeschrieben, in der Reihenfolge Klägerin und Beklagter in der Vorinstanz (vgl. fol. 168v).

Alber verschreibt sich zu Beginn seiner Aufzeichnungen zweimal. Er benennt Haimeran Zenger als Sintzenhover. Das wird sich daraus erklären lassen, dass die Sintzenhoverin eine Nichte Zengers ist. Sie hat durch Heirat einen anderen Nachnamen erhalten.

Auf fol. 168v erfolgt eine kurze Einführung in den Fall und in die Rechtsfrage. Im letzten Drittel der Seite beginnt Alber mit der Aufzeichnung des Inhalts der vorinstanzlichen Akten. Dabei schreibt er merklich kleiner und über die gesamte Seite. Er lässt nicht wie üblich links 1/3 Rand, den er zuvor eingehalten hatte. Das Aktenreferat ist ohne größere Korrekturen vorgenommen. Es sind keine Quadrangelnummern vermerkt.

Auf fol. 169r setzen sich die Notizen über die erste Instanz fort. Es ist
wieder größer geschrieben, jedoch immer noch wenig Rand gelassen,
ebenfalls gibt es keine Korrekturen.

Verwendetes Recht:
Lerchenfelder (proc. Sintzenhoverin) zitiert aus der RKGO von Nürnberg
1523. Deren Wirksamkeit wird von Dick (proc. Zenger) angezweifelt. Die
weitgehend gleichlautende Vorschrift der RKGO Worms 1521 wird nicht
angeführt. Der ausgestrichene Hinweis auf fol. 169v oben wird wohl von
Mathias Alber herrühren, der sich verschrieben hat. Der Assessor zitiert
neben der Nürnberger auch die Wormser RKGO, auf fol. 169v unten.
Indem er die inhaltsgleiche Bestimmung der Wormser RKGO neben der
entsprechenden Bestimmung der Nürnberger RKGO nennt, umgeht er
Zweifel bezüglich der Gültigkeit der Nürnberger RKGO (fol. 169v unten;
zum Problem vgl. Fall Waldburg gegen Huckeln, fol. 158v). Alber benennt im Gegensatz zu den genauen Zitaten der Corpus-Juris-Stellen die
Reichsgesetze nur, zitiert diese aber nicht genau. Dies ist typisch für seine
Aufzeichnungen.

Von Lerchenfelder wird weiterhin das Appellationsprivileg Bayerns
gegen die Zulässigkeit der Appellation angeführt. Es handelt sich um ein
privilegium de non appellando, das auf Streitwerte bis zu 200 fl. begrenzt
ist. Alber erwähnt nur knapp, dass für die Berücksichtigung eines Appellationsprivilegs der aus der vorinstanzlichen Klageschrift sich ergebende
Streitwert maßgeblich ist, nicht der Wert der Verurteilung in unterer Instanz (siehe D. 2.1.19.1). Vorliegend wird über einen Wert von 210 fl.
prozessiert. Alber und Drachstedt kennen sichtlich bereits den Wortlaut
des Privilegs und halten eine Einbringung in den Prozess durch die sich
darauf berufende Partei für nicht erforderlich. Arnold Glauburger hingegen verlangt die Vorlage des Privilegs.

Die Assessoren entscheiden den Fall unter Auseinandersetzung mit
den Bestimmungen des gemeinen Rechts. Weiteres findet sich in der inhaltlichen Auswertung im Anschluss. Im vorliegenden Fall will der Kläger und Appellant Bestimmungen des gemeinen Rechts missbrauchen, die
ihm als Kleriker einen besonderen Gerichtsstand zusprechen. Die Vorschriften des gemeinen Rechts, die Klerikern das Gerichtsstandsprivileg
zubilligen, bestimmen nicht ausdrücklich, was geschehen soll, wenn ein
solcher Missbrauch erfolgt.

Bei den Assessoren wird deshalb der Entscheid in dieser Frage als heikel angesehen. Sie stimmen nicht nur einmal dazu ab, sondern berufen
nach einer ersten, vorläufigen Abstimmung ein größeres Entscheidungs-
gremium ein. Sie überlegen, ob nicht die gemeinrechtlichen Vorschriften

teleologisch mit dem Blick auf die *aequitas* einschränkend interpretiert werden können. Dabei sind die meisten Assessoren zögerlich. Zwar gibt es in der ersten Abstimmung für die einschränkende Interpretation eine große Mehrheit, doch in der zweiten Sitzung ändern die meisten daran beteiligten Assessoren ihre Meinung und wollen lieber die Appellation wegen Formfehlers in der Begründung zurückweisen.

Mathias Alber, der letztendlich auch für die einschränkende Interpretation stimmt, sucht dieses Ergebnis durch gemeinrechtliche Literaturzitate abzustützen und verweist u. a. auf jüngere Autoren wie Stephanus Aufrerius und Guilielmus de Cuneo, die er normalerweise nicht zitiert. (König nennt zusätzlich die angesehenen Autoritäten der Glosse, Hostiensis und Panormitanus.) Es findet sich aber auch ein wichtiger Nachweis bei Baldus de Ubaldis in seiner Kommentierung zu C. 7.46.1, in der Baldus ausdrücklich schreibt, dass ein Rechtsstreit, der eigentlich vor einem geistlichen Richter zu führen wäre, bei *aperta calumnia* nicht dorthin verwiesen werden muss. Gesetzesstellen wie die Konstitution Kaiser Friedrichs I. *De statutis et consuetudine* reduziert Alber teleologisch, wobei der Assessor den Kaiser töricht schilt, ein solch weitreichendes Gesetz erlassen zu haben: der Gesetzeswortlaut nimmt *calumnia* seitens der Kleriker nicht aus, so dass Kleriker dieses Gesetz als einen Freibrief für *calumnia* missbrauchen könnten. Die meisten Assessoren sind jedoch diesbezüglich zurückhaltender.

Es werden Zwecküberlegungen angestellt: Was würde ein Urteil des RKG bewirken? Einige Assessoren wollen den problematischeren Weg auch nur dann wählen, wenn sich eine größere Mehrheit dafür entscheidet und das Urteil mitträgt. Letztendlich entscheidet die Mehrheit, die Appellation wegen Formfehlers in der Begründung nicht anzunehmen, und so weder sich bezüglich einer einschränkenden Interpretation des gemeinen Rechts festzulegen, noch ausdrücklich den Missbrauch durch Zenger durch die Verweisung des Rechtsstreits an ein geistliches Gericht zu unterstützen.

Auswertung des Falles:

Zugrundeliegender Sachverhalt: Dem Rechtsstreit in erster Instanz liegt eine Rentenschuld zugrunde. Haimeran, Michel und Niclas Zenger waren Brüder. Sie verkauften dem Abt von St. Emmeram eine Rentenschuld (*Gült*), lastend auf dem Grundstück Lichtenwald für einen Kaufpreis von

200 fl. Die Gült bewirkte, dass jährlich für das Grundstück 10 fl. zu leisten waren.[62]

Die Brüder Zenger beschlossen, die Rentenschuld abzulösen. Gemäß einem Vorschlag (*spruch*) Haimerans übergab Niclas Zenger ihm die zum Rückkauf der Gült erforderlichen 200 fl., und es wurde vereinbart, dass Haimeran das Grundstück von der Belastung freistellen sollte. Bei Nichtfreistellung sind eventuell künftig noch anfallende Jahreszinsen allein die Angelegenheit Haimerans. Bis mindestens 1520 hat Haimeran den Jahreszins gezahlt, danach nicht mehr.[63] Da Rentenschulden wie eine Hypothek wirken, ließ der Abt von St. Emmeram sich in den Besitz des Grundstücks Lichtenwald einweisen. Aufgrund dessen klagte die Klägerin, Tochter von Niklas Zenger, vor dem Hofgericht in Landshut auf Freistellung von der Gült, d.h. sie klagt, dass Haimeran die Gült zurückkaufen und zu diesem Zweck auch sämtliche eventuell noch ausstehende Jahreszinsen zahlen müsse.

Haimeran Zenger ist Priester und Domherr. Im Extrajudizialstadium des vorinstanzlichen Prozesses wandte er deshalb ein, das Hofgericht sei unzuständig. Als Geistlicher müsse er vor ein Kirchengericht gezogen werden. Für Zenger sei der Domdechant Kaspar Gumppenberger zuständig.[64] Das Hofgericht erließ Anfang Februar 1527 jedoch ein Interlokut, mit welchem diese Einrede als unbeachtlich zurückgewiesen wurde. Zenger ließ sich, ohne gegen dieses Zwischenurteil zu appellieren, zur Sache ein. Am Ende erging ein Urteil des Hofgerichts Landshut, dass er das Grundstück von der 10 fl.-Jahreszins-Rentenschuld entlasten müsse (ohne genaue Angabe über die Anzahl der noch ausstehenden Jahreszinsen und ohne Details der Zahlungsmodalitäten).

Zenger legt gegen dieses Urteil Apellation vor dem Hofgericht Landshut ein. Danach macht er die Appellation am RKG anhängig, allerdings als *inzidente Nichtigkeitsbeschwerde*, er stützt seine Appellationsbegründung nunmehr allein auf Nichtigkeitsgründe: das Hofgericht Landshut habe keine Rechtswegzuständigkeit gehabt.

Lerchenfelder als Prokurator der Prozessgegnerin, der Sintzenhoverin, trägt Einreden vor.

---

[62] Zum Rentenkauf in der Rezeptionszeit H. C o i n g, Europäisches Privatrecht, Bd. 1, Älteres Gemeines Recht (1500-1800), München 1985, § 75, S. 378 ff.

[63] Aus den Akten des Bayrischen HStA München geht hervor, dass Zenger die Zahlungen im Jahr 1520 einstellte, als Margaretha Zenger sich mit Leonhart Sintzenhover verehelichte und mit dem Erbe ihres Vaters Nikolaus Zenger auch Lichtenwald einnahm.

[64] So das Regest von Manfred Hörner über die Münchener Prozessakte (wie Anm. 60).

Gegen die Appellation macht er das Appellationsprivileg Bayerns geltend.[65] Gemäß dem *privilegium de non appellando limitatum* darf nur bei Streitwerten oberhalb 200 fl. appelliert werden. Die zum Rückkauf erforderliche Kaufsumme für die Rentenschuld betrage aber nur 200 fl. Von Seiten Zengers wird die Einschlägigkeit des Privilegs verneint. Seine Begründung dafür wird nicht berichtet. Alber vermerkt, der Streitwert übersteige 200 fl., denn die Rückkaufsumme, die der Bekl. laut des angegriffenen vorinstanzlichen Urteils aufbringen müsse, erhöhe sich um alle eventuell noch rückständigen aufgelaufenen Jahreszinsen.

Außerdem – so die Sintzenhoverin – könne Zenger nicht mehr wegen des geistlichen Gerichtsstandes appellieren, er hätte diesbezüglich bereits gegen das vorinstanzliche Zwischenurteil appellieren müssen, mit dem das Hofgericht Landshut seine Zuständigkeit bejaht hatte. Zenger aber appelliere gegen das Endurteil. Die Appellation wegen Unzuständigkeit sei präkludiert.

Drittens argumentiert der Prozessvertreter der Sintzenhoverin: Der Appellant stütze seine Appellation einzig auf die Nichtigkeit des vorinstanzlichen Urteils (Nichtigkeitsgrund: die fehlende Rechtswegzuständigkeit des Hofgerichts Landshut). Der Appellant bringe aber keine materiell-rechtliche Ungerechtigkeit (*Iniquität*) vor. Grundsätzlich greife man mit einer Appellation die materiell-rechtliche Ungerechtigkeit eines Urteils an. Nach der RKGO von Nürnberg 1523 V § 6 könne neben materiell-rechtlicher Ungerechtigkeit auch die Nichtigkeit eines Urteils geltend gemacht werden, allerdings könne die Appellation niemals allein auf Nichtigkeit gestützt werden.

Zenger hatte bei der Einlegung der Appellation in der Vorinstanz neben der Nichtigkeit des Urteils auch materiell-rechtliche Ungerechtigkeit gerügt. Die Beschränkung seiner Appellationsbegründung einzig auf die Nichtigkeit erfolgte erst beim Anhängigmachen der Appellation am RKG. Zenger repliziert gegen diese dritte Einrede, die RKGO von Nürnberg habe keine Geltung.[66]

Im RKG-Prozess folgen nun die *conclusiones* der Prokuratoren. Lerchenfelder beantragt für die Sintzenhoverin, die Nichtigkeitsklage nicht zu berücksichtigen und in der Appellationssache das vorinstanzliche Urteil zu bestätigen. Dick beantragt für Zenger, die Sintzenhoverin in einem Interlokut aufzufordern, auf die Nichtigkeitsklage zu antworten. Das RKG hat nun über diese Anträge zu entscheiden.

---

[65] Siehe U. E i s e n h a r d t, Die kaiserlichen privilegia de non appellando (QFHG 7), Köln/Wien 1980, Nr. 4.3, S. 71.
[66] Näher hierzu: Fall Waldburg gegen Huckeln, fol. 158v.

Am 5.2.1533 erfolgt eine erste Sitzung in einer Achtergruppe von Assessoren. Drachstedt, Schmetz, Könneritz, Baldung, Kühorn, König und Alber sind anwesend. Ein Assessor fehlt.

In dieser Beratungsrunde wird eine erste Verständigung über den Fall versucht. Dabei bespricht man vorab, wie der Fall materiell-rechtlich zu entscheiden sei, auch wenn das nicht die vordringlich zu klärende Frage ist, denn eigentlich geht es vorerst nur um die Zulässigkeit der vorgetragenen Nichtigkeitsgründe.

Alber *consulendo*, also noch nicht mit Blick auf die letztendliche Abstimmung, meint, der Nichtigkeitseinwand sei durchschlagend. Der Fall sei also an das geistliche Gericht zu remittieren. Außerdem argumentiert er, der Kleriker könne die Unzuständigkeit des weltlichen Gerichtszweigs im Vollstreckungsverfahren hindernd geltend machen. Selbst wenn das RKG das Verfahren annehmen würde, wäre der Sintzenhoverin nicht geholfen. Aber bald stimmt Alber seinen Kollegen zu, das RKG solle der Klägerin beistehen, weil sie materiell-rechtlich offensichtlich im Recht sei und der Beklagte sich *spitzbübisch* verhalten habe. Die sieben Assessoren sind aber nicht entschlossen, in welcher Weise der Klägerin geholfen werden soll.

Danach erst diskutiert man in Einzelheiten die Zulässigkeit der isoliert vorgebrachten Nichtigkeitsgründe. Alber teilt mit, er wolle kein Interlokut fällen, ohne zuvor die Akten gelesen zu haben. Die Beratung darüber erfolgt am nächsten Tag, dem 6. Feb. 1533. An dieser Beratung nehmen zusätzlich zu den sieben Assessoren vom Vortag weitere acht Assessoren teil. Über die Gründe dieser Ausweitung des Entscheidungsgremiums schreibt Alber nichts. Vielleicht geschieht dies, weil die Mehrheit des erstentscheidenden Urteilergremiums die Rechtsfrage für grundsätzlich ansieht. Eventuell will man dem Urteil durch die Hinzuziehung der Assessoren intern eine höhere Autorität geben. Es kann aber auch sein, dass bezüglich der isolierten Nichtigkeitsgründe eine solche Handlungsweise, wie sie Zenger vor dem RKG verfolgt hat, noch nicht vorgekommen ist, so dass man bei der prozessual neuartigen Entscheidung eine größere Anzahl an Kollegen beteiligt. (Allerdings sind die einschlägigen Bestimmungen der RKGOen von Nürnberg 1523 und Worms 1521 bereits mehr als zehn Jahre alt.)

Mathias Alber macht sich nun umfangreichere Aufzeichnungen. Er berichtet zunächst den Sachverhalt und gibt den Tenor der vorinstanzlichen Urteile wieder, sowie die Argumentation der Prokuratoren am RKG. Danach folgen seine Entscheidungsgründe.

Alber befürwortet die Abweisung der isoliert vorgetragenen Nichtigkeitsgründe. Zwar erlaube das gemeine Recht, sogar noch während eines laufenden Appellationsverfahrens Nichtigkeitsklage zu erheben, jedoch sei dieses durch die reichsrechtlichen Bestimmungen der RKGOen, insbes. Nürnberg 1523 V § 6, untersagt. Die RKGOen seien dem gemeinen Recht vorrangig. Der Prokurator Zengers hatte allerdings die Gültigkeit der Nürnberger RKGO angegriffen.[67] Dazu nimmt Alber hier nicht Stellung. Er begnügt sich mit einem Hinweis auf die RKGO Worms 1521 XXI. Darin sei dasselbe ausgesagt.

Nachdem geklärt ist, dass beim RKG isoliertes Vortragen von Nichtigkeitsgründen unzulässig ist, gibt es zwei Möglichkeiten. 1. Prozessrechtlicher Weg: Das Anhängigmachen der Appellation hat einen Formfehler. Deshalb ist die Appellation nicht anzunehmen. Damit ist auch die Verweisung vom RKG an ein kirchliches Gericht abgeschnitten. So votiert die Mehrheit der beratenden Assessoren. 2. Materiell-rechtlicher Weg: Das nachträgliche Einschränken der Appellationsbegründung auf Nichtigkeit ist unwirksam. Das RKG hat damit weiterhin umfassend zu urteilen – also über Nichtigkeit und Iniquität. Im konkreten Fall ist die Nichtigkeit des vorinstanzlichen Urteils wegen Unzuständigkeit des vorinstanzlichen Gerichts durch einschränkende Interpretation des Jus Commune abzulehnen. Weil Nichtigkeit nicht gegeben ist, ist der Inhalt des vorinstanzlichen Urteils materiell-rechtlich zu beurteilen. Hierbei zeigt sich, dass das vorinstanzliche Urteil materiell-rechtlich nicht zu beanstanden ist. Daher votiert Alber: Wohl geurteilt und übel appelliert.

Die Begründung Albers: Grundsätzlich haben Kleriker einen eigenen Gerichtsstand. Die Corpus-Iuris-Canonici-Stellen X 2.2.12 und 18, Decr. Grat. C.11. q.1 c.5 und c.33 regeln dies. (Alber führt sie selbst nicht an, jedoch Assessor Johannes König in der anschließenden Beratung.) Darüber hinaus zitiert Alber die Konstitution Kaiser Friedrichs I. *De statutis et consuetudine*[68], die Klerikern ebenfalls weitreichende Freiheiten zuspricht. Alber meint, der Kaiser sei töricht (*stultus*) gewesen, dies so weitreichend zu formulieren. Die zentrale These Albers ist: Das Gerichtsstandsprivileg solle zwar zum Vorteil der Kirche dienen, jedoch nicht zu missbräuchlicher Verwendung durch Geistliche. Zenger missbrauche das Privileg aber, wenn er durch Berufung auf den Gerichtsstand der Geistlichen die Erfüllung eines offensichtlichen Anspruches gegen ihn verhindern oder zumindest verzögern wolle. Deshalb solle das Privileg hier nicht beachtet werden. Die gemeinrechtlichen Bestimmungen werden von Alber teleologisch reduziert.

---

[67] Vgl. auch Fall Waldburg gegen Huckeln, fol. 158v.

[68] E. O s s e n b r ü g g e n (Hg.), Novellarum collectio, in appendice librorum feudorum, Lipsiae 1854, pp. 884 f.

Die geänderte Auffassung untermauert Alber mit Rechtszitaten von Guilielmus de Cuneo und Stephanus Aufrerius, aber auch Baldus de Ubaldis. König fügt die Glosse, Hostiensis und Panormitanus hinzu. Nach diesen Autoren kann ein Kleriker auch in Verfahren gegen ihn vor einem weltlichen Richter einwilligen. Und wenn eine Sache bereits vor dem weltlichen Richter anhängig ist, soll bei offensichtlicher Arglist des Klerikers (*aperta calumnia*) keine Verweisung an das zuständige geistliche Gericht erfolgen.

Eine explizite Auseinandersetzung Albers mit dem in der ersten Abstimmung vorgebrachten Argument, die Annahme der Appellation werde der Sintzenhoverin nichts nützen, weil Zenger im Vollstreckungsverfahren erneut die Rechtswegunzuständigkeit vorbringen könne, erfolgt nicht. (Auch Mor erwägt das.) Es lässt sich aber vielleicht etwas hierzu aus den Erwiderungen erschließen, die Mathias Alber den Kollegen entgegnet, welche die Appellation nicht annehmen wollen. Dort argumentiert er, eine Abweisung des Falles ohne Nennung von Gründen wäre zu unkonkret.[69] Vielleicht bedenkt er Folgendes: Das RKG hat als das höchste Gericht im Reich Autorität.[70] Wenn das RKG das vorinstanzliche Urteil bestätigt, dann hätte dies möglicherweise positive Auswirkung auf das Vollstreckungsverfahren. Die zur Vollstreckung bemühten Instanzen würden vielleicht das Urteil achten. Hartmann Mor (Kurköln) schätzt diesen Umstand genau gegensätzlich ein[71]: Zenger würde im Vollstreckungsverfahren damit argumentieren, das RKG sei unglaubwürdig, weil es das gemeine Recht nicht kenne.

In der Abstimmung unterliegt Alber mit seinem Urteilsvorschlag gemeinsam mit zwei weiteren Assessoren: Schmetz und Baldung. Beide hatten auch schon in der ersten Abstimmung für die Annahme der Appellation und materiell-rechtliche Entscheidung gestimmt. Doch die große Mehrheit von zehn Assessoren votiert, die Appellation ohne Nennung von Gründen nicht anzunehmen. Ein Assessor, Hirnheim, will die Akten an das kirchliche Gericht versenden (*remittere*). Bleicker erwägt das vorübergehend ebenfalls, und anfänglich ja auch Alber. Drachstedt entgegnet ironisch, die Akten müssten zwar *versandt* werden, aber nicht an die Kirche, sondern zurück an Bayern.

---

[69] Zum Beispiel gegen Ilau: *Hec sententia non placet. Annderst ist gehandlt in actis. Preterea oportet, quod certam feramus sententiam.* (fol. 170v), oder gegen Bleicker: *Ist nit gnug. Appellans wierd nit wissen.* (fol. 170v), oder bei Zimmern: *so wil ers auch indiffinite nit annemen* (fol. 171r).

[70] Wie bereits in der Einleitung zu diesem Aufsatz festgestellt, war die Autorität des RKG ein Hauptargument derjenigen, die einer Veröffentlichung der Urteilsgründe ablehnend gegenüberstanden.

[71] Auf fol. 170v/ 171r.

Bei der Abstimmung waren drei Assessoren schwankend: Bleicker, König und Kühorn. Alle drei hätten sich für Albers Meinung entschieden, wenn die Mehrheit dafür gewesen wäre. Letztendlich treten sie der obsiegenden Ansicht bei.

Besieht man sich die Urteilergruppe, die bereits am Vortag den Fall beraten hat, dann zeigt sich, dass nicht nur Alber schon im Lauf der ersten Beratung seine ursprüngliche Ansicht geändert hat, in der zweiten Beratung sind es Drachstedt und Könneritz und letztendlich auch die zunächst schwankenden Assessoren König und Kühorn. Nur Schmetz und Baldung sind ihrem ersten Votum treu geblieben. Warum die Assessoren ihre Meinung ändern, schreibt Alber nicht ausdrücklich.

Über das Votum Königs teilt Alber genaueres mit. Der schwäbische Assessor wägt ab, nennt gemeinrechtliche Nachweisstellen, die für die eine Ansicht sprechen, und Stellen für die andere. Dabei sind Corpus-Iuris-Canonici-Zitate aufgeführt, die die Zulässigkeit eines Verfahrens gegen Geistliche vor dem weltlichen Richter verneinen. Würde man diese Stellen zugrunde legen, dann hätte eine Appellation Erfolg. Die Argumentation Albers, welche das Verfahren vor dem weltlichen Richter im konkreten Fall als zulässig erachtet, so dass die Appellation keinen Erfolg hat, ist nicht auf so viele Zitate gestützt. Die Autoren dieser Zitate haben aber hohe Autorität.

Arnold Glauburger kommt zur Abweisung der Appellation, weil sich Zenger mit der Appellation materiell-rechtlich arglistig verhält. Die Appellation ist materiell-rechtlich frivol und deshalb nicht anzunehmen. Der kurtrierische Assessor möchte also nicht wie Alber – der das als Hilfe für die Sintzenhoverin versteht – die Appellation annehmen und das vorinstanzliche Urteil bestätigen.

Mor meint, das RKG könne zwar die Appellation annehmen und im Sinne der Sintzenhoverin das vorinstanzliche Urteil bestätigen, doch das werde der Frau eher nachteilig sein. Da RKG-Urteile keine Gründe enthalten, könne das Urteil im Vollstreckungsverfahren missverstanden werden: Das RKG habe nicht dem gemeinen Recht gemäß und damit falsch und unbeachtlich geurteilt. Dann wäre der Sintzenhoverin nicht geholfen. Der kurkölnische Assessor sieht es als besser an, die Appellation gar nicht erst anzunehmen.

Alle an der Abstimmung beteiligten Assessoren, die von den geistlichen Kurfürsten präsentiert worden sind (Ilau, Kühorn, Glauburger, Mor), stimmen für die Nichtannahme der Appellation.

V.

Schlussbetrachtung

Die vornehmliche Aufgabe des RKG bestand darin, den Rechtsraum Altes Reich zu wahren, zu gestalten und zu stärken. Es hatte durch seine Judikatur stetig Konturierungen dieses Rechtsraums vorzunehmen. Welch schwierige und spannungsreiche Angelegenheit das war, zeigten anschaulich die beiden geschilderten Fälle.

Das RKG erließ – wie am ersten Beispielsfall deutlich wurde – Mandate, um der Gewaltanwendung Einhalt zu gebieten. Gewaltanwendung war bis weit in die Frühe Neuzeit hinein eine von vielen anerkannte Möglichkeit, eigene Interessen durchzusetzen. Die sich in der Entwicklung befindliche Staatlichkeit versuchte sie zugunsten der rechtlichen Konfliktlösung zurückzudrängen. Um dieses Ziel zu befördern, musste das RKG eine unparteiische Gerichtsinstanz sein. Es musste daher darauf bedacht sein, dass die prozessualen Handlungsformen eingehalten wurden, die u. a. Objektivität gewährleisteten. Das RKG nahm daher Parteianträge nicht an, die den Formvorschriften des gemeinen Zivilprozesses widersprachen, nach dem verfahren wurde.

Besieht man sich die Ebene des Rechts und der Rechtsprechung, dann bestand auf dem Boden des Heiligen Römischen Reiches Deutscher Nation eine Vielzahl von rechtlichen Kompetenzen unterschiedlicher Hoheitsträger. Das RKG war nur eine, wenn auch eine herausgehobene Instanz im Konzert der Jurisdiktionsbereiche. Beim zweiten geschilderten Beispielsfall musste das RKG eine Abgrenzung der eigenen Zuständigkeit zur Zuständigkeit der kirchlichen Rechtsprechung treffen. Hier ergab sich das Problem, dass der Appellant prozessrechtlich die Pluralität der Kompetenzen geschickt nutzen wollte, um seine eigenen, materiell rechtswidrigen Interessen zu verfolgen. Am RKG wurde die Problemlage erkannt und die Assessoren diskutierten, ob dem Appellanten durch Urteil Einhalt geboten werden könne, oder ob dadurch, weil formal gesehen das Urteil eigentlich von einem anderen Gericht gesprochen werden müsste, nicht die eigene Autorität geschmälert und damit die Wirksamkeit der eigenen Judikatur geschwächt würde. Ein erweitertes Urteilergremium am RKG entschied sich letztendlich mehrheitlich für einen Mittelweg, der keinen ausdrücklichen Eingriff in den Jurisdiktionsbereich der kirchlichen Gerichtsbarkeit vornahm.

Der vorliegende Beitrag gab einen Einblick in die Interna des RKG im frühen 16. Jahrhundert, für das heute eine wenig befriedigende Quellenla-

ge besteht. Die angeführten Beispielsfälle, insbesondere auch die im Anhang beigegebene Edition zeigen den Charakter der einzigartigen Quellengattung der richterlichen Privatprotokolle. In einem Protokollbuch
wurden von einem unmittelbar an der Entscheidung beteiligten Assessor
die am RKG behandelten Rechtsstreitigkeiten aufgezeichnet. Die Prozesse
sind namentlich mit Sachverhalt benannt, teils ebenso die an der Urteilsfindung beteiligten Assessoren und die Gründe, die sie für ihr jeweiliges
Votum vorbrachten.

Mit dem Beitrag wurde gleichzeitig eine umfassende Forschungsarbeit
des Verfassers über das Protokollbuch des Mathias Alber vorgestellt. Die
daraus resultierende, in naher Zukunft erscheinende Monographie soll den
hier gegebenen Einblick in Organisation und Judikatur des RKG im frühen 16. Jahrhundert vertiefen. Dabei werden auch die Privataufzeichnun-
gen Albers durch Edition, Regesten und Fallauswertung der Forschungs-
gemeinschaft zur Verfügung gestellt werden.

Anhang 1:
Fall Münzesheim, Text

[fol. 156v][72]
((PAURN ZU MUNTZENSHAIM CONTRA IRN JUNCKHERRN))
Haben Montags /Erchtags\ nach Sebastian anno 33[73] ubergeben ain
supplication[74] mit erzelung, wie ierem junckherrn hievor mandata auf dy
peen der acht insinuirt sein, die drei, so er dazumal gefangen, auszelassen
und hinfuran sich fencklicher that zuenthalten. Aber uber solh alles hab er
noch zwen eingelegt und die, so in der iuritigung[?], darumb sy in gericht
wider ine steen,[75] am maisten bericht und erfarn haben. Dieweil sy nun
weiter nit khunnen, [als] umb grosser peen anhalten, so bitten sy deshalben, ein einsehen zuthun. Et nihil aliud petunt.
Or, conclusum: Supplicantes sollen formlich [handln]: ,Wellen sy annderst bitten und das selbig gerichtlich thun[, das sol gehordt werden].'
Audi, bonum esset, quod[76] peterent citationem ad videndum se incidisse in
penas banni. ((Vide ad hunc casum Guidonem Papam, decisio 22, et
glo[ssam] in l. Ut responsum, C. de trans. [C. 2.4.15].))

---

[72] Zeichenerklärung: Eckige Klammern = eigene Zusätze; doppelte runde Klammern = Randbemerkungen Albers; Schrägstriche = Bemerkungen Albers zwischen den Zeilen.
[73] Di., 21.01.1533.
[74] Etwas Durchgestrichenes, nicht lesbar.
[75] ~~aus~~.
[76] ~~in~~.

Anhang 2:

Fall Zenger, Text

[fol. 168v][77]

((SINTZENHOVERIN WITTFRAW CONTRA[78] HERRN HAIMERAN ZENGER))

((\Exceptio incompetentie et in executione./))
Referens dominus Hudbertus. Mitichen nach Liechtmessen, anno 32.[79]
Betrifft ain guldt an, so dem abt von sand Haimeran zu raichen ist. Der pfaf, der Sintzenhover[80], hat excipirt super incompetentia fori, ut clericus. Darwider ist ain urtail zu Landshuet ergangen. Alhie hat man nullitatem furgewendt.

Queritur breviter, ob man den briester sol in sua exceptione bedenken: Constat, das der tumbherr pubisch mit der frawen ist umbgangen. [81]Constat quoque dispositio iuris communis, civilis et canonici.[82]
Ego dixi: Ex quo contra ius sit commune,[83] ad quod nos sumus devincti. Preterea, illa exceptio incompetentiae etiam in executionibus potest apponi. Dardurch der frawen auch nit geholfen wierdt. Ex his hab ich gesagt, beim ius zu pleiben, et quod causa remittatur – consulendo \non decidendo/.

Trackstain, Hudber, Kunräß, dominus Caspar, dominus Bernhard, dominus Kunig fuerunt in contraria opinione. Haben wider das gemain recht equitatem et malitiam sacerdotis ansehen[84] und[85] die sachen alhie behalten wellen. ((NOTA, HUNC CASUM, UBI IUDICES A IURE SCRIPTO RECEDERE VOLUERUNT, AD EQUITATEM NON SCRIPTAM.))

---

[77] Zeichenerklärung: Eckige Klammern = eigene Zusätze; doppelte runde Klammern = Randbemerkungen Albers; Schrägstriche = Bemerkungen Albers zwischen den Zeilen.
[78] SINTZENHOVEN.
[79] 05. 02. 1533.
[80] Alber irrt, richtig: Haimeran Zenger.
[81] N.
[82] Vgl. fol. 170r.
[83] preter.
[84] wellen.
[85] bescheen.

Or, ego dixi remittendam. Tamen, ex quo actor allain erpit[?] sein super admissione articulorum nullitatis alhie, so wil ich am erst super articulis admittendis[86] interloquirn iuxta acta. ((Vide hec infra expressius.))

[Acta primae instantiae.]
Et nota, in libello articulirt dy clagerin, das herr Haimeran[87], Michel und Niclas, dy Zenger gebrueder, dem abt zu sand Haymeran anno 1505 aus Liechtenwald zehen gulden zinß umb 200 fl. verkaufft, verschriben, sich verpfendt und obligirt haben, welhe herr Haimran dem abt mit x. gulden jarlich vom 5. jar biß in das zwanzigst verzinst hat,[88] und also dy abt zu sand Haymeran in dy possess der zehen gulden zinß khumen sein gegen gedachten herrn Haimeran. Item, das der spruch, so herr Haimeran zwischen gedachten seinen bruedern gemacht, under annderm vermug, das herr Haimeran Zenger die x. gulden dem abt verzinß. Or, dum cessavit domnius Haimeranus in solutione, ist abt zugefarn, hat auf den Liechtenwald als hypothecam clagt und einsatz erlangt. Item, das herr Haimeran von der Sintzenhoverin /vater\ (so Niclassen Zengers dochter gewesen) zu seinen hannden empfangen hab 200 fl., den abt zuentrichten.
Petit zuerkennen, das herr Haimeran Zenger dem abt von sand Haimeran dy 200 fl. haubtsumma und die x. gulden verfallens zinß zubezalen schuldig gewest und noch sei.
Or, reus excipit ratione incompetentiae. Sed illa non inspecta ist ain urtail ergangen: ‚Das herr Haimeran Zenger heerkhum [fol. 169r] der sachen nach, ungeacht seiner furgewenten exception, vor dem hofrichter zu Landshuet auf die eingefurt clag weiter, wie sich geburdt, in recht zu procedirn und zuverfaren schuldig sein sol‘ etc.
Solher urtail gnug zuthun, litem contestatus est Zenger negativae, hat auch auf dy litiscontestation begert, absolvirt zewerden ab actione. Respondit positionibus[89] tandem cum protestatione, nit annderst gethan haben welle, dann sovil sich geburt, dieweil es ain personlicher spruch. Or, reliqua ex primis actis. Conclusum.
Sententia diffinitiva: ‚Ist erkent, das der Haimeran Zenger dy clagerin mit entrichtung oder ablösung der verschriben zehen gulden geldts gegen dem gotshauß zu sand Haimeran in Regensburg und desselben nachkhumen zu entheben und on schaden zuhalten schuldig sein sol sambt abtrag irer under der sachen aufgelofner gerichtscosten und schaden nach rechtlicher massigung. ‘

---

[86] ha.
[87] Zen.
[88] gedi.
[89] Vor dem Wort ist etwas durchgestrichen, unleserlich.

Appellatum. Libellus appellationis. Darinn sagt Rostat, wie er <u>ubergeb die nachgeschriben nullitet und appellation clag</u>: Und das dy hofrichter vermug der recht und appellanten protestation ine als ain gaistliche person remittirt etc. sollen haben, so sei doch solhe remission nit allain nit bescheen, sunder sy haben ine, appellanten, /nichtig,\ auch beschwerlich condemnirt, ut supra. Ex quo itaque appellatum, <u>petit decerni, quod nulliter sit sententiatum und uberflussig darvon appellirt; wo es aber nit nichtig etc., petit decerni, quod male sit iudicatum etc.</u>

((ECCE, CUMULAT NULLITATEM ET INIQUITATEM SEU INIUSTITIAM, SIMUL ET SEMEL, ET SOLUM PROSEQUITUR NULLITATEM.))
((Ego puto, quod possit hoc facere, ex quo per se Dickius potuisset causam[90] nullitatis principaliter deduxisse, appellando a sententia tanquam nulla.))
((Cogita, quia quando quis dicit sententiam nullam et si qua est ‚appello‘, tunc per hec verba videtur nullitas incidenter intentata, glossa singularis in l. i., C. quando provo. non est neces. [C. 7.64.1] – prout in casu nostro est factitatum. Si itaque incidenter est tantummodo nullitas deducta, videtur quod solam nullitatem, neglecta appellatione, non posset prosequi. Cogita, hoc hodie per imperii ordinationes [insbes. RKGO Nürnberg 1523 V § 6; aber auch RKGO Worms 1521 XXI – s.u.] est decisum.))

Or, Lerchenvelder excipit et concludit.
Primo quod a pronunciatione competentiae der[91] /Zenger\ nit appellirt hab. Item, das gegentail in der hauptsach nit gegrundt sei, und bring ain vermaindte ursach nullitatis fur, quod sit [fol. 169v] contra ordinationem[92] Nurnbergensem [RKGO 1523 V § 6]. ((Ad hoc dicit Dickius, das dise ordnung nit sei autentica.[93])) Quam vide. Que dicit: Wo jemands die nullitet neben der appellation sachen furzuwenden het, sol er dasselbig alternative und ((miteinander)) gleich einbringen etc., ut in ordinatione. /Demnach sol verworffen werden libellus ((et ita tota causa nullitatis)), ex quo non utraque[94] prosequitur Dickius.\

---

[90] ~~appellationis deducere~~.
[91] ~~abt~~.
[92] ~~Worma[tiensem, RKGO 1521 XXI]~~.
[93] Umfassender zur Gültigkeit der Nürnberger RKGO 1523 fol. 158v Fall Waldburg gegen Huckeln.
[94] Vorher: ~~utramque~~.

Item, er hat auch das privilegium dess haus Payrn[95], das von urtailn, so durch ir f[urstliche] g[naden] hofgericht ausgesprochen, dero hauptsumma nit uber 200 gulden, nit mag appellirt werden, angezogen. ((Hoc nihil facit, quia es ist in libello gebeten worden 210 gulden. Sed summa petita – non decisa – est consideranda, l. Cum quaedam puella [D. 2.1.19.1].))

Dickius replicat ad hoc, das er allain super nullitate sol (wie Lerchenfelder sagt) handln, und die iniquitet fallen lassen: Respondet Dickius, es stuende bei dem willen partis suae, nullitati oder iniquitati, ainer allain aus disen, anzuhangen und die anndern lassen faren.
Zu dem, das iniquitas sine nullitate nit sein mag, aber nullitas sine iniquitate etc.: Er ist ain narr.
((Stultisat Dickius. Vide Bar[tolum de Saxoferrato] in l. Si expressim, ff. de appell. [D. 49.1.19]. Non enim est verum, quod iniquitas non possit esse sine nullitate. Potest enim sententia iniqua esse, que non est nulla. Sed verius est (id etiam contrarium hic Dickius dicit), quod data nullitate etiam sequatur iniquitas, prout Bar[tolus de Saxoferrato] in dicta l. Expressim [D. 49.1.19], versiculo ,Curatorum' dicit.))
Negat das privilegium.

Or, conclusum[96] per Lerchenfelder. Bit, unverhindert dess gegentails vermainten ursachen der nullitet, die hauptsach fur beschlossen anzunemen und zuerkennen, ut supra, quod bene iudicatum etc.
Dickius bit, das Lerchenfelder uf einkhumen gravamina nullitatis precise und on allen verzug zu handln schuldig sei.

Or, punctus steet jetzt auf der admission[97] /cause\ nullitatis. Et occurrit primum, an Dickius potuerit iuxta suam appellationem et libellum propositum (ut supra in margine notasti[98]) prosequi tantummodo nullitatem. Et ego puto, quod sic ((iuxta iuris communis fundamenta (licet expresse nulla habeam). Sed iuxta ordinationem, quod non. Dann ich wil bei der ordnung pleiben. Et nota, dise ordnung Nurinberg [RKGO 1523 V § 6] sagt das nit allain, sunder ordinatio Wormatiensis [RKGO 1521 XXI] sagts auch.)) Et ob id[99], so wil ich causam nullitatis als der ordnung zuwider verwerffen und in der hauptsach erkhennen.

---

[95] Privileg vom 15.02.1521, U. Eisenhardt, Die kaiserlichen privilegia de non appellando (QFHG 7), Köln/Wien 1980, Nr. 4.3, S. 71.
[96] in causa, an ad ordinarium.
[97] articulorum.
[98] Vgl. fol. 169r.
[99] ex quo ego puta iuxta.

Nun, in der hauptsach ist zubedencken, ob wir sollen ad remissionem geen. Hoc non bene possumus, quia remissio includitur in causa nullitatis. Wil ich nun nullitatem verwerffen, so ist auch punctus remissionis schon abgeschniten. Ob id, so mueß ich allain geen, an bene sit iudicatum vel e contrario et male etc.

In der hauptsach erkenn ich, das[100] /wol\ geurtailt und ubl appellirt ist, und das der appellant den gerichtscosten alhie auferloffen zu sambt den expenß in erster instantz entrichten sol. Pfintztags nach Lichtmessen anno etc. 33.[101] [fol. 170r]

Nota, nos sumus in eo casu, ubi illa actrix /vel verius pater ipsius\ illi Zenger /scilicet clerico\ reo dedit pecunias. Hat ims zu treus handen zugestelt, dem abt zu sand Haimeran zu bezalen. Sed iuris naturalis est deposite rei vel commendate pecunie restitutio, c. Jus naturale, i. dist. [Decr. Grat. Dist. 1 c. 7]. Sed quod non restituantur deposita, est contra ius naturale. Ergo non valet quecumque enim vel moribus recepta sunt vel scripturis comprehensa; si naturali iuri fuerint adversa, vana et irrita habenda sunt, c. Quo iure, viii. distinct. [Decr. Grat. Dist. 8 c. 1] et[102] canonibus sequentibus (([103]Bal[dus de Ubaldis] in l. Quotiens, C. de iudi. [C. 3.1.3] et in[104] c. i. vel fi. de accu. [X 5.1.1 vel 27] et ibi Panor[mitanus abbas = Nicolaus de Tudeschis])).

Secundo, licet sit verum, quod in questionibus[105] et causis mere spiritualibus laicus non potest esse iudex, tamen quando constat de manifesta calumnia, tunc iudex non debet causam remittere ad ecclesiasticum [iudicem], ((per ea, qua habet Bal[dus de Ubaldis in])) l. i., in fi., C. de sen. quae pro cer. quant. [C. 7.46.1], et que dicit Steffanus Aufrerius in repetitione Cle. i., de of. ord. [Clem. 1.9.1], in. 9. fallentia, 4. regulae, fol. 35.

Preterea, quando ex ordinatione[106] iudex secularis factum fuit depositum apud clericum, certe respectu illius despositi vel sequestri potest clericus coram laico iudice conveniri, idem Stef[fanus Aufrerius] in ii. regula, fallentia 14. Ita a simili etiam in nostro casu potest dici.

(([107]Guil[ielmus] de Cuneo in l. De his, C. de ep. et cle. [C. 1.3.3] querit, pone, aliquis clericus tenetur ad tributum propter aliquas possessiones. Dominus, a quo tenet, vult eum convenire ad solvendum censum seu pen-

---

[100] ubl.
[101] 06.02.1533.
[102] Wort nicht leserlich.
[103] Bar[tolus de Saxoferrato].
[104] l.
[105] me[re].
[106] iuris communis.
[107] Bemerkung steht am oberen Rand.

sionem coram ordinario iudice; clericus dicit, quod non tenetur coram iudice illo respondere, sed quod veniat.))

Preterea, omnia iura tam civilia quam canonica – loquentia de privilegiis fori clericis – concessa habent rationem /finalem\, scilicet ut deo et servitio divino inservire possint, ut ecclesia et sua ecclesiastica bona et clerici respectu illorum bonorum ((prerogativa illa fori gaudeant)), non ut iuxta hoc privilegium calumnientur, non quod sub pretextu privilegii malum faciant. (Quod imperator Fridericus in sua consti[tutione] De statutis et consuetu[dine][108] etc. extra in clericis non presumpsit,) ((per quam stultus imperator clericos licentiores fecit et quam tamquam legali sanctione ita proterviunt sacerdotes.)) Prout in casu nostro, ubi scienter contra iura et omnem equitatem et ex dolo tandem ad privilegium fori hie in appellatione recurrit. Sed dolus nemini debet patrocinari, presertim[109] ei, qui contra proprium sigillum vult venire. Nec puto, quod ea fuerit utique mens privilegiantium, quod in rebus mere prophanis et temporalibus clerici deberent gaudere eodem privilegio atque respectu rerum ecclesiasticarum. Cessante itaque causa, cessat privilegium. Preterea, ex quo ex actis iam constat, das der pfaf mit pueberei umbgeet, so kan ich mit guetem gwissen ratione asserti privilegii nit weisen. Et ob id ego sententiam ut hic supra.[110] [fol. 170v]

Dominus Hurnhaimer vult remittere.

Doctor Ylo [vult sententiam ferre]: Das dy sachen nach allem furbringen hie nit ist angenumen. Hec sententia non placet. Annderst ist[111] gehandlt in actis. Preterea oportet, quod certam feramus sententiam.

Dominus Bleicker: Si omnes alii voluerint, ut ego[112], vult ut ego. Alioquin velit remittere causam. Ultimo sententiavit((, das man sich nach gestalt diser sachen nit annem. Ist nit gnug. Appellans wierd nit wissen)).

Dominus Hudber wil dy exceptiones nullitatis abschlagen, non remittere. Wil mit dem merern hauffen gein hell faren.

Dominus Trackstat pleibt apud ius commune. Ponderat privilegium der fursten von Bayrn. Will dy sach an dy hertzogen von Bayrn remittirn. Darnach wil ers nit annemen. Non obstante litiscontestatione per partes facta, quia est nulla, ergo ut nihil reputanda. (([Weisende Hand.] ALSO

---

[108] E. Ossenbrüggen (Hg.): Novellarum collectio, in appendice librorum feudorum, Lipsiae 1854, pp. 884 f.
[109] ~~contra~~.
[110] Vgl. fol. 169v.
[111] ~~geurtailt~~.
[112] ~~volu..t~~.

IST ES AUCH BREUCHIG, SED ILLE PRAUCH MIHI NON PLACET.))

Dominus Kunräß: Das man dy sach nit annemen und dy gerichtscosten compensirn sol.

Dominus Kunig: Glossa finalis et Panor[mitanus abbas = Nicolaus de Tudeschis] in c. fi., ibi [X. 3.1.16], vide et Ho[stiensem = Henricum de Segusio], pro opinione mea faciunt differentiam in bonis ecclesiasticis et patrimonionialibus. Allegat secundo pro contraria opinione iura vulgata: c. Si diligenti, c. Significasti, ((de fo. com.)) [X 2.2.12 et 18], c. Comuni lege, c. Nullus, xi., q. iii. [Decr. Grat. C. 11. q. 1 c. 5 et c. 33]. Or, iuxta qualitatem cause nostre, ubi aperte dolus et calumnia versatur, wil er ut ego, wo es das merer ist; wo nit, so wil er auch dy sach nit annemen, wold den costen vergleichen.

Dominus Kaspar wil dy exceptiones nullitatis abschlagen non[113] consyderatis privilegiis fori, que fraudi non debent patrocinari. Wil, das causa mere prophana sei. Et votat, das wol geurtailt und ubl appellirt und appellans dy expenß zubezalen schuldig sei.

Dominus Bernhard: Das man dy sach hie nit annem; wils aber das merer sein ut ego, so wil er auch ut ego. ((Cle. Appellanti, de appella. [Clem. 2.12.5].))

Dominus Arnold wold gern[114] das privilegium des hauß Bayrn /sehen\. 2. Dieweil wir[115] all halten, quod in causa principali sit appellatio frivola, und dubitirn allain in puncto nullitatis: Nun khan er aber allain hie dy nullitet iuxta ordinem nit volfurn. Und wil dy[116] /sach, dieweil sy allain super nullitate steen,\ hie nit annemen. Und wil[117] uber dy haubtsach nit erkhennen ex eo capite, dieweil der appellant selbs in causa principali in causa inquitatis seu iustitiae nit wil handln.

Dominus Mor wold auch gern dy sach nit annemen. ((Paulus de Cast[ro] in l. Ubi[118], C. de trans. [C. 2.4.40]: ‚Iudex potest constita de calumnia‘ etc.)) Sed obstat, [fol. 171r] appellans /wird gedencken\, wir wolten dy iura communia furchten. Und wurd der frawen in executivis erst mue werden, quia ibi exceptio incompetentie potest opponi. Aber wie dem, er wold[119] votirn, er wold sich der sachen gern entschlagen, und pleibt auf

---

113 ~~motis~~.
114 ~~dy~~.
115 ~~alhie~~.
116 ~~nichtigkait~~.
117 ~~auf der~~.
118 Der durchgestrichene Text ist nicht leserlich.
119 ~~gern~~.

dem, er wold dy sach nit annemen in gemain. ((Man mues iuxta maliciam appellantis auch ain wenig ungereimbt handln[120], ita Mor.))
[121]Dominus Philips /Burckhardt\ wil sich erkennen, nit richter zesein. Acht sich fur kain richter.
Tautenberg pleibt auf seiner mainung apud ius commune et privilegium fori.
Dominus Zymern: Dieweil es wil ain merers sein, so wil ers auch indiffinite nit annemen motus auctoritate doctoris Arnoldi.
Ego ut supra.

Et nota, das merer [tail] fundirt sich allain auf dy Clementina Apellanti, de appella. [Clem. 2.12.5].

---

[120] und.
[121] Dominus Tautenberg.

DES KAISERS,
ABER NICHT DER KAISERLICHEN KAMMERGERICHT. ZUSTÄNDIGKEITSKONFLIKTE IN DEN VORLANDEN IN DER ERSTEN HÄLFTE DES 16. JAHRHUNDERTS

Von Ludolf Pelizaeus

I.

Einleitung

Im Folgenden wird untersucht, wie sich die Exemtion der habsburgischen Erblande von den höchsten Reichsgerichten auf den Prozess der Verrechtlichung auf der Ebene des Territoriums und der Instanzen am Anfang des 16. Jahrhunderts auswirkte. Als territoriale Ebene werden die Vorlande näher beleuchtet, für die als Gerichtsinstanzen die Regierung in Ensisheim im Elsass und sowie als vorgesetzte Behörde das so genannte *Regiment* in Innsbruck zuständig war.[1] Um nun die Ebene der Exemtion zu verstehen, ist zu fragen, wo und in wieweit andere Gerichte als diese beiden angerufen wurden. Es gilt sich der Frage nach dem Spannungsfeld zwischen Reich(s)-gerichtsbarkeit und Rechtsraum zuzuwenden. Denn die habsburgischen Territorien gehörten unzweifelhaft zum Reich, aber eben nicht zu dessen Gerichtsbarkeit. Gehörten sie aber dennoch zu dem gleichen Rechtsraum?[2]

Durch die Aufteilung des Archivgutes in der Napoleonischen Zeit muss die verstreute Überlieferung wie bei anderen Untersuchungen über die Vorlande zusammengeführt werden.[3] Ein besonderes Problem ergibt

---

[1] Die Regierung in Ensisheim erhielt 1523 ihre eigene Regierungsordnung, 1570 wurde eine Finanzkammer gebildet. Erst 1752 wurde die Abhängigkeit der Vorlande von Innsbruck aufgehoben. H. E. F e i n e , Entstehung und Schicksal der vorderösterreichischen Land, Freiburg [1958], S. 62.

[2] Dabei kann der Rechtsraum sehr unterschiedlich gefasst werden, wie auch in der Diskussion der Tagung deutlich wurde, auf der vier Vorschläge einer Definition gemacht wurden: 1. er beschränkt sich auf den Bereich der Zuständigkeit der Reichsgerichte, oder 2. er umfasst den Raum der Aktenversendung, oder 3. er ist der Rechtsgeltungsraum des ius commune oder des Rechtsraums, in welchem das Reichsrecht gilt oder schließlich 4. es ist der Raum, in welchem der Kaiser als Quelle des Rechts anerkannt wird. Vgl. L. S c h i l l i n g , Krisenbewältigung durch Verfahren? Zu den Funktionen konsensualer Gesetzgebung im Frankreich des 16. und frühen 17. Jahrhunderts, in: B. S t o l l b e r g - R i l i n g e r (Hg.), Vormoderne politische Verfahren, (ZHF, Beiheft 25), Berlin 2001, S. 449-491.

[3] Schon Weitzel musste feststellen, dass [...] *sich weder Appellations- noch sonstige Prozesse aus den Erblanden unter den überkommenen Reichskammergerichtsakten und Drucken reichsgerichtlicher Entscheidungen* nachweisen lassen. J. W e i t z e l , Der Kampf um die Appellation ans Reichskammergericht: zur politischen Geschichte der Rechtsmittel in Deutschland (Quellen und Forschungen zur Höchsten Gerichtsbarkeit im Alten Reich = QFHG 4), Köln 1976, S. 64. Zur Frage

sich dabei daraus, dass sich die Kammergerichtsakten für den im Folgenden beispielhaft zu beleuchtenden Prozess nicht überliefert haben. Daher sind wir auf die Kammerbücher der Regierungen von Ensisheim und Innsbruck, sowie einzelne Restbestände im Tiroler Landesarchiv in Innsbruck, meist im *Pestarchiv* oder in der *Oberösterreichischen Hofregistratur* und Bestände im Kantonsarchiv Aarau angewiesen. Diese Quellen, besonders die sogenannten Kammerbücher als fürstliche Kopialbücher der ausgehenden Korrespondenz, stellen einen sehr reichen Bestand als Informationsgrundlage dar.[4]

Um nun die Kompetenz- und Zuständigkeitsstreitigkeiten in einem Rechtsraum klarer herausarbeiten zu können, soll sich zunächst an einem konkreten Fall orientiert werden. Nach der Rekonstruktion des Tathergangs soll sich der Frage zugewandt werden, welche Gerichtsinstanzen intervenierten und wie es zur Einschaltung des Reichskammergerichts kommen konnte, um dann an diesem Fall aufzuzeigen, welche Gerichtsinstanzen in den Vorderen Landen in einen Prozess verwickelt sein konnten und welcher Rechtsraum hiermit konstituiert wurde.

II.

Totschlag in Laufenburg

Tatort:[5] Laufenburg, Rheinbrücke, auf der Grenze zwischen den Bistümern Konstanz und Basel.
Tatzeit: 2. Juli 1539, nach fünf Uhr nachmittags
Tathergang: An dem genannten Ort zog der Vogt der Waldstadt Laufenburg, Hans Wolf von Habsberg, aus seiner Burg aus, um sich auf dem Markt mit dem Ratsherrn und Baumeister für Umbaumaßnahmen am Schloss, Hegmich Rowen, zu treffen. Doch aus der geplanten Bespre-

---

der Quellenproblematik auch: P. Oestmann, Die Rekonstruktion der reichskammergerichtlichen Rechtssprechung des 16. und 17. Jahrhunderts als methodisches Problem, in: P. Oestmann, Aus den Akten des Reichskammergerichts. Prozessrechtliche Probleme im Alten Reich (Rechtsgeschichtliche Studien, 6), Hamburg 2004, S. 345-386, hier S. 346-350. Vgl. außerdem die Erfassung der Akten des Hofrates in dem Prozess von E. Ortlieb und M. Senn unter: http://www.univie.ac.at/rechtsgeschichte/reichshofrat/ (Zugriff: 11.11.05).

[4] Aufgrund dieses Quellenbestandes kann auch das Fehlen von Archivalien im Stadtarchiv Laufenburg, also jener Stadt, die, wie wir noch sehen werden, vor das Reichskammergericht zitiert wurde, ausgeglichen werden. Vgl. StA R, Bestand 7 Ratsprotokoll 1530-1548. Vgl. zum Verschwinden der Reichskammergerichtakten für Österreich: W. Sellert, Die Zuständigkeitsabgrenzung von Reichshofrat und Reichskammergericht (Untersuchungen zur deutschen Staats- und Rechtsgeschichte 4), Aalen 1965, S. 28.

[5] Der Tathergang wurde rekonstruiert aus: Tiroler Landesarchiv (TLA), Pestarchiv, X 110, 1541. Aus diesem Bestand stammen auch die Zitate auf dieser und der folgenden Seite.

chung wurde an dem heißen Sommertag nichts. Bevor noch der Baumeis-
ter hinzukam, betrat der Bürger von Laufenburg, Fridolin (oder Friedrich)
Koller, den Platz. Leicht angetrunken provozierte er den Vogt der Stadt
mit den Worten: *Der wolff wirt nit alle schaff fressen* und stellte sich dem
Vogt derart in den Weg, dass er mit seinem Begleitern nicht vorbei kam.
Daraufhin ermahnte Hans Wolf den Provokateur Koller, er habe ihm als
*eignen Amptman zue Lauffenburg und eine Adelsperson alleweg geburlich
Reverentz* zu erweisen. Doch nichts geschah, vielmehr liefen immer mehr
Leute zusammen. Die Stimmung war gespannt. Hans Wolf versuchte, sich
nichts weiter anmerken zu lassen, tat so, als wolle er nur mit dem inzwischen eingetroffenen Baumeister sprechen. Aber Koller provozierte den
Grafen weiter, ließ sich vernehmen [...] *gazmarter der wolff muß [mich]*
[...] nit fressen, fasste den Vogt am Arm und forderte ihn heraus: *Härtu
von Habsperg, wann wellen wir unsern Rehnhandl usmachen? Wann ist
es Zeit?* Jetzt war das Maß voll. Die Behandlung entsprach einer Forderung zum Duell, was dem bürgerlichen Koller nicht zukam. Zudem über-
schritt er auch noch in einem zweiten Punkt die Standesgrenzen und verletzte den Grafen schwer in seiner Ehre,[6] als Koller ihn duzte (*mich ge-
dutzt und trozlich angesprochen*). Der Graf zog sein Schwert, brüllte Koller an, er solle die Rheinbrücke verlassen, doch dieser verlangte das Näm-
liche zunächst vom Grafen. Nicht genug damit: Koller stürzte nun seinerseits mit seinem Knecht und gezogener Waffe auf den Grafen zu. In dem
kurzen Klingenwechsel zog Koller den Kürzeren und sank tödlich ver-
wundet nieder. Jetzt drohte die Stimmung unter den Schaulustigen zu
kippen. Der Graf fürchtete, von der Menge gelyncht zu werden. Da ihm
der Weg in sein Schloss über die Brücke versperrt war, rannte er mit seinem Knecht die andere Seite des Berges hinauf in die dortige Kirche.
Doch wurde er dort bereits wenig später von städtischen Knechten verhaf-
tetet und in den Turm gesperrt.

Der geschilderte tödliche Streit war der Höhepunkt eines lang dauern-
den Streites der Stadt und seiner Bürger mit den Vertretern der Familie
von Habsberg gewesen, zunächst mit Ulrich und dann mit seinem Sohn
Hans Wolf. Die Grafen von Habsberg, eine Abspaltung der Grafen vom
Habsburg im 14. Jahrhundert, waren seit dem ausgehenden 15. Jahrhun-

---

[6] 1488 hatte der Dominikanermönch Felix Faber als ein Kriterium für die Zugehörigkeit zum Adel als
Merkmal den vertrauten Umgang von Adel und Patriziat angeführt, der sich im Duzen der beiden
Gruppen äußere. Für Habsberg stellte das Duzen also eine ungehörige Anmaßung dar. Vgl. K. H.
S p i e ß, Aufstieg in den Adel und Kriterien der Adelszugehörigkeit, in: K. A n d e r m a n n und
P. J o h a n n e k (Hgg.), Zwischen Nicht-Adel und Adel (Vorträge und Forschungen, Bd. LIII),
Stuttgart 2001, S. 1-26, hier: S. 9.

dert Pfandherrn und Vögte von Laufenburg.[7] Zwischen ihnen und den verpfändeten Städten Laufenburg und Rheinfelden bestanden eine Reihe von Streitigkeiten, zu deren Beilegung, wie auch im vorliegenden Fall, eigentlich formalrechtlich nur die beiden österreichischen Regierungen und der kaiserliche Hofrat angerufen werden durften. Wir werden aber sehen, dass darüber hinaus noch das geistliche Gericht des Bischofs von Basel und das Reichskammergericht als Instanzen bemüht wurden.

III.

Rechtssituation und Appellationsmöglichkeiten in den Erblanden

Die eingangs vorgenommene Fokussierung auf die Konfliktebene erlaubt uns nun, einen Blick auf die jurisdiktionellen Ebenen zu werfen.

Das Haus Habsburg nahm die Exemtion aller Erblande von den Reichsgerichten unter Berufung auf das Privilegium minus und das gefälschte Privilegium maius in Anspruch.[8] Diese Position stieß beim Reichskammergericht jedoch auf Widerstand, weil es eine uneingeschränkte Exemtion nie akzeptierte. Verschiedentlich kam es daher im Zusammenhang mit Appellationen zu Auseinandersetzungen um die Zuständigkeit des Reichskammergerichts.[9]

Von Seiten des Reichskammergerichts wurde in diesem Konflikt nicht grundsätzlich die Exemtion in Frage gestellt, sondern vornehmlich in zwei Bereichen eine Zuständigkeit angenommen. Einmal territorial, nämlich für die vom Landgericht auf der Leutkircher Heide und in der Pirs angenommenen Prozesse, sowie für die Neuerwerbungen (u. a. Tirol oder kurzzeitig Württemberg) und österreichischen Reichspfandschaften (Schwaben, Hagenau, Ortenau, die vier Waldstädte, die Stadt Breisach und das Landgericht Schwaben) und zum anderen aufgrund grundherrlicher Zersplitterung, also bei Untertanen von mehrherrigen Gebieten. So konnten im habsburgischen Villingen die Untertanen der Grafen von Fürstenberg an das Kammergericht appellieren, die Untertanen des Erzhauses hingegen nicht.[10] Dem entgegen stand die kaiserliche Position, dass näm-

[7] Vgl. F. Jehle, Geschichte der Stadt Laufenburg, Bd. 1, Freiburg 1979, S. 26-28.
[8] Weitzel, Kampf (wie Anm. 3), S. 59.
[9] Auch für Moser galt, dass nicht in jedem Fall die habsburgischen Gebiete als exemt zu gelten hatten. J. J. Moser, Teutsches Staatsrecht, Bd. 43, Osnabrück 1751, ND. 1969, S. 337 f.
[10] Vgl. E. J. K. von Fahnenberg, Über die völlige Exemtion des Erzherzoglichen Hauses Österreich von der Gerichtsbarkeit des Kaiserlichen Kammer Gerichts, Wien 1796. Der Streit um die Kompetenz des Landgerichts Schwaben bleibt bis in das 18. Jahrhundert virulent. Weitzel, Kampf (wie Anm. 3), S. 60 erwähnt nur die ersten beiden Gruppen. Über Gerichtsbarkeit, gerade auch die Hochgerichtsbarkeit kam es zudem zu Streitigkeiten zwischen den Landvögten im Elsaß

lich allein eine Appellation an die Regierungen, also für die Vorderen Lande in Ensisheim oder Innsbruck, legal sein könne.[11] Die Situation wurde zusätzlich dadurch erschwert, dass in den Vorlanden auch die Gerichtsbarkeit zwischen dem Landesfürsten und den Inhabern der niederen Herrschaft geteilt blieb, Herren, Prälaten und Städte also vielfach eine eigene Gerichtsbarkeit ausüben konnten.[12]

Gemäß habsburgischem Standpunkt waren alle Untertanen von der Zitation vor das Reichskammergericht deswegen ausgenommen, weil schon bei der Einrichtung des Reichskammergerichts die Untertanen der Habsburger von seiner Jurisdiktion befreit gewesen seien. Hinzu komme, dass viele Orte das Privilegium de non evocando besäßen, was ja auch die Befreiung von einer Zitation, in diesem Fall vor das Hofgericht in Rottweil, beinhaltete.[13]

So kann es nicht verwundern, dass es immer wieder zu Streitigkeiten um die Kompetenz des Kammergerichtes kam und zwar 1. bei Klagen von Einzelpersonen, 2. bei Klagen von Gemeinden und 3. bei Klagen der Stände. Der erste Konfliktbereich lässt sich am oben erwähnten Landgericht in Schwaben deutlich machen. Hier wurde die Auseinandersetzung zugespitzt, weil der Kaiser versuchte, österreichische Untertanen von der Vorladung als Beklagte am Reichskammergericht zu befreien, andererseits aber als Kläger gegenüber anderen Reichsständen zuließ. Kam es dann zu einer solchen Klage, so sollte diese nur in Innsbruck verhandelt werden, was zum Protest verschiedener schwäbischer Stände führte.[14] Dies gilt auch im Fall Hans Schwendi gegen einen Landweibel 1532.[15] Die bereits erfolgte Appellation von Schwendi an das Reichskammerge-

---

und den Grafen von Fürstenberg. Vgl. Generallandesarchiv Karlsruhe (GLA), 79 Breisgau Generalia, 184, Vertrag Fürstenberg und Villingen, Montag vor St. Hilarien 1501, 9, der festlegte, dass Hintersassen beider Seiten an ihren Gerichten Recht suchen sollten.

[11] Von Innsbruck gingen Appellation an den Hofrat in Wien. E. Ortlieb, Vom Königlichen Hofrat zum Reichshofrat, in: B. Diestelkamp (Hg.), Das Reichskammergericht. Der Weg zu seiner Gründung und die ersten Jahrzehnte seines Wirkens (QFHG 45), Köln 2003, S. 278. Es muss jedoch bedacht werden, dass beide Regierungen gleichzeitig auch die höchste Verwaltungsinstanz waren. Diese enge Verschmelzung galt keinesfalls für alle habsburgischen Gebiete. So waren in Kastilien die Königlichen Kanzleien (Chancillerías Reales) von Valladolid oder Granada reine Gerichtshöfe. Zu ihrer Tätigkeit: R. L. Kagan, Lawsuits and Litigants in Castile 1500-1700. Chapel Hill 1981, S. 5-10.

[12] Nur in den Kammeralherrschaften, so der Grafschaft Hohenberg und der Landvogtei Schwaben, stand die Gerichtsbarkeit allein dem Landesherrn zu. Feine, Entstehung und Schicksal (wie Anm. 1), S. 63.

[13] Vgl. L. Pelizaeus, Konflikte und Widerstand in den Städten der Vorderen Lande, Tirol, Kastilien und Andalusien zwischen 1468 und 1540 (Geschichte in der Epoche Karls V.), Münster 2007 [im Druck, daher in der Folge Kapitalangaben], Kap. 3.1.2.

[14] Zu seiner Entwicklung: Weitzel, Kampf (wie Anm. 3), S. 67-71.

[15] TLA, Oberösterreichische (OÖ) Hofregistratur X 110, Rgt an Fl., Innsbruck, 4.5.1532.

richt wollte König Ferdinand als Landesherr kassiert wissen. Auch Innsbruck betonte in seinem Schreiben an Schwendi, dass eine solche Appellation rechtswidrig sei und zu unterbleiben habe, denn man habe schon vor zwei Jahren auf das einschlägige Verbot verwiesen. Diese Verbote mussten aber ständig wiederholt werden, denn bereits 1535 erfahren wir aus den Kammerbüchern wieder von einer Appellation an das Reichskammergericht – diesmal von einem Sebastain von Bewanung[16] – nachdem das Landgericht in Schwaben gegen ihn entschieden hatte. Die beiden Klagen waren keine Einzelfälle, wie weitere Appellationen, so von einem gewissen Wenzel Preß[17] am Reichskammergericht oder einem Doctor Preinigs belegen.[18]

Es konnte aber als zweite Gruppe durchaus auch zu Klagen von Gemeinden an das Reichskammergericht kommen, wie dies von Wolfgang Sellert am Beispiel des Prozesses der Gemeinde Arch von 1536 beleuchtet wurde. Auch hier nahm das Reichskammergericht die Klage an und lehnte in diesem Fall die Gültigkeit der Exemtion mit Verweis auf den Neuerwerb ab, was in Innsbruck angefochten wurde. Eine ähnliche Haltung gilt auch für Württemberg, wo das Reichskammergericht mit der gleichen Begründung mehrfach die kaiserliche Exemtion in Zweifel zog.[19]

Der dritte Bereich schließlich betrifft die Landstände der Vorlande, denen verboten wurde, vor dem Reichstag Beschwerden zu artikulieren, die die Reichsregierung, das Kammergericht oder Reichssteuern und Anschlag beträfen. Es handelt sich hierbei zwar nicht um den Versuch, eine Appellation abzuschneiden, wohl aber um eine Intervention von Innsbruck, die deutlich macht, dass die Stände durchaus versucht hatten, auch auf dem Reichstag ihr Interesse am höchsten Reichsgericht zu artikulieren.[20] Wir sehen, wie immer wieder, gerade am Anfang des 16. Jahrhunderts, Appellationen untersagt wurden. Dies zeigt, dass Innsbruck eher im Stande war, die weitere Verfolgung einer Appellation zu verhindern, denn die Anrufung des Reicheskammergerichts zu unterbinden. Wie aber sah es aus, wenn der Kläger eine herausragende Funktion in der vorländischen Verwaltung inne hatte und zudem einer Nebenlinie der Habsburger entspross, wie dies bei Hans Wolf von Habsberg der Fall war? Um dies zu klären, wenden wir uns noch einmal dem geschilderten Totschlag zu.

---

[16] TLA, OÖ Hofregistratur X 110, Rgt an Fl., Innsbruck, 26.10.1535.

[17] GLA, 79 P 12, Bd. 2, fol. 200.

[18] GLA 79 P 12, Bd. 2, Regiment in Innsbruck (Rgt.) an Regierung in Ensisheim (Reg.), Innsbruck, 26.11.1552, fol. 229. In diesem Fall bestritt die Ensisheimer Regierung die Zuständigkeit des Reichskammergerichts.

[19] S e l l e r t, Zuständigkeitsabgrenzung (wie Anm. 4), S. 24-26.

[20] GLA, 79 P 12, Bd. 1, Hofrat an Reg., [Innsbruck], 23.2.1533, fol. 237.

IV.

Der Streit der Gerichte und das Reichskammergericht

Die Tötung von Koller war der Gipfel schon langer schwelender Streitig-keiten zwischen den Waldstädten, besonders von Laufenburg und Rhein-felden einerseits und den Pfandherrn und Vögten aus der Familie von Habsberg andererseits. Die erste Zuspitzung hatte der Konflikt mit gewalt-samen Ausschreitungen gegen Ulrich von Habsberg während des Bauern-krieges gefunden. Nach der Niederschlagung des Aufstandes von 1525 war es nur kurz ruhig geblieben.[21]

Neue Spannungen brachen aus, als Hans Wolf von Habsberg 1533, un-ter Verweis auf dem Gebrauch unter seinem Vater, neben dem Untervogt noch einen Statthalter in Laufenburg einsetzen wollte, der v. a. bei Abwe-senheit des Untervogts die Geschäfte führen sollte. Diese Neuerung sei rechtens, so argumentierte Habsberg, denn die Laufenburger hätten unter seinem Vater auch der Ernennung von Fridolin Zeller als Untervogt zuge-stimmt. Dem hielt der Rat der Stadt entgegen, dass sie von einem solchen Amt befreit seien und sich dessen Einrichtung nicht gefallen ließen. Mit dem Kandidat des Grafen, Fridolin Zoller[22] hatte der Rat schlechte Erfah-rung gemacht. Zoller war bereits während des Bauernkriegs Untervogt in Laufenburg und Rheinfelden gewesen und hatte der Regierung von dem Ungehorsam der Städter Bericht erstattet und zeichnete damit mitverant-wortlich für die der Stadt in der Folge auferlegten Strafen.[23] Daher rückte der Rat von seiner ablehnenden Haltung nicht ab und formulierte seinen Protest auf zwei administrativen Ebenen, nämlich einerseits gegenüber Habsberg, andererseits gegenüber der Regierung in Innsbruck.

In Innsbruck aber wich man aus, versprach nur, den *alten Usus* zu klä-ren, nach dem sich dann gerichtet werden müsse. Dieses Aufschieben führ-te jedoch zu einer weiteren Zuspitzung bis 1538, als der Rat dem Pfand-herrn den Eid verweigerte. In der rechtfertigenden Stellungnahme des Ra-tes in fünf Punkten wurde deutlich, dass es sich bei dem Streit a priori um die Begrenzung von jurisdiktionellen und kirchlichen Kompetenzen dreh-te.[24]

---

[21] Vgl. ausführlich: Pelizaeus, Konflikte (wie Anm. 13), Kap. 5.2.2.2.

[22] Hinweise zu ihm im: StA Laufenburg (StAL), Nr. 212.

[23] Dieser bestand in unerlaubtem Jagen und Fischen und der Verweigerung des Zehnten und des *zoll gellts* und im weiteren Verlauf sogar in der Abnahme der *puchsen*, also der Gewehre. GLA, 21, 484, 5.2.1532. 79 P12, Bd. 1, 22.4., 12.5., 30.6.1533, fol. 252-255.

[24] GLA, 79 P12, Bd. 2, 17.9.1538. Eidformel: StAL, Stadtbuch A, fol. 1-13. Jehle, Laufenburg (wie Anm. 7), S. 35.

So warfen die Laufenburger dem Vogt vor,
1. er mische sich in die Wahl des Stadtknechtes ein,
2. verlange, dass Briefe nur in seiner Gegenwart geöffnet werden dürften,
3. erzwinge sein Einverständnis bei der Ernennung des Torwächters,
4. verweigere der Stadt das Recht der Einsetzung der Kapläne und
5. verlange nun sogar das Recht der Absetzung des Rates.[25]

Nur Punkt vier besitzt kirchlichen Bezug, die übrigen Punkte sind jurisdiktioneller Art. Erst jetzt versuchte die Innsbrucker Regierung aktiv zu schlichten, als sie zu einer Anhörung einlud. Doch es war zu spät, da beide Seiten nicht mehr kompromissbereit waren. Dies umso mehr, als in Laufenburg der Widerstand offenbar durch die Predigt eines Pfarrers argumentativ gestärkt wurde.[26] Die Laufenburger waren nicht mehr bereit, den Verbleib des Vogtes zu akzeptieren. Sie drohten mit gesteigertem latentem Widerstand. Der Rat drohte im Namen der Bürger sowohl mit dem *Auszug*, also der Bereitschaft, auszuwandern und machte deutlich, dass er eine Delegation an König Ferdinand als Quelle des Rechts senden werde.[27] Nach dem Scheitern der Vermittlungsbemühungen in Innsbruck suchte der Rat also eine Lösung durch die Appellation an die höchste Instanz bei gleichzeitiger Vorbereitung von Widerstand zu erreichen. Innsbruck nahm dabei die Drohung des *Auszuges* aufgrund der Nähe zur Eidgenossenschaft sehr ernst, bestand doch stets die Gefahr, dass sich der Ort den Eidgenossen anschloss. Doch diesmal sollte es weder zur Entsendung einer Delegation an den König noch zum Auszug kommen, da mit dem Totschlag der Konflikt eine neue Qualität erlangte.[28]

---

[25] Kantonsarchiv Aarau (KAA), 6479, 20.8.1538, 17.9.1538, 29.9.1538, [um 20.11.1538].
[26] Trotz angeordneter Verhaftung wurde man seiner nicht habhaft. GLA, 79 P12, Bd. 2, 13.6.1538, fol. 114.
[27] Vgl. zum Begriff als Form des latenten Widerstandes: W. S c h u l z e , Bäuerlicher Widerstand und feudale Herrschaft in der frühen Neuzeit, (Neuzeit im Aufbau, Darstellung und Dokumentation, Bd. 6), Stuttgart/Bad Cannstatt 1980, S. 93 f.
[28] Die Laufenburger stellten klar, *das Inen gedachter Vogt dermassen beschwerlich ongelegen, das sy entschlossen seyen, den lenger nit zu leiden, [...] würden Sy gestrackhs die Ku. Mt. unsern allergnedigsten herren suechen, wo sy seiner Mt. erraichen mochten und wiewol es bey gehorsamen underthanen wie wir die von Lauffenberg erkhennen, ain frembds ding und über lauttend ist, sich solcher truzlichen Reden vernehmen zu lassen und sonderlichen, das sy schreiben und Reden, wo Inen darInn nit gewillfart würde, sy fuengelich dahin gebracht, mit weib und khindern aus der Statt zuziehen. yedoch haben wir entgegen auch bewegen, dieweil Sy an so geferlichen nachparen [Eidgenossen] gesessen, ye welten her trostlichen an dem hawß österreich gehalten und Iren Kopff dahin gestreckht, wo man auf Ire beschwerden nit einsehens thet, das villeicht ergers und ain so geferlichs daraus erfolgen, das man mit lechtlichen widerumb erheben mecht und demnach die Lauffenbergische Gesandten mit begründten ursachen und auffürrungen, so sy ye ander gestalt nit gesettigt seyn wellen [...]* GLA, 79 P12, Bd. 2, 28.11.1538, fol. 135. Dies ist auch ein Beispiel für die Appellation an den König als Quelle des Rechts. Vgl. C. U l b r i c h , Der Charakter bäuerlichen Widerstands in den vorderösterreichischen Herrschaften, in: P. B l i c k -

Innsbruck war nach dem Vorfall erneut gefragt. Man sandte eine Kommission nach Laufenburg, die dort Zeugen vernehmen sollte, um den Tathergang zu rekonstruieren und einen Inquisitionsprozess einzuleiten. Allerdings stellte sich schon dies als schwieriger als erwartet heraus, fand sich doch niemand, der bereit gewesen wäre, gegen Habsberg auszusagen. Daher verfügen wir heute nur über sein sehr langes Verhör als Grundlage für die Rekonstruktion des Falles.

Schnell kam die Untersuchung zwar zu dem Schluss, dass Habsberg in Notwehr gehandelt hatte (Carolina Art. 142, Art. 150) und daher für den Totschlag an sich nicht weiter zu belangen war, aber damit war der Fall nicht abgeschlossen.[29] Zwei Verfahren blieben nämlich anhängig. Einmal die Klage der Witwe und Erben von Fridolin Koller, die Habsberg erst nach der Zahlung eines Schadensersatzes freigelassen sehen wollten, genauso wie die Laufenburger, die auf Erstattung ihrer erheblichen Kosten pochten. Damit änderte sich die Ausrichtung des Prozesses und er wurde zu einem zivilrechtlichen Verfahren, bei dem um vier Ausgabenposten gestritten wurde:

1. Die Neuweihe der Kapelle, die notwendig geworden war, weil der Rat Habsberg nach der Bluttat gewaltsam aus der Kirche hatte holen lassen. Die Reise und Zehrkosten für den extra angereisten Mönch hatte der Bischof von Konstanz in Rechnung gestellt.

2. Der Umbau der Burg zum Gefängnis: Da Habsberg nicht die ganze Zeit im Turm schmachten sollte, verfielen die Stadtväter auf die Idee, das Schloss von Habsberg zu seinem Gefängnis umzubauen. Es kann nicht verwundern, dass Habsberg nach seiner Freilassung nicht bereit war, diese Maßnahme, die ihm von der Stadt in Rechnung gestellt wurde, zu bezahlen.

3. Die Verpflegung der Kommissionsmitglieder:[30] Während der Untersuchung des Falles begaben sich mehrfach Mitglieder der Regierung von Ensisheim nach Laufenburg. Deren Reise- und Verzehrkosten wurden Habsberg ebenfalls von der Stadt in Rechnung gestellt, wobei man sich auf Art. 153 der Carolina berufen konnte.

4. Eine Sühnezahlung für Totschlag aufgrund der Klage der Witwe.[31]

---

le, P. Bierbrauer und C. Ulbrich (Hgg.), Aufruhr und Empörung. Studien zum bäuerlichen Widerstand im Alten Reich, München 1980, S. 202-216, hier: S. 211.

[29] Koller war mit gezogener Waffe auf Habsberg losgegangen, weswegen nach Art. 142 Carolina Notwehr vorlag. Hinzu kam, dass sein Verhalten als *widerstand* gegen den Vogt nach Art. 150 gewertet werden konnte.

[30] TLA, OÖ Hofregistratur X 110, Hans Wolf v. Habsberg an Reg. zu Ensisheim, o.O. 3.3.1540.

[31] Vgl. auch die Begnadigung wegen Totschlags durch Anrufung des Hofrates durch Hans Stain mit Hinweis auf HHStA RHR Jud misc 79 (1536) in: Ortlieb, Hofrat (wie Anm. 11), S. 281.

Die Zulassung dieser Klage zeigt, dass die untersuchenden Regierungen auch Hans Wolf nicht für völlig unschuldig an dem Geschehenen hielten. Dazu hatte man allen Grund, war der Vogt doch bereits 1534 durch Gewalttätigkeit aufgefallen. Als er sein Pferd bei Schaffhausen auf einer Reise in einem Kornfeld hatte weiden lassen, war es zu einem Tumult gekommen, in dessen Verlauf es mehrere Verletzte gab. Nur knapp hatte sich Habsberg damals der weiteren Strafverfolgung durch die Flucht aus der Eidgenossenschaft entziehen können.[32] Allerdings schlug die Angelegenheit auf der zwischenstaatlichen Ebene einige Wellen, da in der Schweiz das Vorgehen gegen Eidgenossen durch einen Vogt mit dem Namen Habsberg keinesfalls auf die leichte Schulter genommen wurde. Nur vor diesem Hintergrund ist es zu verstehen, dass man von Regierungsseite diesmal hart durchgreifen wollte. Als dann noch die Intervention von Basel hinzukam, fühlte sich Innsbruck noch mehr herausgefordert.

Nur wenige Monate nach dem Totschlag waren in Laufenburg zwei Herren aufgetaucht, welche im Wirtshaus verschiedene Personen über den Tathergang zu befragen versuchten. Erst nachdem sie einige Tage später wieder kamen, gelang es dem Rat, ihre Identität zu klären: Es waren der Stiftskanoniker Dr. Johann Steinhausen und der Stiftschaffner Johannes Kecheler, die vom Bischof von Basel gesandt worden waren, um den Fall aufzuklären. Habsberg hatte sich nämlich aus seiner Haft an den Bischof von Basel gewandt.[33]

Aufgeschreckt durch den Versuch, ein geistliches Gericht einzuschalten, sahen sich die Innsbrucker und die Ensisheimer Regierung unverzüglich zu Intervention veranlasst und verboten den Vertretern des Bischofs, die Stadt weiterhin zu betreten und Untersuchungen oder gar Zeugenbefragungen durchzuführen. Bischof Christoph musste einlenken. Zu schwach war seine Position nach der Einführung der Reformation in Basel, als dass er sich einen offenen Konflikt mit den habsburgischen Amtsträgern hätte leisten können.[34] So sah es nun so aus, als ob sich Habsberg dem Spruch aus Innsbruck beugen würde. Doch weit gefehlt.

---

[32] Der Ladung vor ein Schaffhäuser Gericht leistete Habsberg keine Folge. StAR, 110, 8.6.1534.
[33] In geistlichen Streitigkeiten war eine Appellation natürlich schon öfter erfolgt. Der letzte Fall datierte von 1533. Der Laufenburger Pfarrer hatte in diesem Jahr von Säckingen vergeblich eine Entschädigung für entgangene Einkünfte gefordert und fühlte sich darin von Innsbruck nicht ausreichend unterstützt, weswegen er sich an den Bischof von Basel wandte. Doch nach der Anrufung des Bischofs reagierte Innsbruck umgehend. Die Regierung in Ensisheim stellte einen Vergleich zwischen Pfarrer und Stift her, nach welchem der Pfarrer ein höheres Einkommen erhielt. J e h l e , Laufenburg (wie Anm. 7), S. 92.
[34] Dr. Johann Steinhausen, Stiftskanoniker & Stiftschaffner Johannes Kecheler. TLA, OÖ Hofregistratur X 110, 1539, 2540, 25.4.1541, 13.1.1542.

Offenbar aufgrund des Ansehens des Beklagten erschien es den Regierungen opportuner, den Fall von König Ferdinand persönlich entscheiden zu lassen. Innsbruck forderte Habsberg auf, seine Sicht der Dinge in Prag zu schildern. Das tat der Vogt zwar, doch erreichte er wider Erwarten nicht, was er gewünscht hatte, nämlich einen Freispruch in allen Punkten. Längst war der Fall zur politischen Auseinandersetzung zwischen Vogt und verpfändeter Gemeinde geworden, in der die zivilrechtlichen Ansprüche nur noch eine untergeordnete Rolle spielten. Würde Habsberg verurteilt, so war beiden klagenden Parteien klar, wäre seine Autorität derart beschädigt, dass er sein Amt als Vogt nicht mehr weiterführen könnte.

Und danach sah es immer mehr aus, denn jetzt war auch die letzte Appellation von Hans Wolf gescheitert. Vom Hofrat erging das königliche Urteil, nachdem er nicht nur zur Übernahme sämtlicher entstandener Kosten, sondern zusätzlich zur Zahlung einer Wiedergutmachung in Höhe von 600 Gulden verurteilt wurde. Damit standen sich Regierungen und Rat auf der einen und Habsberg sowie Teile des vorländischen Adels auf der anderen Seite gegenüber. Habsberg war sich dessen bewusst und betonte, sich in der Angelegenheit mit anderen Herren und Freunden zu beraten. Die Regierungen mussten also einerseits aus Rücksicht auf den Adel vorsichtig agieren, durften aber genauso wenig adeligen Ungehorsam dulden.[35]

Für Habsberg brach eine Vorstellungswelt zusammen: Er, Sproß einer Nebenlinie der Habsburger, sollte zu Zahlung aller Kosten und einer Entschädigung von 600 Gulden an Rat und Bürgerschaft einer Stadt, die ihm verpfändet war, gezwungen werden. Dies war er nicht zu akzeptieren bereit. Keine der Regierungen konnte den stolzen Hans Wolf zu einer Änderung seiner Haltung bewegen. Ferdinand reskribierte ärgerlich an die Regierung, es könne nicht angehen, dass *von Happsperg billich unnd schuldig gehorsam* verweigere und mit *unbillichen Uffzug unnd verlengerung zu Schimpff und verklainerung unserer Landsfürstlichen Hohait unnd Oberkait* beitrage. Die Positionen hatten sich verkehrt: Der Garant der herrschaftlichen Ordnung war zum Exponent des Ungehorsams geworden.[36]

Er blieb es auch. Nicht genug, dass die Mahnungen von König Ferdinand nicht verfingen, nein im Gegenteil: Nachdem die Klagen in Ensisheim, Innsbruck und Basel für Hans Wolf von Habsberg nicht den gewünschten Erfolg gebracht hatten, wandte er sich im März 1542 schließ-

---

[35] TLA, OÖ Hofregistratur X 110, Diepold & Wessenberg an Reg. zu Innsbruck, Ensisheim, 15.1.1541.

[36] TLA, OÖ Hofregistratur X 110, Ferdinand an Reg. zu Ensisheim, Wiener Neustadt, 11.11.1544.

lich an das kaiserliche Kammergericht.[37] Dabei setzte er aber keine der
beiden habsburgischen Regierungen über sein Vorgehen in Kenntnis.
Diese erfuhren erst durch den Hinweis von Bürgermeister und Rat der
Stadt Laufenburg von der Appellation. Erneut aufgeschreckt, wandte sich
die Innsbrucker Regierung unverzüglich an Habsberg und bat diesen um
Aufklärung. Doch die Antwort blieb aus. *Dwyl er sich um dessen weygert,*
musste man in Innsbruck konstatieren, weswegen nun die *Kay. Cammer-
richter und bysizer* um nähere Informationen gebeten wurden.

Doch die Klärung der Zuständigkeit des Kammergerichts war nur ein
Problem, der sich die Regierung in Innsbruck gegenüber sah. Neben der
Korrespondenz mit Wimpfen/Speyer[38] galt es zudem, mit Ensisheim alle
Schritte abzustimmen.

Dies war nicht einfach, denn die Beziehungen zwischen beiden österreichischen Regierungen waren gerade in den ausgehenden dreißiger Jahren gespannter geworden. Innsbruck hatte Ensisheim mehrfach aufgefor-
dert, vor jeder Entscheidung die Stellungnahme aus Innsbruck einzuholen,
da man die vorgesetzte Instanz sei. Außerdem warf man in Tirol der El-
sässer Behörde vor, sie arbeite langsam, treffe nicht ausreichend Entscheidungen und sei befangen. Gerade dieser Vorwurf war keinesfalls
unberechtigt. Die Ensisheimer Behörde wurde stets von wichtigen Adeligen aus den Vorlanden, wie von Mörsberg, von Landeck, von Habsberg
u.a. geführt, die schon aufgrund matrimonialer Verbindungen bei Entscheidungen gewisse Rücksichten zu nehmen hatten. So war es auch im
Fall Habsberg: Lange war Ulrich von Habsberg, Vater des Appellanten,
Präsident der Ensisheimer Regierung gewesen. Was also lag näher, als
anzunehmen, dass sich die Behörde ohne Rücksprache mit Innsbruck doch
zugunsten von Habsbergs aussprechen könnte. Es lag daher den Innsbru-
ckern viel daran, von Ensisheim die schriftliche Bestätigung zu erhalten,
*dein angezeigt verstrickung oder angemaßte kündtschafft nichts anders
gehandelet noch zu handlen gehapt [...] auch hinfür anderer gestalt dar-
innen zu handeln nit geburen.*[39] Innsbruck verlangte also von Ensisheim
die schriftliche Zusage, nichts dem *oberösterreichischen* Regiment Ge-
genteiliges zu unternehmen.

Erst nach dieser Rückversicherung konnte sich Innsbruck um die Klage am Reichskammergericht kümmern. Ziel war es, den Prozess am *Kay-*

[37] Für das Verfahren war die RKGO von 1521/23 maßgeblich. Vgl. B. D i c k, Die Entwicklung des
    Kameralprozesses nach den Ordnungen von 1495 bis 1555 (QFHG 10), Köln 1981, S. 32-40.
[38] Im November 1539 war das Reichskammergericht nach Wimpfen ausgelagert. D i c k, Entwicklung
    (wie Anm. 37), S. 47.
[39] TLA, OÖ Hofregistratur X 110, Reg. zu Ensisheim an Hans Wolf v. Habsberg, Dattenried,
    21.1.1542.

serlichen Cammergericht [...] *abzuschaffen*, also sein unverzügliches Ende zu erreichen,[40] wobei man sich auf das Strafgebot Kaiser Karls V. von 1530 bezog, welches Gerichtszwang wider das Haus Österreich ausdrücklich untersagte.[41]

Der Druck beider Regierungen brachte nun auch Habsberg dazu, sich zu Wort zu melden. Er hob hervor, dass er den Prozess vor Ferdinand und dem Hofrat durch seinen Gang vor das Kammergericht nicht negativ habe beeinflussen wollen, doch sei dieser Schritt geschehen, weil er nicht alle Kosten in dem Streit zu tragen bereit sei. Nur aufgrund des *Rat[s] meiner freundschafft* habe er *an dem kayserlichen Cammergericht umb helff angeruofft*. Ihm, Wolf, seien durch die Gefangenschaft schon genug Kosten entstanden. Die erneute Weihe der Kirche und die anderen Posten sei er daher keinesfalls zu zahlen bereit. Nur wenn die Laufenburger in einem Vergleich die Kosten übernähmen, dann [...] *will Ich als dann den proceß an der Cammer, uff iren, der von Lauffenburg costen, gern ainstellen* [...].

Für die beiden Regierungen in Innsbruck und Ensisheim ergab sich das Problem, dass das Reichskammergericht die Klage von Habsberg nicht nur angenommen, sondern bereits für die Stadt Laufenburg Bürgermeister und Rat einbestellt hatte. Damit standen sich die Positionen gegenüber, weswegen beleuchtet werden muss, wieso sich das Kammergericht überhaupt berechtigt sah, die Klage von Habsberg anzunehmen. Vier Erklärungen können hier angeführt werden. Entweder war dem Reichskammergericht die durch Habsberg bereits erfolgte *supplicatio ad regem*,[42] also die Appellation an König Ferdinand, unbekannt. Dies würde die Annahme der Klage erklären, da Ferdinands Spruch eigentlich vom Reichskammergericht als Endurteil, also als ein prozeßabschließendes Sachurteil hätte gewertet werden müssen.[43] Oder aber es war keine vollständige Prüfung der Formalien der Appellation am Reichskammergericht vor Klageannahme erfolgt bzw. man betrachtete den Fall ganz neu, also als erstin-

---

[40] TLA, OÖ Hofregistratur X 110, Reg. in Ensisheim an Reg. in Innsbruck, Ensisheim, 9.3.1542, fol. 1r; H. v. Wessenberg & Reg. an Reg. in Innsbruck, Ensisheim, 15.3.1542.

[41] S e l l e r t, Zuständigkeitsabgrenzung (wie Anm. 4), S. 24.

[42] Vgl. für die Appellationen nach Reichskammergerichturteilen an den Kaiser: W. S e l l e r t, Prozeßgrundsätze und Stilus Curiae am Reichshofrat (Untersuchungen zur deutschen Staats- und Rechtsgeschichte 18), Aalen 1973, S. 376; W e i t z e l, Kampf (wie Anm. 3), S. 289.

[43] Vgl. das Verbot gegen Urteile des Reichskammergericht zu appellieren (Supplikationsverbot gem. E P III Tit. 49): *Das von urtheilen des kays. Cammergerichts nit appelliert oder supplicirt werden möge* [...]. P. S c h u l z, Die Politische Einflussnahme auf die Entstehung der Reichskammergerichtsordnung 1548 (QFHG 9), Köln 1980, S. 108 f. Zum Sachurteil: D i c k, Entwicklung (wie Anm. 37), S. 24; O e s t m a n n, Rekonstruktion (wie Anm. 3), S. 377-384.

stanzliche Zitationsklage.[44] Als dritte Erklärung kann angeführt werden, dass bei Einreichung der Klage ein Spruch von Ferdinand noch nicht ergangen war oder schließlich viertens, dass auf Rechtsverzögerung geklagt worden war.[45] Wir sehen, Rechtfertigungen für eine Klage gab es eine ganze Reihe und es zeigt die Lebendigkeit der Rechtssprechung im Alten Reich, dass Klagenden eine solche Fülle von Wegen offen stand. In jedem Fall konnte das Reichskammergericht aber mit der Klageannahme seine Sicht, für den Fall zuständig zu sein, verteidigen.

Für die Regierungen galt es daher, einmal dem Reichskammergericht erfolgreich die Zuständigkeit abzusprechen und andererseits die Parteien von einer weiteren Verfolgung der Klage abzuhalten. Dabei war es natürlich leichter, Laufenburg und Rheinfelden davon zu überzeugen, dass sie der Ladung des Reichskammergerichts keine Folge leisten mussten. Laufenburg hatte ja sein Ziel erreicht, weswegen hier kein Interesse an einem Kammergerichtsprozess bestand und der Rat der Zitation auch nicht nachzukommen bereit war. Dies umso mehr, als die Laufenburger noch 1534 deutlich gemacht hatten, andere Gerichte nicht anzuerkennen, als sie in einem Rechtsfall die Zitation eines Freiburger Bürgers vor das Hofgericht zu Rottweil unter Verweis auf ihre Befreiung abgelehnt hatten.[46] Deswegen nahm in der Antwort an das Reichskammergericht nicht der Beklagte zur Zitation Stellung, sondern die Regierung namens des Beklagten in Form einer Einrede, um die Zulässigkeit der Klage anzugreifen.[47]

Erheblich schwieriger war es aber, Habsberg davon abzuhalten, die Einrede der Regierung zurückzuweisen und zu versuchen, ihn zu einem Rückzug der Klage zu bewegen.[48] Dabei waren beide Regierungen entschlossen, zu erreichen, dass es zu keiner weiteren Verfolgung der Klage

---

[44] Dazu wäre das Reichskammergericht eigentlich verpflichtet gewesen. Dick, Entwicklung (wie Anm. 37), S. 24. Zur allgemeinen Annahme von Klagen aus Reichsland und Vogteibesitz und die Verwahrung von Karl V. gegen dieses Herkommen 1530: Weitzel, Kampf (wie Anm. 3), S. 62.

[45] Zur Rechtsverzögerung nach RKGO von 1508: Dick, Entwicklung (wie Anm. 37), S. 30. Von Oestmann, Rekonstruktion (wie Anm. 3), S. 349, wird betont, es sei *oft schwer zu klären, welche Gründe das RKG zur Entscheidungsfindung veranlaßten* [...].

[46] Die Urkunden des Stadtarchivs Laufenburg, hrsg. von K. Schilti, Aarau 1935 (Aargauer Urkunden, Teil 6), Nr. 218, 219, S. 91.

[47] *Die von Lauffenburg bey dies Haus Österreichs Freyhaiten bleiben unnd wider dieselben mit frembden und auslenndigen gerichten ferner nit zu bekomen, sonder wo Er die spruch oder vorderung nit Zuertragen vermaint, die zu denselben vor unns, als Ir bedentailen Ordentlichen obrigkhait, wie Euch Zuersuchen.* TLA, OÖ Hofregistratur X 110, Reg. in Ensisheim an Reg. in Innsbruck, Ensisheim, 9.3.1542. Deutlich wird das Reichskammergericht als *ausländisches Gericht* eingestuft.

[48] Man hatte daher *von Habspurg geschriben und bevohlen, die ausgangen Citation auch furgenommen proceß am Kayserlichen Cammergericht gestrackhs widerumben abzuschaffen* [...]. TLA, OÖ Hofregistratur X 110, Reg. in Ensisheim an Reg. in Innsbruck, Ensisheim, 9.3.1542. Vgl. Dick, Entwicklung (wie Anm. 37), S. 22.

am Reichskammergericht kommen würde. Auch in anderen Fällen war die habsburgische Verwaltung nämlich so weit gegangen, Kammerboten bei der Zustellung von Ladungen mit Gefängnis zu drohen.[49] Habsberg sollte seine Appellation zurückziehen, denn bereits die Klageabweisung hätte eine grundsätzliche Zulassung implizieren können, was nicht im Sinne der habsburgischen Verwaltung war.[50] In dem Schreiben an das Reichskammergericht wurde daher klar deutlich gemacht, dass alle Untertanen aufgrund der Freiheiten des Hauses Österreich nur dessen Jurisdiktion unterworfen seien.[51] Den Fall Habsberg und die Frage der Kosten werde man selber lösen, alle Einmischung verbitte man sich.

Mit diesem Schreiben endet die Überlieferung. Weder in den Kammerbüchern der Regierung noch in dem Bestand Oberösterreichische Hofregistratur des Tiroler Landesarchivs findet sich ein weiterer Hinweis auf eine Intervention des Reichskammergerichts.[52] Entweder erkannte das Reichskammergericht auf Nichtigkeit der Klage oder die das Reich erschütternde Krise des Schmalkaldischen Krieges führten zu einem Versanden des Prozesses.[53] Auf jeden Fall konnte nun die Befolgung des vom König ausgesprochenen Urteils geboten werden. Jetzt gab Habsberg nach und zahlte.

Als Vogt war Hans Wolf schon lange unhaltbar gewesen und nun kam die Stunde seiner Konkurrenten. Mit der Familie von Schönau hatte es schon vor dem Totschlag verschiedentlich Streitigkeiten gegeben. Ihnen gelang es, die Vogtei zu übernehmen. Die Pfandschaft jedoch blieb vorläufig noch im Besitz der Grafen von Habsberg, denn es fehlte das Geld,

---

[49] Weitzel, Kampf (wie Anm. 3), S. 65.

[50] *Unnd im fal, das der von habsperg solchs [Rückzug der Klage] nit thun wolte, Camer Richter, unnd beysizern geschriben, unnd begert, gemelten, von habsperg solch auch zuthun zu wissen, [...] zuersten, dieweil dann dise sach hochgedacht ku. mat. Lanndsfürstlich oberkait und Jurisdiction betrifft.* TLA, OÖ Hofregistratur X 110, Reg. in Ensisheim an Reg. in Innsbruck, Ensisheim, 9.3.1542.

[51] *[...] die gemelten von Lauffenburg der Römischen ku mt. unsers allergnedigsten herrn, als Regierenden Herren und lanndsfürsten zu Österreichs underthanen unnd Lanndseßen unnd von desselben wegen incrafft undvermög Irer mt und dem löblichen haus Österreichs Freyhaiten des heiligen Reichs Camergerichts Jurisdiction Exempt unnd niemannd andern, dann unns als anstat unnd Innamen seiner kay mt als Lanndsfürstens zu Österreich underworffen und darunten yemanden den sy spruch oder vorderung hie zuertragen vermaint, Erster Instanzien chainer annderen orte, dann was unns Ende noch anntwurt zu geben schuldig sein.* TLA, OÖ Hofregistratur X 110, Reg. in Ensisheim an RKG, Ensisheim, 9.3.1542.

[52] Auch der Ausgang des Falles Arch 1536 ist nicht bekannt. Sellert, Zuständigkeitsabgrenzung (wie Anm. 4), S. 25. Zur Häufigkeit von Reichskammergerichtsprozessen ohne Endurteil: Oestmann, Rekonstruktion (wie Anm. 3), S. 346.

[53] Zur allgemeinen Abnahme der Prozesshäufigkeit von 1544-1548: F. Ranieri, Die Tätigkeit des Reichskammergerichts und seine Inanspruchnahme während des 16. Jahrhunderts, in: B. Diestelkamp (Hg.), Forschungen aus den Akten des Reichskammergerichts (QFHG 14), Köln 1984, S. 41-74, hier S. 60-63.

um die Stadt auszulösen. So wies eine Urkunde von 1553 aus, dass immerhin 13.000 fl. an die Kinder von Hans Wolf gezahlt wurden. Erst 1576 gelang es dann, das Pfand endgültig loszukaufen und damit jede Bindung mit den Grafen von Habsberg zu beenden.[54]

Konflikte dieser Art, also zwischen Stadt und Pfandherrn, gab es aber auch anderenorts. So in Belfort, wo ebenfalls in den vierziger Jahren die Auseinandersetzung zwischen Rat und den Grafen von Mörsberg/Morimont ihren Höhepunkt erreicht hatte. Dieser Fall muss jedoch als ein anderer Weg der Rechtssuche gewertet werden, da sich Mörsberg nicht an das Reichskammergericht wandte, sondern nach langem erfolglosen Ringen mit den beiden Regierungen seiner Position auf dem Reichstag in Speyer 1544 zu erhärten suchte.[55]

Auf eine Appellation an das Reichskammergericht hatte Mörsberg hingegen schon deswegen verzichten müssen, weil er nur wenige Jahre vorher das Ansinnen des Bischofs von Worms und des Kurfürsten von der Pfalz, auch seinen Beitrag zum Kammerzieler zu leisten, abgelehnt hatte.[56] Doch auch bei Mörsberg blieb der recursus ad comitia erfolglos: Mörsberg konnte genauso wenig, wie kurz zuvor Habsberg, seine Position stärken, vielmehr trug die Verärgerung Ferdinands und der Innsbrucker Regierung zu einer deutlichen Schwächung seiner Stellung gegenüber der Kommune bei.[57]

V.

Ergebnis

Zunächst kann dank der Analyse der untersuchten Fälle die bisherige Position in der Literatur, *dass das Reichskammergericht an seiner Rechtsauffassung festgehalten und entsprechende Mandate gegen Österreich erkannt hat*,[58] bestätigt werden. Dagegen verstand sich der König oder Kaiser in den Erblanden als alleinige Quelle des Rechts und diese Position

---

[54] Pelizaeus, Konflikte (wie Anm. 13), Kap. 6.4.2.1.2.

[55] 1537 hatte Hans Jakob von Mörsberg einen Streit mit der Stadt Basel am Hofrat laufen: Ortlieb, Hofrat (wie Anm. 11), S. 281.

[56] Dies hatte er damals auch beim Reichskammergericht geltend gemacht und die Unterstützung König Ferdinands in Anspruch genommen, der darauf verwiesen hatte, dass Rappoltstein wie Mörsberg als Landsassen des Hauses Österreich von der Abgabe befreit seien. TLA, OÖ Hofregistratur X 110, Rgt an Fl., Innsbruck, 10.8.1535.

[57] Der Reichstag zu Speyer fand in Abwesenheit von Kaiser Karl V. statt. Abschied vom 10. Juni 1544. Die Bedeutung des Abschiedes für die RKGO bei: Dick, Entwicklung (wie Anm. 37), S. 49 f.

[58] Weitzel, Kampf (wie Anm. 3), S. 66.

wurde durch seine Regierungen umgesetzt.[59] Darüber hinaus erlaubt uns aber die vorliegende Untersuchung, eine Reihe von wichtigen Aspekten hinzufügen zu können.

Die Gerichtslandschaft Altes Reich erlaubte nämlich den Rekurs an Rechtsprechungsinstanzen, welche auch eine Spruchfunktion einnehmen konnten. Zunächst sind hier die geistlichen Gerichte zu nennen, die, wie wir gesehen haben, eben nicht nur in geistlichen Fragen, sondern durchaus als Konkurrenz zur Gerichtsbarkeit der habsburgischen Lande angerufen wurden. Diese sind insofern auch von herausragendem Interesse, weil es zu Einbeziehung von Gerichten kam, denen ein über das Reich hinausgehender Rechtsraum unterstellt war, so z.B. das geistliche Gericht des Bischofs von Basel, welches über Untertanen des Reiches wie über Eidgenossen zu richten hatte.

Eine weitere Option war der Rekurs an den Reichstag oder an die Ständeversammlung, um ein Endurteil zu erhalten. Schließlich kam als weitere Möglichkeit die Appellation an das Reichskammergericht in Frage. Bei allen hier untersuchten Fällen, besonders bei der im Zentrum stehenden Klage des Grafen von Habsberg, wandte sich aber der Versuch, auswärtige Rechtsinstanzen anzurufen, gegen den Appellanten. In allen Fällen intervenierten unverzüglich die auf ihrem Alleinanspruch als Appellationsinstanzen beharrenden Regierungen in Ensisheim und Innsbruck. Damit verschlechterte sich stets bei einer Appellation für den Kläger unverzüglich seine Situation, weil die Regierungen erheblichen Druck ausübten, diese zurückzuziehen.[60] Eine Annahme der Appellation konnte also noch erfolgen, in allen Fällen war dann eine weitere Verfolgung der Klage aufgrund des Druckes der Regierungen nicht mehr möglich.[61]

In der Kläger-Beklagten Relation stellt der Laufenburger Fall ein Gegenmodell dar. Es dreht sich zwar um Widerstand und Konflikt, der aus einem Streit zwischen Untertanen und Vogt hervorgeht. Das Resultat ist also nicht ein *Untertanenprozess*, sondern eher einen *Herrenprozess*.[62]

---

[59] Dabei gilt es zu bedenken, wie von Stephan Wendehorst in der Diskussion zurecht bemerkt wurde, dass sich die Erblande mit der Exemtion von Reichsinstitutionen wie dem Reichskammergericht früher aus dem Reich verabschiedet hatten als Preußen. Vgl. hierzu: W e i t z e l , Kampf (wie Anm. 3), S. 59-86, 137-146.

[60] Dabei waren die habsburgischen Lande durch die gleichzeitig Spezialisierung des Hofrates von hoher Gerichtsdichte. O r t l i e b , Hofrat (wie Anm. 11), S. 285. Damit ist der Hofrat aber nicht nur in der Konkurrenz zum Reichskammergericht, sondern auch in der Konkurrenz zu den *oberösterreichischen* Regierungen zu sehen. Dies war auch im Fall Fugger so gewesen. Vgl. S e l l e r t , Zuständigkeitsabgrenzung (wie Anm.4), S. 27.

[61] Vgl. dagegen W e i t z e l , Kampf (wie Anm. 3), S. 66.

[62] Zu Untertanenprozessen und deren Entwicklung: S c h u l z e , Widerstand (wie Anm. 27), S. 89-114. Einordnung bei H. D u c h h a r d t , Das Reichskammergericht, in: B. D i e s t e l k a m p (Hg.), Oberste Gerichtsbarkeit und zentrale Gewalt im Europa des Frühen Neuzeit (QFHG 29), Köln 1996, S.1-13,

Der Adel nutzte im Prozess der Verrechtlichung also genauso seine Möglichkeiten,[63] denn es drehte sich, besonders bei Pfandschaften, oft um die Beteiligung des Stadtrates in der Frage der lokalen Kontrolle, was von den Pfandherrn angefochten wurde und daher von der Regierung zu prüfen war.[64]

Wir haben gesehen, wie vielfältig sich die Gerichtslandschaft Altes Reich aufgrund der verschiedenen Instanzen und Appellationsmöglichkeiten darstellte. Dabei wäre aber für künftige Untersuchungen noch ein Vergleich mit den unter Karl vereinigten Landen sehr reizvoll, um zu prüfen, welche Rolle die Prägung Ferdinands durch das kastilische Rechtssystem hatte. Denn als Ferdinand Spanien 1517 verließ, besonders durch die vielen Spanier an seinem Hof, zu denen er, der *Ynfant von Hispanien* stets guten Kontakt unterhielt, hatte er Kenntnis von den Chancillerías als höchste Gerichte in Kastilien.[65] Spanien wies auch die Parallelität zwischen Hofrat, d. h. Königlicher Rat (Consejo Real) und den beiden Gerichtshöfen auf.[66] Gerade in Bezug auf das Funktionieren der Rechtsprechung am Anfang des 16. Jahrhunderts ließen sich hier sicher noch einige Anregungen gewinnen.

---

hier S. 5 f. Vgl. H. G a b e l, *Daß ihr künftig von aller Widersetzlichkeit, Aufruhr und Zusammenrottierung gänzlich abstehet.* Deutsche Untertanen und das Reichskammergericht, in: I. S c h e u r m a n n (Hg.), Frieden durch Recht. Das Reichskammergericht von 1495-1806, Mainz 1994, S. 273-280.

[63] P e l i z a e u s, Konflikte (wie Anm. 13), Kap. 2.2.3.

[64] P e l i z a e u s, Konflikte (wie Anm. 13), Kap. 6.4.2.1.

[65] Auch Pfalzgraf Friedrich, späterer Präsident des Hofrates war in Spanien. Zu seiner Tätigkeit am Hofrat: O r t l i e b, Hofrat (wie Anm. 11), S. 221-289, hier S. 253, S. 256 der Hinweis darauf, dass der Hofrat im zeitgenössischen Urteil fast nur aus Spaniern bestanden habe, zu seinem Aufenthalt in Spanien: L. P e l i z a e u s, Kultur, Kontakt und Erfahrung Die Reise von Herzog Friedrich in Bayern, Pfalzgraf bei Rhein nach Granada 1526 nach einer Münchner Handschrift, in: K. A m a n n, L. P e l i z a e u s, A. R e e s e und H. S c h m a h l (Hgg.), Bayern und Europa. Festschrift zum 65. Geburtstag von Peter C. Hartmann, Frankfurt/Bern 2005, S. 75-94, hier S. 75-78.

[66] Vgl. D u c h h a r d t, Reichskammergericht (wie Anm. 62), S. 10 zur Funktion des Reichskammergerichts im europäischen Vergleich. Eine Subordination des Reichskammergerichts unter die Krone war spätestens 1555 gescheitert. Als Alternative zum Reichskammergericht darf aber nicht nur der RHR, sondern müssen eben gerade auch die Regierungen in ihrer Gerichtsfunktion gesehen werden. Die Zunahme der Prozesshäufigkeit der Chancillería hat bereits Ranieri betont, er bezieht sich dabei aber nur auf die Chancillería von Valladolid und lässt die von Granada, die zweite Chancillería im Königreich Kastilien unberücksichtigt. R a n i e r i, Tätigkeit (wie Anm. 53), S. 64-66. Vgl. P e l i z a e u s, Konflikte (wie Anm. 13), Kap. 3.1.1.

KOOPERATION UND KONFLIKT.

DER REICHSHOFRAT UND DIE KAISERLICHE PLENIPOTENZ IN ITALIEN

Von Matthias Schnettger

I.

Einleitung

Eine Region des Alten Reiches, an der der Aufschwung der Reichsge-schichtsforschung der vergangenen Jahrzehnte bislang weitgehend vorü-bergegangen ist, ist Reichsitalien. Trotz der Bemühungen insbesondere Karl Otmar von Aretins, die Reichslehnsgebiete südlich der Alpen in die allgemeine Reichsgeschichte einzubeziehen,[1] liegen diese nach wie vor außerhalb des Horizonts der meisten Reichshistoriker. Zweifellos handelte es sich bei Reichsitalien um eine Peripherie des Alten Reichs,[2] die von den Verdichtungsprozessen, die seine deutschen Kerngebiete seit der Zeit der Reichsreform durchlaufen hatten, unberührt geblieben war. Nichtsde-stoweniger oder gerade deshalb erscheint es reizvoll, in einem Sammel-band über die *Gerichtslandschaft Altes Reich* darüber zu reflektieren, ob und wie Reichsitalien in den Rechtsraum Altes Reich eingebunden war. Dazu bietet es sich an, die Aufmerksamkeit auf den Reichshofrat als das-jenige oberste Reichsgericht, das allein für die italienischen Lehensgebiete zuständig war, und auf die kaiserliche Plenipotenz bzw. das Generalkom-missariat als die zentrale Reichsinstitution in Italien zu richten und ihre Beziehungen zu untersuchen.

Das spannungsreiche und komplexe Verhältnis zwischen Reichshofrat und kaiserlicher Plenipotenz in Italien auf gut zwanzig Seiten angemessen ausloten zu wollen, ist allerdings im Grunde genommen ein vermessenes Unterfangen: Schon die Geschichte des Reichshofrats ist, wie mehrfach

---

[1] Siehe vor allem K. O. v. Aretin, Reichsitalien von Karl V. bis zum Ende des Alten Reiches. Die Lehensordnungen in Italien und ihre Auswirkungen auf die europäische Politik, in: Ders., Das Reich. Friedensordnung und europäisches Gleichgewicht 1648-1806, Stuttgart 1986, S. 76-163; so-wie ders., Das Alte Reich 1648-1806, 4 Bde., Stuttgart 1993-2000, hier Bd. 1: Föderalistische o-der hierarchische Ordnung (1648-1684), S. 112-115, 201-208, 310-312; Bd. 2: Kaisertradition und österreichische Großmachtpolitik (1684-1745), S. 85-96, 128-134, 194-215, 351-380, 458-467; Bd. 3: Das Reich und der österreichisch-preußische Dualismus (1745-1806), S. 63-71, 168-171.

[2] Vgl. hierzu jetzt M. Schnettger, Le Saint-Empire et ses périphéries: l'exemple de l'Italie, in: His-toire, Economie et Société, Bd. 23 (2004), Nr. 1, S. 7-23.

betont worden ist, noch längst nicht befriedigend aufgearbeitet,[3] noch viel
weniger aber die der Plenipotenz bzw. des kaiserlichen Generalkommissariats in Italien. Dies gilt insbesondere für die Anfänge dieser Institution
im 17. Jahrhundert.[4] Dennoch soll im Folgenden auf der Basis der vorhandenen Literatur und ausgewählter Quellen aus den Archiven in Wien und
Mailand eine Annäherung an dieses Thema vorgenommen werden, um
grundsätzliche Strukturen und Entwicklungstendenzen herauszuarbeiten.

---

[3] Als Grundlagenwerk zur Geschichte des Reichshofrats hat immer noch zu gelten: O. v. Gschließer, Der Reichshofrat. Bedeutung und Verfassung, Schicksal und Besetzung einer obersten
Reichsbehörde von 1559 bis 1806 (Veröffentlichungen der Kommission für neuere Geschichte Ös-
terreichs, Bd. 33), Wien 1942, ND Nendeln, Liechtenstein 1970. Vgl. außerdem die verschiedenen
Arbeiten von W. Sellert, z. B. Prozeßgrundsätze und Stilus Curiae am Reichshofrat (Untersu-
chungen zur deutschen Staats- und Rechtsgeschichte, N. F., Bd. 18), Aalen 1973; ders. (Hg.), Die
Ordnungen des Reichshofrates 1550-1766, 2 Halbbde. (QFHG 8), Köln/Wien 1980-1990; ders.,
Der Reichshofrat, in: B. Diestelkamp (Hg.), Oberste Gerichtsbarkeit und zentrale Gewalt im
Europa der frühen Neuzeit (QFHG 29), Köln/Weimar/Wien 1996, S. 15-44; ders. (Hg.), Reichs-
hofrat und Reichskammergericht. Ein Konkurrenzverhältnis (QFHG 34), Köln/Weimar/Wien 1999;
M. Uhlhorn, Der Mandatsprozeß sine clausula des Reichshofrats (QFHG 22), Köln/Wien 1990;
U. Eisenhardt, Der Reichshofrat als kombiniertes Rechtsprechungs- und Regierungsorgan, in:
J. Hausmann und T. Krause (Hg.), Zur Erhaltung guter Ordnung. Beiträge zur Geschichte von
Recht und Justiz. Festschrift für Wolfgang Sellert, Köln/Weimar/Wien 2000, S. 245-267. Zum
Verhältnis des Reichshofrats zu den anderen Institutionen am Kaiserhof vgl. S. Ehrenpreis, Der
Reichshofrat im System der Hofbehörden Kaiser Rudolfs II. (1576-1612). Organisation, Arbeitsab-
läufe, Entscheidungsprozesse, in: Mitteilungen des Österreichischen Staatsarchivs, Bd. 45 (1997),
S. 187-205. Die Tätigkeit des Reichshofrats als oberstes Reichsgericht beleuchten etwa S. West-
phal, Kaiserliche Rechtsprechung und herrschaftliche Stabilisierung. Reichsgerichtsbarkeit in den
thüringischen Territorialstaaten 1648-1806 (QFHG 43), Köln/Weimar/Wien 2002; M. Hughes,
Law and Politics in Eighteenth-Century Germany. The Imperial Aulic Council in the Reign of
Charles VI (Royal Historical Society Studies in History, Bd. 55), Woodbridge 1988;
P. Rauscher, Recht und Politik. Reichsjustiz und oberstrichterliches Amt des Kaisers im Spannungsfeld des preußisch-österreichischen Dualismus (1740-1785), in: Mitteilungen des Österreichi-
schen Staatsarchivs, Bd. 46 (1998), S. 269-309. Zur Forschungslage siehe L. Auer, Das Archiv
des Reichshofrats und seine Bedeutung für die historische Forschung, in: B. Diestelkamp und
I. Scheurmann (Hg.), Friedenssicherung und Rechtsgewährung. Sechs Beiträge zur Geschichte
des Reichskammergerichts und der obersten Gerichtsbarkeit im alten Europa. Vortragsreihe im
Rahmen der Ausstellung Frieden durch Recht. Das Reichskammergericht von 1495 bis 1806,
Bonn/Wetzlar 1997, S. 117-130; sowie A. Stoegmann, Die Erschließung von Prozeßakten des
Reichshofrats im Haus-, Hof- und Staatsarchiv Wien. Ein Projektzwischenbericht, in: Mitteilungen
des Österreichischen Staatsarchivs, Bd. 47 (1999), S. 249-265.

[4] Zur Geschichte des italienischen Generalkommissariats/der Plenipotenz im Überblick vgl. G. Del
Pino, Un problema burocratico: La Plenipotenza per i feudi imperiali in Italia e il suo archivio tra
XVII e XVIII secolo, in: Rassegna degli Archivi di Stato, Bd. 54 (1994), S. 551-583; Aretin,
Reichsitalien (wie Anm. 1), S. 91-101; M. Schnettger, Das Alte Reich und Italien in der Frühen
Neuzeit. Ein institutionengeschichtlicher Überblick, in: Quellen und Forschungen aus italienischen
Archiven und Bibliotheken, Bd. 79 (1999), S. 344-342, hier S. 387-397. Einiges Material zur Plenipotenz enthält auch die bislang einzige umfassende italienischsprachige Geschichte Reichsitaliens
in der Frühen Neuzeit: S. Pugliese, Le prime strette dell'Austria in Italia, Milano 1932 (2. Aufl.
u. d. Titel: Il Sacro Romano Impero in Italia, Milano 1935). Vgl. auch die umfangreichste zeitgenössische Abhandlung zur rechtlichen Stellung der italienischen Lehensgebiete: J. A. L. Sei-
densticker, Beyträge zum Reichsstaatsrechte Welscher Nation, Bd. 1, Göttingen 1795 [mehr
nicht erschienen].

Diese Annäherung soll in drei chronologischen Schritten vollzogen werden. Am Anfang werden einige allgemeine, strukturelle Beobachtungen zum Verhältnis Reichshofrat – Plenipotenz sowie zur Entwicklung im 17. Jahrhundert stehen. Der zweite Teil wird sodann mit der Amtszeit Carlo Borromeo Areses die entscheidende Formierungsphase der Plenipotenz im 18. Jahrhundert in den Blick nehmen – erst mit dem Amtsantritt Borromeos im Jahr 1715 wurde der Begriff Plenipotentiar/Plenipotenz allgemein üblich. Der dritte Teil wird der Entwicklung unter Borromeos Nachfolgern gewidmet sein und einige Beobachtungen zur Personalstruktur der beiden Institutionen formulieren, bevor abschließend die Ergebnisse dieses Überblicks knapp zusammengefasst werden.

II.

Reichshofrat und Generalkommissare – der Beginn einer schwierigen Beziehung

Allen weiteren Beobachtungen zum Verhältnis zwischen Reichshofrat und Plenipotenz voranzuschicken ist das grundlegende Faktum, dass es der Reichshofrat bzw. eines seiner Mitglieder war, auf dessen Anregung die erstmalige Bestellung kaiserlicher Generalkommissare im frühen 17. Jahrhundert ganz wesentlich zurückging: Auf einer Rundreise durch die italienischen Lehensgebiete in den Jahren 1603/04 hatte der Reichshofrat Paul Garzweiler die Überzeugung gewonnen, dass nur eine effektive Vertretung vor Ort die Rechte des Reichs und die Interessen der kleinen Vasallen gegen die Übergriffe der *Potentiores* schützen könne.[5] Zuvor hatten sich (nach dem Höhepunkt kaiserlicher Machtentfaltung in Italien, den die Regierung Karls V. bedeutet hatte) Kaiser Ferdinand I. und seine Nachfolger damit begnügt, sich in Italien durch fallweise ernannte Kommissare –

---

[5] Der Bericht Garzweilers ist abgedruckt als *Kurtzer Extract Des Heil. Röm. Reichs Lehen in Italien / wie dieselbe allermassen beschaffen / ob sie mit Zöllen zu belegen / und was von denen durch der Kayserl. Mayest. unsers allergnädigsten Herrn Reichs-Hoff-Rath / Herrn Paul Gertzweiler / der Rechten Doctorn / dabey vor kurtzer Zeit nach den Feuerstätten gesuchten contributionibus bezahlt / oder noch zu hoffen*, in: J. W. Itter, De Feudis Imperii Commentatio Methodica Quâ Non tantum ex Jure Feudorum Longobardico, sed & Publicis atque Pragmaticis Imp. Sanctionibus, Historia Germanica, novissimisque Imp. Actis & monumentis partim etiam ineditis, Feudorum Imperialium natura atque indoles eruitur, maximeque illustres de hoc argumento in summis Imp. Tribunalibus agitari solitæ controversiæ recensentur atque discutiuntur, Frankfurt a. M. 1685, S. 263-301. Weiterer Druck (nach Itter) in: J. J. Moser, Einleitung zu dem Reichs-Hof-Raths-Proceß, Theil 3. VI. Von Reichs-Lehen, Frankfurt a. M., Leipzig 1734, S. 896-928. Zur Garzweiler-Mission vgl. G. Rill, Die Garzweiler-Mission 1603/4 und die Reichslehen in der Lunigiana, in: Mitteilungen des Österreichischen Staatsarchivs, Bd. 31 (1978), S. 9-25; sowie Aretin, Reichsitalien (wie Anm. 1), S. 111-116.

teils Deutsche, teils Italiener – vertreten zu lassen, und italienische Rechtsstreitigkeiten waren nicht selten an italienische Gerichte delegiert worden.[6] Angesichts des in den letzten Jahren Rudolphs II. auch südlich der Alpen zu beobachtenden kaiserlichen Ansehensverlustes und einer sich insbesondere seit dem Regierungsantritt Philipps III. (1598-1621) aggressiv über die Reichsrechte hinwegsetzenden Politik Spaniens und seiner Mailänder Gouverneure gewannen Überlegungen an Überzeugungskraft, die verbliebenen Reichsrechte in Italien zu bündeln und auf diese Weise effektiver zu schützen.

Das alte Institut des Reichsvikariats kam hierfür nicht in Betracht: Längst war es von einem eigentlichen Reichsorgan zu einem Titel mutiert, der es den mit dem Vikariat ausgestatteten Fürsten erlaubte, ihre Herrschaftsgewalt nach innen und außen auszubauen und zu stabilisieren, und schon Ferdinand I. hatte sich hartnäckig allen spanischen Avancen verschlossen, König Philipp II. zum Generalvikar für Italien zu ernennen – denn dies hätte in gewisser Weise bedeutet, den Bock zum Gärtner zu machen.[7]

Statt einen womöglich nicht zu kontrollierenden Vikar einzusetzen, knüpfte der Kaiserhof daher an die Institution der Kommissare an, und so wurde bereits zwischen 1605 und 1608, als direkte Folge des Garzweiler-Berichts, Alberico I. Cibo-Malaspina, Herzog von Massa, in dieses Amt berufen. Über seine Tätigkeit sowie seine unmittelbaren Nachfolger (wenn es sie denn gab) ist so gut wie nichts bekannt. Auf festeren Boden gelangt man erst mit der Berufung von Ferrante Gonzaga, Herzog von Guastalla, im Jahr 1624 durch Kaiser Ferdinand II.[8]

---

[6] Beispielsweise schickte Maximilian II. 1575 anlässlich der innergenuesischen Unruhen den Bischof von Acqui Pietro Fauno Costacciaro und den aus Görz stammenden Vitus Dornberg als seine Kommissare nach Ligurien. Vgl. M. S c h n e t t g e r, *Principe sovrano* oder *civitas imperialis?* Die Republik Genua und das Alte Reich in der Frühen Neuzeit (1556-1797) (Veröffentlichungen des Instituts für Europäische Geschichte, Bd. 209; Abteilung für Universalgeschichte), Mainz 2006, S. 267. – Während systematische Untersuchungen zu den kaiserlichen Kommissaren in Italien noch ausstehen, ist die Erforschung der Kommissionen im deutschen Reichsgebiet in den letzten Jahren erfreulich vorangeschritten. Vgl. v. a. E. O r t l i e b, Im Auftrag des Kaisers. Die kaiserlichen Kommissionen des Reichshofrats und die Regelung von Konflikten im Alten Reich (1637-1657) (QFHG 38), Köln/Weimar/Wien 2001; C. P f l ü g e r, Kommissare und Korrespondenzen. Politische Kommunikation im Alten Reich (1552-1558) (Norm und Struktur, Bd. 24), Köln/Weimar/Wien 2005. Zum kaiserlichen Vorgehen in einigen wichtigen, die Republik Genua betreffenden Rechtsstreitigkeiten im 16. und frühen 17. Jahrhundert sowie zu den Delegationen vgl. M. S c h n e t t g e r, *Principe sovrano* (wie oben), S. 238-291.

[7] Vgl. hierzu G. R i l l, Reichsvikar und Kommissar. Zur Geschichte der Verwaltung Reichitaliens im Spätmittelalter und in der frühen Neuzeit, in: Annali della Fondazione italiana per la Storia amministrativa, Bd. 2 (1965), S. 173-198; sowie S c h n e t t g e r, Das Alte Reich (wie Anm. 4), S. 381-386 (mit weiterer Literatur).

[8] Vgl. A r e t i n, Reichsitalien (wie Anm. 1), S. 91-93; S c h n e t t g e r, Das Alte Reich (wie Anm. 4), S. 389.

Kaum aber scheint sich dieses offenbar durchgängig mit kleinen italienischen Fürsten besetzte Amt einigermaßen stabilisiert zu haben, wurde schon wieder auf seine Abschaffung gedrängt – und zwar von Seiten des Reichshofrats. Dieser sprach sich seit den 1630er Jahren immer nachdrücklicher dafür aus, zu dem früher üblichen Verfahren fallweise ernannter Kommissare zurückzukehren. Als ihn 1632 Ferdinand II. aufforderte, ihm Vorschläge für einen Nachfolger des verstorbenen Generalkommissars Cesare Gonzaga, Herzogs von Guastalla, zu unterbreiten, vertrat der Reichshofrat die Auffassung, dass Gonzaga den italienischen Vasallen nichts genützt habe: Er habe sich meist am Kaiserhof aufgehalten, so dass statt seiner Subdelegierte die Geschäfte verrichtet hätten. Überdies werde die Ernennung eines Generalkommissars nur *gelosia* unter seinen Standesgenossen erwecken. Daher wäre es besser, *bald diesem, bald ihenen fürsten oder andern vasallen nach dem es die vorfallende negotia erfordern commissionen auffzutragen.*[9] Wenig später rief eine Deputation von Räten außerdem in Erinnerung, dass in früheren Zeiten aus solchen Generalkommissaren ständige Vikare geworden seien, die sich auf Kosten des Reichs bereichert hätten.[10] Für diesmal konnte sich der Reichshofrat nicht durchsetzen: Im März 1633 ernannte Ferdinand II., allerdings auf fünf Jahre befristet, den Fürsten Andrea Doria zu seinem Generalkommissar.[11] Dieser wurde von Ferdinand III. nach seinem Regierungsantritt zunächst interimsweise in seiner Funktion bestätigt; als jedoch die definitive Bestätigung anstand, votierte der Reichshofrat unter Wiederholung seiner früheren Argumente dafür, das Amt wieder erlöschen zu lassen, wobei er zusätzlich auf die *unerschwinglichen schatzungen* hinwies, die die Vasallen wegen des Generalkommissariats zu tragen hätten, und darauf, dass die meisten von ihnen ohnehin nicht bereit seien, sich dessen Amtsgewalt zu unterwerfen.[12] Ein Jahr später drang der Reichshofrat mit seinen Bedenken durch, denn als Doria wegen seiner Ernennung zum spanischen Vizekönig von Sardinien nach Cagliari übersiedelte,[13] erhielt er keinen Nachfolger, sodass es von nun an für einige Jahrzehnte wieder mehrere,

---

[9] Reichshofratsgutachten, 1632 VII 13, Haus- Hof- und Staatsarchiv Wien (künftig: HHStA W), Plenipotenz 2. Siehe auch das Dekret Ferdinands II., Wien 1632 IV 22, ebd. Vgl. Schnettger, Das Alte Reich (wie Anm. 4), S. 390.

[10] Gutachten der deputierten Räte über die Bestellung eines Generalkommissars für Italien, 1633 III 8, verlesen im Geheimen Rat 1633 III 12, HHStA W, Plenipotenz 2.

[11] Patent und Instruktion Ferdinands II. für Doria, Wien 1632 III 12, HHStA W, Plenipotenz 2.

[12] Reichshofratsgutachten, 1638 VI 18, HHStA W, Plenipotenz 2.

[13] Ferdinand III. an Giovanni Andrea Doria, Wien 1639 VI 3, HHStA W, Plenipotenz 2.

fallweise eingesetzte Kommissare nebeneinander statt eines einzigen Generalkommissars gab.[14]

Ob das Amt des Generalkommissars sich tatsächlich nicht bewährt hatte oder ob die vom Reichshofrat gegen dieses Amt erhobenen Vorbehalte nur vorgeschobene Gründe waren, ist schwierig einzuschätzen. Manche der reichshofrätlichen Argumente sind ohne weiteres nachvollziehbar – so befand sich Cesare Gonzaga während seiner knapp zweijährigen Amtszeit tatsächlich durchgängig am Kaiserhof –, der Hinweis auf die mangelnde Anerkennung durch die italienischen Fürsten leuchtet aber schon weniger ein: War denn die Autorität fallweise ernannter Kommissare höher einzustufen? Damit spricht einiges dafür, dass es dem Reichshofrat zumindest *auch* darum ging, ein Amt wieder verschwinden zu lassen, das von Wien aus nur schwierig zu kontrollieren war und dessen Inhaber ein allzu großes Selbstbewusstsein entwickelt hatten.[15]

Wenngleich es vorübergehend so aussah, als sei das kaiserliche Generalkommissariat lediglich ein Intermezzo gewesen, ging die Erinnerung an diese Institution doch nicht verloren. 1676/77 gab es Verhandlungen um eine Neubesetzung des Amtes, um das sich Vitaliano Borromeo und der Herzog von Massa bewarben – keiner von beiden gelangten jedoch zum Zuge.[16] Gegen Ende des 17. Jahrhunderts verstärkte sich dann aber die Tätigkeit kaiserlicher Kommissare in Italien erneut, als die Schwächung der spanischen Macht und die Präsenz österreichischer Truppen auf der Halbinsel seit den 1690er Jahren neue Spielräume für ein kaiserliches Eingreifen auf der Halbinsel eröffneten.[17] Immer noch aber gab es offenbar gleichzeitig mehrere Kommissare in Italien, die bisweilen als *Reichs*

---

[14] Vgl. zu dieser schwierigen Phase der kaiserlichen Vertretung in Italien vgl. A r e t i n, Reichsitalien (wie Anm. 1), S. 93 f.; D e l P i n o, Un problema burocratico (wie Anm. 4), S. 554-557; S c h n e t t g e r, Das Alte Reich (wie Anm. 4), S. 391. Nach Durchsicht des Bestands im Plenipotenz im Wiener HHStA sehe ich meine ebd. in Anm. 156 geäußerte, auf den Ausführungen Aretins basierende Vermutung bestätigt, dass es in diesen Jahrzehnten keinen Generalkommissar gegeben hat.

[15] So bereits A r e t i n, Reichsitalien (wie Anm. 1), S. 95. Nicht ganz von der Hand zu weisen, jedoch von nachgeordneter Bedeutung scheint mir das von G. T a b a c c o, Lo stato sabaudo nel Sacro Romano Impero (R. Università di Torino, Pubblicazioni della Facoltà di Magistero), Torino 1939, S. 116, und R i l l, Reichsvikar (wie Anm. 7), S. 197 f., vorgetragene Argument zu sein, der Reichshofrat habe damit den Beschwerden des Turiner Hofs entsprochen, das Generalkommissariat beeinträchtige das savoyische Reichsvikariat.

[16] Reichshofratsgutachten, 1677 IX 3, HHStA W, Plenipotenz 2.

[17] D e l P i n o, Un problema burocratico (wie Anm. 4), S. 558, 579; A r e t i n, Reichsitalien (wie Anm. 1), S. 95. Zur Situation Italiens in den 1690er Jahren vgl. allgemein M. S c h n e t t g e r, Zwischen Spanien, Frankreich und dem Kaiser. Italien zur Zeit des Friedens von Rijswijk, in: H. D u c h h a r d t unter Mitwirkung von M. S c h n e t t g e r und M. V o g t (Hgg.), Der Friede von Rijswijk (Veröffentlichungen des Instituts für Europäische Geschichte Mainz, Beiheft 48; Abteilung für Universalgeschichte), Mainz 1998, S. 195-218.

Commissarien und Plenipotentiarien in Italien bezeichnet wurden.[18] Diese Doppelbezeichnung und die unterschiedlichen Aktivitäten der mit diesen und ähnlichen Titeln belegten Personen weisen darauf hin, dass es verschiedene Tätigkeitsfelder gab, die dann das Profil der Plenipotenz im 18. Jahrhundert prägten. Einerseits ging es um die bevollmächtigte Stellvertretung des Kaisers in Italien. Darauf weist nicht nur die Bezeichnung *Plenipotentiar* hin, sondern auch das Faktum, dass diesem dieselben zeremoniellen Ehren zugesprochen wurden wie dem kaiserlichen Botschafter in Rom.[19] Zum zweiten nahmen die Kommissare, vielfach hohe Offiziere in der kaiserlichen Armee, Aufgaben wahr, die mit der Versorgung der Truppen auf der Apenninenhalbinsel zusammenhingen – konkret führten sie die Verhandlungen mit den italienischen Reichsvasallen über die an den Kaiser zu zahlenden Kontributionen.[20] Zum dritten waren sie wie die früheren Kommissare und wie die Kommissare in den deutschen Reichsgebieten in Justizangelegenheiten sowie für die Aufrechterhaltung oder auch Wiederbelebung der Reichsrechte tätig – und es ist dieser Aspekt ihrer Tätigkeit, der im Hinblick auf das Verhältnis zwischen Reichshofrat und Plenipotenz besonders interessiert.

III.

Carlo Borromeo Arese und die Formierung der Plenipotenz in den ersten Jahrzehnten des 18. Jahrhunderts

Mit Carlo Borromeo Arese wurde im Jahr 1715 einer der profiliertesten italienischen *filoimperiali* in das in dieser Form neu geschaffene Amt des kaiserlichen Plenipotentiars in Italien berufen. Er entstammte einer alten reichsadligen, lombardischen Familie. Bereits sein Onkel Vitaliano hatte

---

[18] So in der Instruktion für den Fiskal Thomas Edlen von Quentel, die Inquisition der Lehen in Italien betreffend, Wien 1708 XI 28, Druck: G. P. Obersteiner, Das Reichshofratsfiskalat 1696 bis 1806. Bausteine zu seiner Geschichte aus Wiener Archiven, Staatsprüfungsarbeit Wien, Institut für Österreichische Geschichtsforschung, 1992, S. 108-110, hier S. 109 (eine um die Biographien der Fiskale und die Quellenstücke gekürzte Fassung dieser Studie jetzt auch in: A. Baumann u. a. (Hg.), Reichspersonal. Funktionsträger von Kaiser und Reich (QFHG 46), Köln/Weimar/Wien 2003, S. 89-164. Da im Folgenden jedoch häufig eben auf die Quellenstücke und die Viten zurückgegriffen wird, wird grundsätzlich nach der Staatsprüfungsarbeit zitiert). Vgl. Schnettger, Das Alte Reich (wie Anm. 4), S. 392; Del Pino, Un problema burocratico (wie Anm. 4), S. 558, 579. Aretin, Reichsitalien (wie Anm. 1), S. 95, nimmt eine durchgehende Tätigkeit Johann Baptista Castelbarcos als Generalkommissar von 1694 bis 1715 an.

[19] Dies wurde etwa in der Instruktion für Carlo Borromeo so festgelegt – wobei bei einem Zusammentreffen beider dem Plenipotentiar/Generalkommissar der Vorrang vor dem Botschafter in Rom gebühren sollte. Instruktion für Carlo Borromeo Arese als kaiserlicher Plenipotentiar und Generalkommissar in Italien, Wien 1715 IV 13, HHStA W, Plenipotenz 3.

[20] Dazu vgl. jetzt Schnettger, *Principe sovrano* (wie Anm. 6), S. 577-599.

zwischen 1658 und 1690 mehrfach als kaiserlicher Kommissar gewirkt, und auch Carlo hatte schon einige Erfahrungen in dieser Funktion sammeln können. Wie Vitaliano, stand Carlo zugleich den spanischen Habsburgern nahe; er erhielt das Goldene Vlies und wurde zum spanischen Granden ernannt. In den 1690er Jahren verfolgte Borromeo eine militärische Karriere, wurde aber auch bereits als kaiserlicher Kommissar verwendet, so im Konflikt des Fürsten von Castiglione mit seinen Untertanen. Auch wenn Borromeo 1703 als Mitglied des Mailänder Geheimen Rates dem in Wien nur als *Herzog von Anjou* bezeichneten Bourbonen Philipp V. den Treueid leistete, galt er als das Haupt der lombardischen *filoimperiali* und wurde für seine Haltung 1706 mit dem Reichsvikariat belohnt. Den Gipfel seiner Karriere bildete 1710 die Ernennung zum Vizekönig von Neapel, ein Posten, den er allerdings bereits 1713 wieder verlor, nicht zuletzt aufgrund eines Konflikts mit dem im Italienischen bzw. neu geschaffenen Spanischen Rat höchst einflussreichen Rocco Stella. Zur Vorbereitung auf sein neues Amt, das eine Richtungsänderung in seiner Karriere vom primär österreichischen zum im eigentlichen Sinne kaiserlichen Dienst bedeutete, weilte er vom 17. Dezember 1714 bis zum Juni 1715 in Wien und hatte in dieser Zeit Gelegenheit, Kontakte mit wichtigen Ministern zu knüpfen. Insbesondere mit Reichsvizekanzler Friedrich Karl von Schönborn, aber auch mit Reichshofratspräsident Ernst Friedrich Windischgrätz pflegte er nach seiner Rückkehr nach Italien einen regen Briefwechsel über seine Amtsgeschäfte.[21]

Ein zentrales Quellenstück für die Formierungsphase der Plenipotenz ist ein Gutachten vom März 1715 über die dem Generalkommissar zu erteilende Instruktion. Dieses Gutachten war das Ergebnis zweier Sitzungen hochrangiger Minister unter Hinzuziehung Borromeos selbst.[22] Schon die Zusammensetzung des Gremiums macht deutlich, dass diese Instruktion keineswegs als Angelegenheit allein oder auch nur primär des Reichshofrats betrachtet wurde, der bei diesen Sitzungen nur durch seinen Präsidenten Windischgrätz vertreten war.[23]

Dennoch gibt dieses Dokument, das dann auch der Instruktion für Borromeo zugrunde lag, wichtige Hinweise auf das Verhältnis des Reichshof-

---

[21] Zur Biographie Borromeos vgl. C. C r e m o n i n i, Carlo Borromeo Arese, un aristocratico lombardo nel »nuovo ordine« di Carlo VI, in: M. V e r g a (Hg.), Dilatar l'Impero in Italia. Asburgo e Italia nel primo Settecento (Cheiron, Bd. 21), Roma 1995, S. 85-160, hier S. 86-101; ferner G. Ricuperati, Borromeo Arese, Carlo, in: Dizionario Biografico degli Italiani, Bd. 13, Roma 1971, S. 81-84.

[22] Relatio conferentiarum de 17.ᵐᵃ et 24.ᵗᵃ Martij 1715. Über die instruction für den Grafen Carolo Borromeo alß Kay.ᵉⁿ gevollmächtigten Commisario in Wälschland, HHStA W, Plenipotenz 4.

[23] Die übrigen Teilnehmer waren Prinz Eugen, Obristhofmeister Fürst Johann Leopold Donat Trautson, der österreichische Hofkanzler Philipp von Sinzendorff, Hofkammerpräsident Gundaker Thomas von Starhemberg und Reichsvizekanzler Friedrich Karl von Schönborn.

rats zu dem neuen kaiserlichen Amtsträger. Als *haubt-zweckh und [...]* *vornehmste obsorg des gevollmächtigten kayserlichen commissarii* wird hier genannt, *daß derselbe Eurer Kayserlichen May. und des Reichß anse-hen und gerechtsame nicht nur aufrecht zu erhalten, sondern auch, wo selbe verkürtzet, oder gar untertruckhet worden, wider herzustellen, nicht weniger in allen andern fählen das gute zu befördern, das böse hingegen zu hindern, und sonderlich zur übung der gerechtigkeit bestmöglichst die hand zu biethen, sich angelegen seyn lasse.* Damit wurden Borromeo für seinen italienischen Amtsbereich Aufgaben übertragen, wie sie der Reichshofrat für das ganze Reich wahrnahm. Daraus ergab sich, dass – zumindest idealiter – Reichshofrat und Plenipotentiar, salopp gesagt, an einem Strang zogen.

Dieser Eindruck verstärkt sich noch, wenn das Gutachten in der Folge das Problem der zwischen dem Reich und dem Herzogtum Mailand strit-tigen Lehen anspricht und fordert, dass die *unanständigkeit vermieden werde, daß in einer sach andere kayserliche und andere österreichische verordnungen fördershin nicht ergehen mögen.* Damit werden potentielle und oft genug auch in der Praxis aufgetretene Spannungen zwischen den im engeren Sinne kaiserlichen bzw. Reichs- und den landesherrlich-österreichischen Institutionen hinsichtlich der Italienpolitik fassbar, bei der Reichshofrat und Plenipotentiar einerseits dem Spanischen Rat[24] und der Mailänder Regierung andererseits gegenüberstanden. Wer aber bei dem ‚Tandem‘ der Reichsinstitutionen die Richtung angeben sollte, macht das Gutachten unzweifelhaft deutlich, wenn es beispielsweise im Zusam-menhang mit einigen Lehen, die der Herzog von Savoyen für sich bean-spruchte, auf ein Reichshofratsvotum verweist, *auß welchem [...] der graf Borromeo eigentlich zu belehren seyn wird, wie es mit sothanen lehen zu halten seye.* Ganz allgemein war es der Reichshofrat, der das Material zur Instruktion Borromeos in Justizsachen bereitstellte.

---

[24] Zum Spanischen Rat vgl. V. León Sanz, Origen del Consejo Supremo de España en Viena, in: Hispania, Bd. 52/1 [180] (1992), S. 107-142; H. Reitter, Der Spanische Rat und seine Bezie-hungen zur Lombardei, Phil. Diss. masch. Wien 1964; M. Verga, Appunti per una storia del con-siglio di Spagna, in: G. Biagioli (Hg.), Ricerche di storia moderna IV. In onore di Mario Mirri, Pisa 1995, S. 561-576; ders., *Il sogno spagnolo* di Carlo VI. Alcune considerazioni sulla monar-chia asburgica e i domini italiani nella prima metà del Settecento, in: C. Mozzarelli und G. Ol-mi (Hgg.), Il Trentino nel Settecento fra Sacro Romano Impero e antichi stati italiani (Annali dell'Istituto Storico Italo-Germanico in Trento, Quaderni, Bd. 17), Bologna 1985, S. 203-261; E. Garms-Cornides, Funktionäre und Karrieren im Italien Karls VI., in: B. Mazohl-Wallnig und M. Meriggi (Hgg.), Österreichisches Italien – italienisches Österreich? Interkultu-relle Gemeinsamkeiten und nationale Differenzen vom 18. Jahrhundert bis zum Ende des Ersten Weltkrieges, Wien 1999, S. 207-225. Sehr kritisch zu diesem Gremium hat sich geäußert Aretin, Das Alte Reich (wie Anm. 1), Bd. 1, S. 114, 127; Bd. 2, S. 236 f., 250, 369.

Offensichtlich ging das Bestreben des Reichshofrats von Anfang an dahin, den italienischen Plenipotentiar grundsätzlich ebenso an die kurze Leine zu nehmen wie jeden fallweise eingesetzten Kommissar. Dass, wie Cinzia Cremonini meint, mit dem Amtsantritt Borromeos zu einem echten *tribunale feudale di prima istanza* geworden sei,[25] steht so nicht in seiner Instruktion und lag auch gar nicht im Interesse des Reichshofrats. Wohl aber bot die Instruktion Borromeos Ansatzpunkte für eine Entwicklung in diese Richtung, wenn sie ihn darauf verpflichtete, ein Auge auf Konflikte zwischen den Vasallen und auf Missbrauch des Münzregals zu haben, ihm die Oberaufsicht über das Justizwesen in den Reichslehen übertrug und besonders ans Herz legte, darauf zu achten, dass den Untertanen nicht der Weg der Appellation an den Kaiser abgeschnitten werde. Wenngleich ihm zugestanden wurde, dort, wo Gefahr im Verzug sei, notfalls mithilfe von durch die Mailänder Regierung gestellten Truppen, selbst einzugreifen, ging doch das Hauptabsehen dahin, dass die Plenipotenz durch ihre Berichte nach Wien dem Reichshofrat das Material für dessen Rechtsprechungstätigkeit zur Verfügung stellen, also im Wesentlichen als eine von den Weisungen des Reichshofrats abhängige Untersuchungskommission fungieren sollte – der Plenipotentiar also (jedenfalls in Justizfragen) als Befehlsempfänger und ausführendes Organ des Reichshofrats.[26]

Wie schon die Besetzung des beratenden Gremiums, macht auch der Inhalt des Gutachtens deutlich, dass die Plenipotenz nicht in allen Fragen ausschließlich dem Reichshofrat unterstand – vielmehr spielte neben diesem die Reichshofkanzlei, auch eine der im engeren Sinne Reichsinstitutionen am Kaiserhof, eine wichtige Rolle. In Justizangelegenheiten aber lag die Weisungskompetenz eindeutig beim *consilium imperiale aulicum*.

Kennzeichnend für die Probleme, mit denen der neue Plenipotentiar zu kämpfen hatte, ist ein Rechtsstreit, der Borromeo ganz zu Beginn seiner Tätigkeit beschäftigte, in gewisser Weise die Weichen für seine weitere Amtszeit stellte und daher hier kurz referiert werden soll. Dabei handelt es sich um einen für Reichsitalien nicht untypischen Grenzkonflikt zwischen den beiden Gemeinden Sassello und Mioglia im gebirgigen Hinterland Liguriens.[27] Konkret ging es um einen Wald, den beide Gemeinden für sich beanspruchten. Anfang 1715 eskalierte der Streit, und am 25. März kam es zu einem Handgemenge, bei dem ein Sassellino getötet wurde und an-

---

[25] C r e m o n i n i, Carlo Borromeo Arese (wie Anm. 21), S. 108.
[26] Instruktion für Carlo Borromeo Arese als kaiserlicher Plenipotentiar und Generalkommissar in Italien, Wien 1715 IV 13, HHStA W, Plenipotenz 3.
[27] Vgl. zum Folgenden E. G r e n d i, La pratica dei confini: Mioglia contro Sassello, 1715-1745, in: Quaderni storici, N. S., Bd. 63 (1986), S. 811-845; sowie jetzt S c h n e t t g e r, *Principe sovrano* (wie Anm. 6), S. 291-306.

dere in Gefangenschaft gerieten. Besonders heikel war dieser Fall deswegen, weil Sassello im Besitz der Republik Genua war, die für ihr Kerngebiet die volle Souveränität beanspruchte und die Gerichtsbarkeit von Kaiser und Reichshofrat nach Möglichkeit auch für jene Teile ihres Territoriums zurückzudrängen suchte, die, wie Sassello, unzweifelhafte Reichslehen waren.

Borromeo, der am 10. April 1715 in Mailand eingetroffen war, ging den Fall mit Verve an und ernannte den Mailänder Advokaten Cabiati zu seinem Subdelegierten, der am 24. Mai in Begleitung von 28 Soldaten in Mioglia eintraf. Als Cabiati von genuesischer Seite daran gehindert wurde, seine Untersuchungen auch in Sassello anzustellen, forderte Borromeo in Mailand zur Unterstützung seines Subdelegierten Truppen in hinreichender Anzahl an, um der *audacia* auf Seiten der Sassellini und ihrer Hintermänner Einhalt zu gebieten.[28] Nach Meinung der Mailänder Regierung, die nicht daran dachte, wegen eines aus ihrer Perspektive vergleichsweise unbedeutenden Konflikts ihre Beziehungen zum genuesischen Nachbarn zu gefährden, und überdies kein besonderes Interesse an einem allzu selbstbewussten Plenipotentiar hatte, war er damit aber deutlich übers Ziel hinausgeschossen, wie sie auch dem Hofkriegsrat auseinandersetzte: Ganz abgesehen von Problemen hinsichtlich des Marschwegs und der Finanzierung der Expedition sei nicht einzusehen, wozu so viele Soldaten benötigt würden.[29]

Der Hofkriegsrat erbat darauf die Stellungnahme der Reichshofkanzlei,[30] die sich ihrerseits mit dem Reichshofrat ins Vernehmen setzte. Diese beiden Reichsinstitutionen hielten zwar die Truppensendung im konkreten Fall für überflüssig, übten jedoch Kritik daran, dass die Weigerung der Mailänder Behörden der Republik Genua allzu früh bekannt geworden sei, was diese ermutigen werde, ihre Obstruktionspolitik fortzusetzen. Künftig möge man doch wenigstens so tun, als beabsichtige man den Einsatz militärischer Mittel, um so die kaiserliche Autorität in Italien *widerumb in die höche zu bringen*.[31]

Lässt sich hier noch ein gewisses Bestreben erkennen, Borromeo mit Rücksicht auf seinen kaiserlichen Auftraggeber zu schonen, bedeutete das vom Reichshofrat beschlossene Reskript vom 17. Juni 1715 für den Plenipotentiar eine herbe Niederlage: Wegen der genuesischen Befangenheitsvorwürfe gegen Borromeos Subdelegierten wurde dieser von seinen Aufgaben entbunden und der Republik zugestanden, die strafrechtlichen Tat-

---

[28] Carlo Borromeo Arese an Annibale Visconti, Insel Verbani 1715 VI 4, HHStA W, Feula 58.
[29] Annibale Visconti an den Hofkriegsrat, Milano 1715 VI 12, HHStA W, Feula 58.
[30] Der Hofkriegsrat an die Reichshofkanzlei, Wien 1715 VI 26, HHStA W, Feula 58.
[31] Die Reichshofkanzlei an den Hofkriegsrat, Wien 1715 VII 13, HHStA W, Feula 58.

bestände selbst zu untersuchen. Die Untersuchung der zivilrechtlichen Aspekte des Konflikts (also der Frage, wem der strittige Wald gehörte) sollte Borromeo zwar verbleiben; allerdings wurde ihm eingeschärft, sich dazu eines unparteiischen Subdelegierten zu bedienen. Ein wenig wurde der Gesichtsverlust für den Plenipotentiar dadurch abgemildert, dass er es war, der beide Gemeinden kraft kaiserlicher Autorität zur Restitution entwendeter Güter auffordern und ihnen zugleich befehlen sollte, sich von dem umstrittenen Waldstück künftig fernzuhalten.[32]

Unterstützung fand Borromeo beim Reichshoffiskal Johann Thomas von Quentel, der persönlich in den Jahren 1709 bis 1711 als kommissarischer Fiskal Erfahrungen in Italien gesammelt hatte und neben dem Reichshofrat auch an Reichsvizekanzler Schönborn appellierte: *Wan nun diese scandalose attentaten der genuesischen Replublique zugelaßen [...] werden, was haben dan die schwächere und geringere vasalli in Italien wider die gewaldt-thätigkeiten der mächtigern zu hoffen? [...] Und wie solle in Italien der plenipotentiar commissarius seine estime undt respect erhalten können, wan es bey seiner ersterer commission also zugehet? Und wie wirdt er die kayserliche gerechtsambe, jura undt regalia hernegst in anderen fällen können verthätigen, wan er ietzo gleich anfangs nicht solte manutenirt werden? Ich höre schon, wie die fürsten und potenzen in Italien darüber triumphiren, und alhier erschallet bey deren abgesandten darvon das echo.*[33]

Auch Borromeo selbst begehrte gegenüber dem Kaiser und dem Reichsvizekanzler auf. Besonders aufschlussreich ist sein Schreiben an Schönborn, in dem er sich beschwerte, dass man seinen Subdelegierten desavouiert habe, ohne ihm auch nur die Gelegenheit zur Verteidigung zu geben. Auf diese Weise werde er in Zukunft schwerlich Männer finden, die sich ihm für derartige Aufgaben zur Verfügung stellten. Überdies werde ihm in einem Fall von Ungehorsam und offenkundiger Widersetzlichkeit die militärische Unterstützung versagt. Wie solle er denn künftig die Vasallen und Untertanen zum Gehorsam gegenüber dem Kaiser bringen und den Willen Seiner Majestät erfüllen? Unverhüllt machte der Plenipotentiar deutlich, dass er keine Lust habe, sich lächerlich zu ma-

---

[32] Karl VI. an Carlo Borromeo Arese, Abtei Lilienfeld 1715 VI 17, Archivio di Stato di Milano (künftig: ASt Mi), Feudi Imperiali 422. Siehe auch Reichshofratsprotokoll, 1715 VI 15, ebd. Cremonini, Carlo Borromeo Arese (wie Anm. 21), S. 110 f., wertet die Haltung des Reichshofrats stärker als Unterstützung des Plenipotentiars.

[33] Abschließend entschuldigte sich Quentel für seine Eingabe beim Reichsvizekanzler, indem er darauf verwies, dass ihm seine früheren Vorstellungen bei dem ja eigentlich zuständigen Reichshofrat verübelt worden seien. Johann Thomas von Quentel an Friedrich Karl von Schönborn, Wien 1715 VII 5, HHStA W, Feula 58.

chen, und deutete die Möglichkeit an, dass er lieber auf sein Amt verzichten würde.[34]

Tatsächlich scheint sich Borromeo schon bald nach seinem Amtsantritt mit Demissionsabsichten getragen zu haben. Dafür war auch das ausgesprochen schlechte Verhältnis zum italienischen Reichsfiskal Johann Jacob Joanelli verantwortlich, der sich nach Kräften bemühte, den Plenipotentiar beim Reichshofrat in ein schlechtes Licht zu rücken, indem er ihm Parteilichkeit, Korruption und Inkompetenz unterstellte. Seine Vorwürfe gipfelten in der Anklage, man trachte danach, ihm *ein Stich, ein Schuß oder Gift zu geben, wie in dergleichen Occasionen schon zwey oder dreymahl gewesen, und wann mich so wol in Obacht nicht genommen, man mir den Garaus geben hätte.*[35]

In dieser Situation verfuhr Reichshofratspräsident Graf Windischgrätz sehr rücksichtsvoll gegenüber Borromeo, indem er die betreffende Relation Joanellis nicht in den Reichshofrat einbrachte, sondern nach Rücksprache mit dem Kaiser allein mit dem Reichsvizekanzler erörterte. Schließlich war es im Jahr 1722 nicht Borromeo, sondern Joanelli, der auf eigenen Wunsch seinen Abschied erhielt.[36] Doch auch unter dem Nachfolger Joanellis, Christoph Werth, kam es alsbald zu Differenzen zwischen Plenipotentiar und Fiskal, die Karl VI. im Januar 1725 zur Einsetzung einer Untersuchungsdeputation veranlassten. Diese entsprach den Beschwerden Werths zwar der Sache nach teilweise, indem sie unter anderem beschloss, Borromeo zur Einführung der Prozessordnung des Reichshofrats bei der Plenipotenz, zur Ansetzung zweier fixer Tage pro Woche zur Behandlung der fiskalischen Angelegenheiten mit Werth und zur Bereitstellung feuersicherer Räume für das Plenipotenzarchiv zu verpflichten. Dies sollte Borromeo jedoch *nicht als eine instanz des dermahligen Fiscalis, sondern mit dessen Verschweigung durch ein in gahr gnädigen Terminis abgefasstes Rescriptum* mitgeteilt werden. Da sich unterdessen jedoch das Verhältnis zwischen Borromeo und Werth entspannt zu haben schien, unterblieb diese Maßnahme schließlich ganz, auch als die Deputa-

---

[34] Carlo Borromeo Arese an Friedrich Karl von Schönborn, o. O. 1715 VII 2, ASt Mi, Feudi Imperiali 422. Ebd. auch sein Schreiben an Karl VI. vom selben Datum.

[35] Zitiert nach Obersteiner, Reichshoffiskalat (wie Anm. 18), S. 58. 1716 gab es aber auch in Wien Überlegungen, Borromeo abzusetzen bzw. ihm zumindest in der Person des Fürsten Ercolani einen zweiten Plenipotentiar an die Seite zu stellen, dem insbesondere die Beziehungen zu den größeren Vasallen aufgetragen werden sollten. Es waren vor allem Schönborn und Windischgrätz, die diesen Schritt abwendeten. Vgl. Cremonini, Carlo Borromeo Arese (wie Anm. 21), S. 118-120.

[36] Vgl. Obersteiner, Reichshoffiskalat (wie Anm. 18), S. 58. Es war dies das zweite Demissionsgesuch Joanellis. Erstmals hatte er 1719 um seine Entlassung gebeten.

tion aufgrund neuer Querelen erneut zusammentreten musste. Vielmehr wurde der Fiskal zum Respekt gegenüber seinem Vorgesetzten ermahnt.[37]

Eine andere Episode, bei der die Person des Plenipotentiars in bemerkenswerter Weise geschont wurde, gehört in den Kontext des Konflikts zwischen der Republik Genua mit der Gemeinde Finale wegen einiger *gabelle*, Verbrauchssteuern, der 1729 zu einem Aufstand der Finalesen gegen die Republik geführt hatte.[38] Dieser brach zwar bald zusammen, was die Gemeinde jedoch nicht davon abhielt vor dem Reichshofrat gegen Genua zu prozessieren. Im Oktober 1733 gelang es dem genuesischen Gesandten in Mailand Lorenzo De Mari Borromeo, dem die Untersuchung des Falls übertragen worden war, ein Dekret zu entlocken, in dem der Plenipotentiar der Republik zusicherte, dass sie bis zum Erlass anders lautender kaiserlicher Verfügungen diejenigen Rechte und Regalien, in deren Besitz sie gegenwärtig sein, ungemindert ausüben könne. Da der Wortlaut des Dekrets im Sinne einer Entscheidung zugunsten Genuas interpretiert werden konnte, bildete seine Publikation im Mai 1734 den Anlass für eine zweite Erhebung der Finalesen, die allerdings von der Republik rasch niedergeschlagen werden konnte.

Ein Reichshofratsgutachten vom Herbst 1734 stellte deutlich heraus, dass das Dekret Borromeos der kaiserlichen Hauptresolution im Fall Finale widerspreche, denn es habe faktisch Genua den Besitz der umstrittenen *gabelle* zugesprochen. Durch das mittels des Dekrets geschaffene Provisorium sei der Republik ein Vorteil zugewachsen, denn sie könne dank ihrer Machtmittel mit der Zeit das Provisorium leicht in ein *perpetuum stabile jus* umwandeln. Inhaltlich wurde das Dekret mithin scharf verurteilt; Borromeo wurde jedoch nur insofern dafür verantwortlich gemacht, als er sich in den Wirren des ausbrechenden Polnischen Thronfolgekrieges, als er keine anderen Rechtsgelehrten zur Verfügung gehabt habe, zu sehr auf den Plenipotenzsekretär Piccaluga verlassen habe, denn jener sei der *fürnehmliche urheber* des Dekrets gewesen, der den Plenipotentiar zur Unterschrift verleitet habe.[39] Erneut lässt sich also das Bestreben des Reichshofrats feststellen, das Ansehen Borromeos als Person, aber zugleich auch der Institution Plenipotenz nach außen nicht zu beschädigen.

---

[37] Vgl. ebd., S. 59 f. Immerhin entspannte sich das Verhältnis Werths zu Borromeo so weit, dass er im Jahr 1727 das ihm angebotene Reichshoffiskalat ausschlug und, bis er infolge des Polnischen Thronfolgekrieges aus Mailand fliehen musste, als italienischer Fiskal amtierte. Ebd., S. 101 f.

[38] Vgl. zum Folgenden knapp zusammenfassend F. M a n c a, Il marchesato del Finale nella prima metà del XVIII secolo, in: A. B i s l e n g h i u. a., Storia di Finale, Savona 1998, S. 167-200, hier S. 178-189; sowie jetzt ausführlich S c h n e t t g e r, *Principe sovrano* (wie Anm. 6), S. 319-334.

[39] Zugute wurde Borromeo auch gehalten, dass er *an leibs, und gemüths kräfften schon schwächlich* gewesen sei. Reichshofratsgutachten, conclusum 1734 X 26, lectum et approbatum 1734 XII 23, HHStA W, Jula 210.

Zu dem Befund der offenkundigen Schonung des Plenipotentiars in der eben skizzierten Episode stehen andere Beobachtungen in einem deutlichen Gegensatz: Bisweilen wurde der Generalkommissar schlichtweg übergangen, indem der Reichshofrat Dritte mit Kommissionen betraute, so 1727, als er den kaiserlichen Gesandten in Genua beauftragte, die Übergriffe der Bewohner des der Republik unterstehenden Polcevera-Tals gegen die Untertanen des Reichslehens Buzalla zu untersuchen. Gelegentlich wurden Verordnungen Borromeos geradezu konterkariert: Als er dem Marchese Scarampi Crivelli von Mioglia die Aufhebung des Urteils gegen einen gewissen Giorgio Dulio befahl, einen der beiden Deputierten, die sich 1717 im Namen der Gemeinde Mioglia über die schlechte Administration des Lehens beschwert hatten, und ihm, da er dies verweigerte, eine Strafe von 4 000 *scudi* auferlegte, dieser jedoch, statt zu bezahlen, an den Kaiserhof appellierte, stellte der Reichshofrat 1722 den Prozess ein.[40]

Eine seiner Meinung nach zu große Selbstherrlichkeit des Generalkommissars nahm der Reichshofrat also nicht hin. Vor allem aber widersetzte er sich allen Ansätze des Plenipotentiars, seine jurisdiktionellen Kompetenzen auszuweiten – wofür es durchaus sachliche Gründe gab: Schließlich hatten weder Borromeo noch seine Nachfolger eine reichsrechtliche Ausbildung vorzuweisen. Ungeachtet des Titels *Generalkommissar* behielt sich der Reichshofrat das Recht vor, dem Plenipotentiar die Fälle einzeln zu übertragen – oder auch nicht. Bei allen Problemen bestanden jedoch, anders als im 17. Jahrhundert, keine Überlegungen, ganz auf die Plenipotenz zu verzichten; vielmehr ist auf weite Strecken ein gedeihliches Zusammenwirken beider Institutionen festzustellen. Der Reichshofrat erblickte in der Plenipotenz ein wichtiges Instrument, um die Interessen von Kaiser und Reich in Italien zu schützen – und sei es gegen den Spanischen Rat bzw. die österreichisch-mailändischen Institutionen.

IV.

Die Entwicklung unter Borromeos Nachfolgern

Für die weitere Entwicklung des Verhältnisses zwischen Reichshofrat und Plenipotenz ist insbesondere die Amtszeit von Borromeos Neffen und Nachfolger Carlo Stampa erhellend. Dieser war von seinem Onkel selbst für dieses Amt vorgeschlagen worden und wurde von Kaiser Karl VI. er-

---

[40] Vgl. C r e m o n i n i, Carlo Borromeo Arese (wie Anm. 21), S. 128-130.

nannt, auch wenn er keineswegs der einzige Bewerber war.[41] Allerdings
unterblieb wegen zahlreicher Monita Stampas und angesichts des ausbrechenden Polnischen Thronfolgekriegs zunächst die Ausarbeitung einer
ausführlichen Instruktion für den neuen Plenipotentiar, sodass schließlich
lediglich sein Amtsantritt den italienischen Vasallen notifiziert und er
selbst allgemein auf die Instruktion Borromeos verwiesen wurde.[42]

Als Stampa nach der Kaiserwahl Franz Stephans von Lothringen
erneut als Plenipotentiar eingesetzt wurde,[43] wurde ihm allerdings eine
ausführliche Instruktion erteilt. Seinem diesbezüglichen Gutachten legte
der Reichshofrat auch Stampas aus den 1730er Jahren stammende *Puncti
essenziali toccante la commissione imperiale in Italia* zugrunde, griff
davon allerdings nur einige heraus, während den übrigen keine aktuelle
Relevanz beigemessen wurde.[44]

In den angesprochenen Punkten zeigte sich der Reichshofrat durchaus
bestrebt, das Ansehen und die Handlungsfähigkeit des Plenipotentiars zu
stützen, und argumentierte zumindest partiell gegen den Tenor der vorher
verfassten Konferenzgutachten. Beispielsweise suchte er die zeremoniellen Vorrechte Stampas auch gegenüber der Mailänder Regierung zu be-
wahren und unterstützte seine Forderungen nach Porto- und Abgaben-
freiheit, nach einem *fondo*, um daraus Ausgaben wie etwa die Entsendung
von Subdelegierten zu bestreiten, sowie nach Anstellung eines Archivars,
*um die fast nicht glaubliche unordnung, und zerstreüung deren wich-
tigsten commissions acten* in den Griff zu bekommen.[45]

Das Bild verändert sich aber ganz entscheidend, wenn man sieht, welche Monita Stampas der Reichshofrat in seinem Votum *nicht* berücksich-
tigte, nämlich alle diejenigen, durch die er der Plenipotenz größere juris-
diktionelle Befugnisse zusprechen wollte[46] – vor diesem Hintergrund erscheint auch die verschleppte Beratung über die Instruktion Stampas in
den 1730er Jahren in einem eigentümlichen Licht. Weder war der Reichs-

---

[41] Vgl. A r e t i n, Reichsitalien (wie Anm. 1), S. 96; sowie die in den Zusammenhang der Berufung
Stampas gehörenden Akten in HHStA W, Plenipotenz 4.
[42] Notamina, o. D. [Stand Ende 1733/1734], HHStA W, Plenipotenz 4. Die hier wiedergegebene Resolution Karls VI. wünscht zwar eine Klärung der wichtigsten Punkte der Instruktion; dies scheint
aber nach Ausweis der Folgeakten nicht gelungen zu sein.
[43] Vgl. A r e t i n, Reichsitalien (wie Anm. 7), S. 96-98.
[44] Weitere Monita Stampas waren nach Aussage des Gutachtens nicht mehr in den Akten zu finden.
[45] Diese Forderung suchte man dem Kaiser dadurch schmackhaft zu machen, dass man darauf hinwies, dies werde auch der Eintreibung von Kontributionen zugute kommen. RHR-Votum, conclusum 1747 X 3, lectum et approbatum 1747 X 9), kaiserliche Resolution 1747 X 31, HHStA W, Plenipotenz 5.
[46] Punti essenziali toccanti la commissione imperiale in Italia, che si credono degni di considerazione
e di provvedimento per il maggior servizio cesareo, o. D., HHStA W, Plenipotenz 5.

hofrat bereit, die Plenipotenz zur ersten Instanz für die Vasallen noch zur ordentlichen Appellationsinstanz für die Lehen zu machen.

Mit Unterstützung des italienischen Reichsfiskals Rath unternahm Stampa in den folgenden Jahren noch mehrere Vorstöße, um seinen Vorstellungen über die jurisdiktionellen Kompetenzen der Plenipotenz Geltung zu verschaffen, ohne jedoch beim Reichshofrat durchzudringen.[47] In seinem ausführlichen Gutachten vom 6. November 1751 rekapitulierte der Reichshofrat seine früheren Voten in dieser Angelegenheit und bekräftigte seine Entschlossenheit, aus der Plenipotenz kein *judicium formatum* machen zu lassen und *der gewalt eines zeitlichen kayserlichen plenipotentiarii in Welschland gewisse schrancken zu setzen*. Was Stampa wegen der Vasallen und Untertanen anführe, die wegen der räumlichen Distanz und der Unkosten nicht zu einem Reichshofratsprozess in der Lage seien, sei unerheblich, denn der Kaiser könne jederzeit beschließen, ihnen *breviori viâ* zu helfen. Das Interesse der Parteien an kurzen Prozessen falle gegenüber den *inconvenienzien [...], welche leicht entstehen könnten, wann es dabey auf das merum arbitrium eines zeitlichen commissarii ankommen sollte*, nicht ins Gewicht. Überhaupt vertrat der Reichshofrat die Anschauung, dass dem Plenipotentiar durch *seine spezial-delegation in causis justitiae an ihrer* [der Plenipotenz; M. S.] *würde nichts entgehet, in deme bekanntlich derselben auftrag principaliter das interesse caesareum nebst denen dahin einschlagenden publicis negotiis, die judicialia aber nur accessoriè zum gegenstand hat*.[48] Damit wurde dem Verlangen Stampas, in weniger wichtigen Angelegenheiten und dort, wo Gefahr im Verzug sei, selbstständig ein Urteil sprechen zu können, eine ebenso deutliche Absage erteilt wie seinem Bestreben, erstinstanzlich über Klagen gegen Reichsvasallen sowie in Konflikten zwischen Vasallen entscheiden zu können.[49] Mit seiner Haltung entsprach der Reichshofrat zugleich den Wünschen der meisten Vasallen, die sich schon in den 1730er Jahren gegen einen Ausbau der jurisdiktionellen Kompetenzen der Plenipotenz

---

[47] Vgl. A r e t i n, Reichsitalien (wie Anm. 1), S. 96–98.
[48] Reichshofratsgutachten, conclusum, lectum et approbatum 1751 XI 6, HHStA W, Plenipotenz 5. Vgl. auch schon das Reichshofratsgutachten, conclusum, lectum et approbatum 1751 V 6, ebd.
[49] [...] *benignissime ordinare dignetur, ut [...] in rebus minoris momenti, et ubi periculum esset in mora, ad sententiam valeam quidam procedere, in coeteris autem semper prius ad S.C.M.V. cum voto referam, clementissime impertita facultas saltem aliis et talibus verbis concedatur, [...] quod ego in causis inter et contra vasallos imperiales coram me intentatis ad sententiam procedere possim, exceptis solum majoris momenti, ubi periculum non sit in mora, in quibus prius cum voto referre deberem, quaenam autem pro talibus majoris momenti causis esse reputandae, commiteretur prudenti meo arbitrio.* Stampa an Franz I., Milano 1751 I 19, HHStA W, Plenipotenz 5. Vgl. hierzu auch A r e t i n, Reichsitalien (wie Anm. 1), S. 97 f.

ausgesprochen hatten[50] – und damit natürlich ihre eigenen Interessen verfolgten.

Auch unter Stampas Nachfolger, dem in seiner Vorkarriere als General und Diplomat wenig glücklichen Antoniotto Botta Adorno, der gleichzeitig als Gouverneur Franz' I. in dessen toskanischem Großherzogtum amtierte,[51] wehrte der Reichshofrat alle Vorstöße ab, die Plenipotenz zum ordentlichen Gericht für die Reichslehen in Italien aufzuwerten. Die Haltung des Reichshofrats, das Ansehen des Plenipotentiars nach außen nicht zu beschädigen, zugleich aber seine Kompetenzen zu begrenzen, wird nicht zuletzt in einer Affäre der Jahre 1754/55 deutlich. Damals hatte Botta Adorno den Vasallen mittels eines Zirkularschreibens drei Edikte zukommen lassen, die er ihnen in ihren respektiven Lehen zu publizieren befahl. Darin wurde unter anderem das Procedere für Rekurse an die Plenipotenz festgelegt, sowie dass Urkunden nur von solchen Notaren beglaubigt werden dürften, die durch den Kaiser, die Reichshofkanzlei oder kaiserliche Pfalzgrafen ernannt worden seien. Auf den Bericht Bottas, dass etliche Vasallen die Publikation dieser Edikte verweigerten, ließ Franz I. auf der Basis eines Reichshofratsgutachtens zwar ein – ostensibles – Reskript an seinen Plenipotentiar ergehen, in dem er ihm grundsätzlich den Rücken stärkte,[52] in einem zweiten, geheimen Schreiben dagegen wurde ihm eingeschärft, in Zukunft dergleichen Edikte nicht mehr ohne ausdrücklichen kaiserlichen Befehl publizieren zu lassen.[53]

Die Quintessenz der Position des Reichshofrats, die von Franz I. und auch von dessen Nachfolger Joseph II. mitgetragen wurde, findet sich in der Instruktion für Botta Adornos Nachfolger Johann Sigismund von Khevenhüller-Metsch von 1775. Darin wird unter Bezugnahme auf die Bestrebungen Stampas und Bottas kategorisch darauf beharrt, der Plenipotenz niemals die Funktion eines ordentlichen Gerichtshofs einzuräumen,

[50] Praetensa vasallorum monita circa instructionem commissarii plenipotentiarii in Italia, o. D., HHStA W, Plenipotenz 4. Vermutlich ist dieses Dokument in den Zusammenhang der Beratungen über die dann nicht zustande gekommene Instruktion Stampas für seine erste Amtszeit unter Karl VI. einzuordnen.
[51] Aretin, Reichsitalien, (wie Anm. 1), S. 98 f., bezeichnet Botta Adorno als *ausgesprochenen Pechvogel*. Vgl. auch J. C. Waquet, La nomina del marchese Botta Adorno a capo del governo toscano (1757) e la posizione istituzionale del Granducato nei confronti della monarchia asburgica, in: Mozzarelli und Olmi, Il Trentino (wie Anm. 24), S. 263-284; A. Wandruszka, Botta Adorno, Antoniotto, in: Dizionario Biografico degli Italiani, Bd. 13, Roma 1971, S. 380-384.
[52] In diesem Reskript drohte der Kaiser zwar keine konkreten Sanktionen gegen die säumigen Vasallen an, sondern bat den Plenipotentiar lediglich um Bericht. Er sprach jedoch von einer *debita publicatio* der fraglichen Edikte. Franz I. an Botta Adorno, Wien 1755 XII 22, HHStA W, Plenipotenz 5. Ebd. auch das Reichshofratsgutachten conclusum 1755 IX 19, lectum et approbatum 1755 XI 13.
[53] Franz I. an Botta Adorno, Wien 1755 XII 22 (Rescriptum separatum et secretum), HHStA W, Plenipotenz 5.

sondern dem Plenipotentiar derartige Funktionen vielmehr durch *specialis delegatio* von Fall zu Fall zu übertragen, da ansonsten schädlichen Verdächtigungen und Beschwerden Tür und Tor geöffnet werde. Da schon 1751 über die Frage, welche Fälle von geringerer Bedeutung seien und folglich der beschleunigten Exekution durch den Plenipotentiar unterliegen sollten, tief greifende Meinungsverschiedenheiten entstanden seien, habe man Stampa seinerzeit nur zugestehen können, lediglich wenn Gefahr im Verzug sei, vorbehaltlich der Billigung durch den Kaiser vorläufige Maßnahmen zu treffen.[54]

Dass die letzten kaiserlichen Plenipotentiare in Italien gleichzeitig das Amt eines Bevollmächtigten Ministers der Lombardei bekleideten,[55] bedeutete eine strukturelle Veränderung, die insgesamt wohl nicht anders denn als Indiz dafür betrachtet werden kann, dass die österreichische Italienpolitik ein eindeutiges Übergewicht über die Reichs-Italienpolitik gewonnen hatte. – Zwar war damit einerseits das Problem der fehlenden Machtmittel des Plenipotentiars praktisch gelöst und wurde Reibungsverlusten zwischen der Plenipotenz und Mailänder Behörden vorgebaut. Andererseits konnte man von einem Plenipotentiar, der gleichzeitig der faktische Gouverneur der österreichischen Lombardei war, schwerlich erwarten, dass er die Ansprüche des Reichs auf der Mailänder Kammer inkorporierte ehemalige *feuda imperialia* verfolgte.[56] Ein Indiz für die schwindende Bedeutung des Amts bzw. dafür, dass es sich nicht mehr fortentwickelte, sind auch die Instruktionen für die Plenipotentiare sowie die Beratungen darüber. Wurde noch für die Instruktion für Johann Sigismund von Khevenhüller-Metsch 1774 ein recht ausführliches Reichshofratsgutachten erstattet,[57] so fiel dies bei Karl Gotthard von Firmian 1782 wesentlich knapper aus.[58] Joseph Graf Wilczeck schließlich erhielt gar keine eigene Instruktion, sondern wurde lediglich auf die seines Vorgängers verwie-

---

[54] Instruktion für Johann Sigismund von Khevenhüller-Metsch, Wien 1775 IX 15, HHStA W, Plenipotenz 6. A r e t i n, Reichsitalien (wie Anm. 1), S. 101, schreibt, Joseph II. habe 1786 die Plenipotenz als zweite Instanz für Armensachen bestimmt, nennt allerdings keinen Beleg.

[55] Vgl. A r e t i n, Reichsitalien (wie Anm. 1), S. 100 f.; D e l P i n o, Un problema burocratico (wie Anm. 4), S. 571, 579; S c h n e t t g e r, Das Alte Reich (wie Anm. 4), S. 396 f. Schon 1717 hatte Borromeo diese Lösung angeregt, indem er als seinen potentiellen Nachfolger den Gouverneur der Lombardei Fürst Maximilian Karl von Löwenstein in Vorschlag brachte. Vgl. C r e m o n i n i, Carlo Borromeo Arese (wie Anm. 21), S. 119.

[56] Borromeo hatte diese Ansprüche noch zu verfolgen versucht. Vgl. C r e m o n i n i, Carlo Borromeo Arese (wie Anm. 21), S. 113.

[57] Reichshofratsgutachten, conclusum 1775 VIII 22, lectum et approbatum 1775 IX 1, HHStA W, Plenipotenz 6.

[58] Reichshofratsgutachten, conclusum 1782 V 16, lectum et approbatum 1782 V 27, HHStA W, Plenipotenz 6. Dementsprechend ist in der knappen Instruktion für Wilczeck, Wien 1782, VI 26, ebd., zu lesen: *in substantialibus instructionum [...] nihil immutandum vel innovandum esse censuerimus, hinc inde eidem mere earum observantiam injungimus.*

sen.[59] Dies bedeutet allerdings nicht, dass die Plenipotenz in den letzten
Jahren ihres Bestehens in Inaktivität versunken ist: Eine Aufstellung im
Bestand Plenipotenz des Haus-, Hof- und Staatsarchivs führt immerhin
261 Relationen Wilczecks an den Kaiser in den Jahren seiner Amtstätig-
keit 1782 bis 1795 an.[60] Weit höher aber erscheint die Aktivität der Plenipotenz, wenn man die Akten des in die Bestände des Archivio di Stato di
Milano eingegangenen Bestände des Plenipotenzarchivs in die Betrachtung einbezieht. Hier wird nämlich sichtbar, wie viele minderschwere
Fälle in Vergleichsverhandlungen in Pavia beraten wurden bzw. wie oft
der Plenipotentiar durch Schreiben an die betroffenen Vasallen und Untertanen Weiterungen vorbeugen konnte, ohne dass es zu einem Prozess
kam. Als der Eröffnung eines förmlichen Gerichtsverfahrens vorgeschal-
tete Schlichtungsstelle entfaltete die Plenipotenz offenbar auch noch in
den letzten Jahren ihres Bestehens eine beachtliche Wirkung.

Ein letzter Gesichtspunkt, der hier kurz angesprochen werden soll, ist
das Personal von Reichshofrat und Plenipotenz. Während die Mitglieder
des Reichshofrats entsprechend den Bestimmungen der Reichshofratsordnungen fast ausschießlich aus den deutschsprachigen Reichsgebieten kamen, entstammten die Generalkommissare des 17. Jahrhunderts und die
ersten drei Plenipotentiare des 18. Jahrhunderts sämtlich dem italienischen
Reichsadel. Das musste allerdings nicht zwangsläufig zu einem Kommu-
nikationsverlust führen, war doch in Reichshofrat und Reichshofkanzlei
immer eine gewisse italienische Sprachkompetenz vorhanden – die Kenntnis des Deutschen blieb hingegen bei den Italienern die ganz große Ausnahme.[61]

Durch die Besetzung der Plenipotenz mit Deutschen im letzten Viertel
des 18. Jahrhunderts veränderte sich das Profil dieser Institution auch in
anderer Hinsicht, indem sie in eine größere personelle Nähe zum Reichshofrat rückte: Johann Sigismund Khevenhüller-Metsch, der dem 1774
verstorbenen Botta Adorno nachfolgte, war Sohn und Bruder von Reichs-

---

[59] Allerdings forderte Leopold II. (ähnlich auch Franz II.) bei seinem Regierungsantritt ein Reichshofratsgutachten über die Instruktion für den in seinem Amt bestätigten Wilczeck an. Dekret Leo-
polds II. an den Reichshofrat, Wien 1791 I 27, HHStA W, Plenipotenz 6.
[60] HHStA W, Plenipotenz 6. Bei dieser Zahl ist zu berücksichtigen, dass das Jahr 1782 nur zum Teil
erfasst ist und dass die Plenipotenz während der Interregna von 1790 und 1792 weitgehend inaktiv
war.
[61] Allerdings waren die Plenipotentiare gehalten, sich im offiziellen Schriftverkehr mit dem Reichshofrat der lateinischen Sprache zu bedienen. Zu diesem Punkt demnächst ausführlich M. S c h n e t t -
g e r, Norm und Pragmatismus. Die sprachliche Situation der Italiener im Alten Reich, in:
T. N i c k l a s und M. S c h n e t t g e r (Hgg.), Politik und Sprache im frühneuzeitlichen Europa (Veröffentlichungen des Instituts für Europäische Geschichte, Beiheft 71; Abteilung für Universalgeschichte), Mainz 2006 (im Druck).

hofräten,[62] Karl Gotthard von Firmian, der wenige Monate vor seinem Tod (20. Juli 1782) zum Plenipotentiar ernannt wurde, hatte sogar von 1745 bis 1753 selbst im Reichshofrat Franz' I. gesessen,[63] und der letzte Amtsinhaber Johann Joseph Maria von Wilczeck war immerhin Sohn eines Reichshofrats.[64]

Wesentlich enger waren die personellen Verflechtungen zwischen Reichshofrat und Plenipotenz allerdings auf der Ebene der Reichsfiskale, und dies schon seit dem ausgehenden 17. Jahrhundert: Etliche der italienischen Fiskale konnten auf eine Vorkarriere am Reichshofrat zurückblicken: Celestino Conte Passerini (1698-1706) war am Reichshofrat bekannt – Obersteiner nimmt an, dass er möglicherweise Agent gewesen sei.[65] Johann Thomas von Quentel, der von 1709 bis 1711 als kommissarischer Fiskal in Italien wirkte, war bereits seit 1681 Adjunkt wechselnder Reichshoffiskale, bevor er ab 1714 selbst dieses Amt bekleidete.[66] Johann Jacob Joanelli war vor seiner Ernennung zum italienischen Fiskal (1715) lange als Reichshofratsagent tätig gewesen.[67] Christoph von Werth (1722-1736) hatte seit 1713 als Vizefiskal am Kaiserhof amtiert.[68] Anton Eberhard Rath (1746-1771) hatte zeitweise als Advokat am Reichshofrat gewirkt,[69] und auch der letzte italienische Fiskal Franz Xaver Orlando (1793-1796) war zuvor Reichshofratsagent gewesen.[70] Überdies stiegen immerhin drei italienische Fiskale, der kommissarische Fiskal Johann Thomas von Quentel, Joseph Aloys Leporini und Franz Xaver Orlando, später zu Reichshoffiskalen auf. Personale Verflechtungen mit Reichshofrat und Reichshofkanzlei bzw. Vorkarrieren am Kaiserhof sind auch für viele Sekretäre, Kanzlisten und Archivare der Plenipotenz anzunehmen.

Bei den italienischen Reichsfiskalen ist in Rechnung zu stellen, dass sie die Plenipotentiare nicht nur unterstützen, sondern gleichzeitig auch kontrollieren sollten. Dies ist besonders augenfällig bei Anton Eberhard Rath, der sich unter Berufung auf die Erfahrung, die er bei verschiedenen

---

[62] Er war der zweite Sohn Johann Josefs, des ersten Fürsten Khevenhüller-Metsch, bekannt durch sein Tagebuch, der 1735 zum Reichshofrat ernannt wurde, jedoch nur sporadisch an den Sitzungen teilnahm. Sein jüngerer Bruder Franz Anton war 1760 bis 1762 Reichshofrat. Vgl. Gschließer, Reichshofrat (wie Anm. 3), S. 407 f., 461 f.

[63] Vgl. ebd., S. 439 f.

[64] Sein Vater Joseph Maria Balthasar von Wilczeck hatte von 1733 bis 1740 und dann erneut 1745 bis 1754, zuletzt als ältester Rat, auf der Herrenbank des Reichshofrats gesessen. Vgl. ebd., S. 406 f.

[65] In den Agentenlisten erscheint er allerdings nicht. Vgl. Obersteiner, Reichshoffiskalat (wie Anm. 18), S. 96.

[66] Vgl. ebd., S. 84 f.

[67] Vgl. ebd., S. 98.

[68] Vgl. ebd., S. 100.

[69] Vgl. ebd., S. 103.

[70] 1781 hatte er die Prüfung zum Reichshofratsagenten abgelegt. Vgl. ebd., S. 94.

Kommissionen in Italien hatte sammeln können, 1736 und 1739 um das
Fiskalat bewarb. Damals wurde er nicht berücksichtigt, unter anderem
weil der amtierende Plenipotentiar Stampa ihm nicht geneigt sei.[71] Dass er
dann 1746 unter demselben Plenipotentiar dann doch zum Fiskal ernannt
wurde, mag darauf hindeuten, dass keine Differenzen mit Stampa mehr
bestanden. Der Reichskanzleivortrag, in dem er für das Amt empfohlen
wurde, weist aber in einer andere Richtung: Dort führte Reichsvizekanzler
Colloredo als Vorzug für Rath gegenüber anderen Bewerbern aus, dass *er
ein teutscher ist, und dahero rathsam wäre, ihn der sonsten aus wälli-
schen bestehenden plenipotenz beyzugesellen.*[72] Ganz offensichtlich beabsichtigte man, Rath zur Kontrolle des selbstbewussten Stampa in der Plenipotenz unterzubringen. Dass die Kontrollfunktion des Fiskals wichtig
blieb, wird daraus ersichtlich, dass wie schon 1748 Stampa 1772 auch sein
Nachfolger Botta Adorno in dem Bestreben scheiterte, die Instruktion für
den neu zu ernennenden Fiskal im Sinne einer stärkeren Unterordnung
unter den Plenipotentiar umformulieren zu lassen.[73]

V.

Schluss

Fasst man die Entwicklung des Verhältnisses zwischen Reichshofrat und
Plenipotenz zusammen, so ist festzuhalten, dass zwischen den beiden
Institutionen eine eigentümliche Mischung von Interessenidentität oder
zumindest -kongruenz und Konkurrenz vorlag. Sowohl beim Reichshofrat
als auch bei der Plenipotenz handelte es sich um echte Reichsinstitutionen, allerdings um solche, die weitestgehend allein dem Kaiser unterstan-
den, während die Reichsstände ihnen gegenüber praktisch keine Kompetenzen besaßen.[74] Daher vertraten sie – bei allen notwendigen Differenzie-

---

[71] Überdies hatte er eine Bedienstete Stampas geheiratet, weshalb nach Meinung des Reichsvize-
kanzlers *ihm dieses Fiscalat cum decoro nicht conferiret werden könne.* Vgl. ebd., S. 103.

[72] Vortrag Colloredos vor Franz I. über Plenipotenz und Reichsfiskalat in Italien (mit Glossen des
Kaisers), Wien 1745 XII 7, HHStA W, Verfassungsakten Reichshofrat 47. Vgl. auch Obersteiner, Reichshoffiskalat (wie Anm. 18), S. 104.

[73] Vgl. ebd., S. 60.

[74] Allerdings waren die Stände bekanntlich immer wieder bestrebt, Einfluss auf die Besetzung des
Reichshofrats zu gewinnen, und der Mainzer Reichserzkanzler konnte bei persönlicher Anwe-
senheit dem Reichshofrat präsidieren – ein Recht, das aber mit dem Ende der Reichstage alten Stils
seit der Mitte des 17. Jahrhunderts bedeutungslos wurde, da der Kurfürst nur noch zu Beginn des
sich perpetuierenden Reichstags von 1663 für einige Monate in Regensburg anwesend war. Vgl.
dazu jetzt M. Schnettger, Der Mainzer Kurfürst und Reichsitalien, in: P. C. Hartmann und
L. Pelizaeus (Hgg), Forschungen zu Kurmainz und dem Reichserzkanzler (Mainzer Studien zur
Neueren Geschichte, Bd. 17), Frankfurt a. M. u. a. 2005, S. 53-70, hier S. 61 f. Den Zusammenhang
zwischen Reichstag und Inanspruchnahme des Reichshofrats haben jüngst gezeigt: E. Ortlieb und

rungen im Einzelfall – strukturell andere Positionen als die Institutionen, die ausschließlich oder in erster Linie den landesherrlichen und dynastischen Interessen des Hauses Österreich verpflichtet waren. Dies scheint insbesondere für das 18. Jahrhundert zu gelten, als die veränderten Machtverhältnisse in Italien eine intensivere Reichsitalienpolitik ermöglichten, zugleich jedoch innerhalb des Wiener Hofes von den landesfürstlichen Behörden wie dem Spanischen Rat und dann der Staatskanzlei eine alternative Italienpolitik formuliert wurde, die sich zwar auch der lehnsherrlichen Kompetenzen des Kaisers bediente, jedoch im Konfliktfall unbedingt den landesherrlichen bzw. dynastischen Belangen den Vorzug vor den Interessen des Reichs und der kleinen Reichsvasallen gab.

In anderer Hinsicht waren die Unterschiede und das Konfliktpotenzial zwischen Reichshofrat und Plenipotenz jedoch erheblich: Dies zeigt schon der Blick auf die Zusammensetzung dieser Institutionen. Wichtiger aber war das über den gesamten Untersuchungszeitraum zu beobachtende Bestreben des Reichshofrats, eine möglichst strikte Kontrolle insbesondere in Fragen der Gerichtsbarkeit über die Plenipotenz auszuüben, die er im Wesentlichen auf die Rolle einer Untersuchungskommission und Vermittlungsinstanz zu beschränken trachtete. Auf diese Weise wurden ihrer institutionellen Entwicklung deutliche Grenzen gesetzt. Um einschätzen zu können, welche Wirkung die Plenipotenz unter diesen Voraussetzungen in jurisdiktionellen und anderen Fragen im konkreten Fall dennoch entfalten konnte, und um ihr Verhältnis zum Reichshofrat und anderen kaiserlichen wie österreichischen Institutionen in Wien und Mailand noch differenzierter zu beurteilen, wird es ausgedehnter Studien in Wien, Mailand und anderen italienischen Archiven bedürfen. Der vorliegende kursorische Überblick hat aber, so meine ich, gezeigt, dass die Situation in den italienischen Lehensgebieten sich zwar in mancher Hinsicht von der nördlich der Alpen unterschied. Indem jedoch der Reichshofrat zu allen Zeiten darauf achtete, dass sie seinem unmittelbaren jurisdiktionellen Zugriff offen standen, und sich dazu der Plenipotenz als eines verlängerten Arms zu bedienen suchte, sorgte er dafür, dass sie ein, wenn auch entlegener Teil der Gerichtslandschaft Altes Reich blieben.

G. P o l s t e r, Die Prozessfrequenz am Reichshofrat (1519-1806), in: Zeitschrift für Neuere Rechtsgeschichte, Bd. 26 (2004), S. 189-216. – Dass auch die Plenipotentiare sich als Reichsbeamte verstanden, wird nicht zuletzt daraus ersichtlich, dass sie während eines Interregnums gelegentlich den Kurerzkanzler um Verhaltensmaßregeln baten. Vgl. S c h n e t t g e r, Der Mainzer Kurfürst (wie oben), S. 60.

REICHS- UND TERRITORIALGERICHTSBARKEIT IM SPIEGEL DER FORSCHUNG

Von Edgar Liebmann

I.

Einleitung

Zweihundert Jahre nach seinem Untergang inspiriert das Alte Reich mehr denn je die (größtenteils deutschsprachige) Geschichtswissenschaft. Nach Jahrzehnten, in denen es eher ein Schattendasein abseits einer kleindeutsch-nationalstaatlichen *Meistererzählung* fristete, ist es insbesondere binnen der letzten Dekade in das Zentrum frühneuzeitlicher deutscher Geschichte gerückt. Dies zeigt sich allein schon an der wahren Flut einschlägiger Publikationen jüngeren Datums, oft im Rahmen prominenter Handbuch- und Reihendarstellungen.[1] Hochkarätig besetzte Tagungen und gut besuchte Ausstellungen, gerade im Umfeld des

---

[1] Vgl. die kompakten Einstiegsdarstellungen von B. Stollberg-Rilinger, Das Heilige Römische Reich Deutscher Nation. Vom Ende des Mittelalters bis 1806, München 2006 und P. C. Hartmann, Das Heilige Römische Reich deutscher Nation in der Neuzeit 1486-1806, Stuttgart 2005 sowie die deutlich stärker in die Tiefe gehenden Publikationen von W. Demel, Reich, Reformen und sozialer Wandel 1763-1806 (Gebhardt, Handbuch der deutschen Geschichte, Bd. 12), 10., völlig neu bearb. Aufl., Stuttgart 2005; A. Gotthard, Das Alte Reich 1495-1806, 2. Aufl., Darmstadt 2005; G. Schmidt, Geschichte des Alten Reiches. Staat und Nation in der Frühen Neuzeit 1495-1806, München 1999; H. Neuhaus, Das Reich in der frühen Neuzeit (Enzyklopädie deutscher Geschichte, Bd. 42), München 1997, K. O. v. Aretin, Das Alte Reich 1648-1806, 3 Bde., Stuttgart 1993-1997. Einen deutlichen Kontrast zu den konventionellen, primär ereignis- und entwicklungsgeschichtlich inspirierten Darstellungen bieten jetzt, auf Basis eines innovativen methodischen Zugangs in Form konzeptioneller Anleihen bei der historischen Semantik, St. Wendehorst und S. Westphal (Hgg.), Lesebuch Altes Reich (bibliothek altes Reich, Bd. 1), München 2006.
Als Überblick zur älteren Forschung nur V. Press, Das römisch-deutsche Reich – ein politisches System in verfassungs- und sozialgeschichtlicher Fragestellung, in: J. Kunisch (Hg.), Das alte Reich. Ausgewählte Aufsätze von Volker Press (Historische Forschungen, Bd. 59), Berlin 1997, S. 18-41. Außerdem zuletzt E. Liebmann, Die Rezeptionsgeschichte des Alten Reichs im 19. und 20. Jahrhundert, in: St. Wendehorst und S. Westphal (Hgg.), Lesebuch Altes Reich (bibliothek altes Reich, Bd. 1), München 2006, S. 8-12; E.-O. Mader, Das Alte Reich in neuem Licht. Perspektiven auf sein Ende und sein Nachwirken im frühen 19. Jahrhundert, in: A. Brendecke und W. Burgdorf (Hgg.), Wege in die Frühe Neuzeit (Münchner Kontaktstudium Geschichte, Bd. 4), Neuried 2001, S. 235-256, hier besonders S. 236-241 sowie A. Schindling, Kaiser, Reich und Reichs-verfassung 1648-1806. Das neue Bild vom Alten Reich, in: O. Asbach, K. Malettke und S. Externbrink (Hgg.), Altes Reich, Frankreich und Europa. Politische, philosophische und historische Aspekte des französischen Deutschlandbildes im 17. und 18. Jahrhundert (Historische Forschungen, Bd. 70), Berlin 2001, S. 25-54.

Gedenkjahres 2006,[2] unterstützen den Befund einer ungebrochenen Attraktivität und Aktualität des Alten Reiches.

Dieser generelle Umschwung resultierte in hohem Maße aus der detaillierten Erforschung und daraus folgender Um- bzw. Neu-Deutung der wenigen Reichsinstitutionen: Mit unterschiedlicher Intensität wurden und werden das kaiserliche Herrschaftssystem, der Reichstag, die Reichskreise und die Reichsdefension als wichtige Bausteine der reichischen Verfassungsordnung einer eingehenden Betrachtung unterzogen.

Nicht zuletzt aber die Analyse der Reichsgerichtsbarkeit war es, die ältere, z. T. sich hartnäckig haltende, weil bildhaft unterstützte (Vor-) Urteile[3] widerlegte und damit den Schlüssel zur allgemeinen Neuinterpretation des Alten Reiches lieferte, wie der *Altmeister* der *neuen* Reichsforschung, Karl Otmar von Aretin, bereits in seiner 1962 beendeten und 1967 veröffentlichen Habilitationsschrift über die Endphase des Alten Reiches erkannte.[4]

Im Folgenden soll dieser Prozess der sich wandelnden Wahrnehmung und historischen Einordnung des Alten Reiches anhand der Darstellung seiner obersten Gerichtsbarkeit in Form von Reichskammergericht und Reichshofrat von 1648-1806[5] in der deutschen und österreichischen (Verfassungs-) Historiographie seit 1866 nachgezeichnet werden.[6] Ergänzend wird dabei – entsprechend dem Leitthema der Tagung – das Verhältnis von Reichs- und Territorialgerichtsbarkeit im Lichte der

---

[2] Zu verweisen ist an dieser Stelle nur auf die Ausstellungen des Landes Sachsen-Anhalt und des Deutschen Historischen Museums in Berlin. Zu letzterer hat vom 2.-5. März 2005 bereits ein mehrtägiges Symposium unter dem Titel *Altes Reich und neue Staaten* stattgefunden. Die Publikation der Fachvorträge ist im Rahmen des Tagungsbandes vorgesehen.

[3] Vgl. nur die anekdotische Schilderung des Arbeitsfortschritts am Reichskammergericht bei B. Diestelkamp, Das Reichskammergericht im Rechtsleben des Heiligen Römischen Reiches Deutscher Nation (Schriftenreihe der Gesellschaft für Reichskammergerichtsforschung, Heft 1), Wetzlar 1985, S. 7.

[4] Charakteristisch die Aussage, dass *das Reich in seiner Endphase nicht so sehr als Verfassungs-, sondern als Rechtszustand begriffen werden kann*; vgl. K. O. v. Aretin, Heiliges Römisches Reich 1776-1806 (Veröffentlichungen des Institutes für Europäische Geschichte Mainz, Bd. 38), Teil I: Darstellung, Wiesbaden 1967, S. 97.

[5] Die Beschränkung auf die Epoche 1648-1806 folgt aus der Erkenntnis, dass das Alte Reich und seine Institutionen als Folge des Dreißigjährigen Krieges und aufgrund der Bestimmungen des Westfälischen Friedens einen rechtlichen Zustand erreicht hatten, der bis 1806 nur geringen Veränderungen unterworfen war. Somit stellt sich die Periode zwischen 1648 und 1806 als abgeschlossene Einheit für die Reichsverfassungsgeschichte bzw. die Geschichte der obersten Gerichtsbarkeit dar. Zur gängigen Periodisierung statt vieler nur H. Neuhaus, Reich (wie Anm. 1), S. 60-62, mit weiteren Nachweisen.

[6] Vgl. auch den allgemeineren Überblick bei E. Liebmann, Reichskammergericht und Reichshofrat in der historischen Forschung von 1866 bis zur Gegenwart, in: Jahrbuch der Juristischen Zeitgeschichte 6 (2004/2005), Berlin 2005, S. 81-103.

geschichtswissenschaftlichen Forschung mit einzubeziehen sein, das im Spannungsfeld zwischen territorialen und reichischen Macht- bzw. Herrschaftsstrukturen einen hervorragenden Zugang zum Verständnis des Alten Reiches als Verfassungs- und Rechtssystem liefert.

II

1866-1918

Wenn das Jahr 1866 für die weiteren Ausführungen als Ausgangspunkt gewählt wurde, so wird damit insbesondere den *innerdeutschen* Auswirkungen dieser Weichenstellung Rechnung getragen, denn der militärische Sieg Preußens über Österreich 1866 und die sich anschließende preußische Hegemonie in Norddeutschland bedeutete nicht nur ein wichtiges Etappenziel auf dem Weg zum kleindeutschen Nationalstaat von 1871. Gleichzeitig war damit – mit Blick auf die Wahrnehmung des Alten Reiches und seiner obersten Gerichtsbarkeit in der Folge noch viel bedeutsamer – die Entscheidung gefallen, dass Österreich mit Auflösung des Deutschen Bundes aus Deutschland ausscheiden musste, jener Staat, der in historischer Perspektive institutionell wie ideell mit dem untergegangenen Alten Reich eng verflochten war.

Als das geschichtlich überlegene Modell wurde nun durch die meist nationalliberal geprägten Historiker der preußisch-protestantische Nationalstaat propagiert, dessen vermeintlich rasanter und unaufhaltsamer Aufstieg nach 1648 in auffälligem Kontrast stand zum Niedergang des (katholischen) Alten Reiches, das nach innen wie außen über keine Machtmittel verfügte und zudem von den ausländischen Garantiemächten des Westfälischen Friedens (Schweden und Frankreich) abhängig war.

Unverhüllt wurde die Entwicklung des Alten Reiches nach 1648 damit auch als Scheitern seiner katholischen Führungsmacht Österreich interpretiert, deren Wille zur Integration Deutschlands angeblich längst zugunsten der Verfolgung eigenstaatlicher Interessen erloschen war – eine Interpretation im übrigen, die sich beinahe nahtlos vom Alten Reich in die Zeit des Deutschen Bundes und somit in die unmittelbare Gegenwart fortschreiben ließ. Die kleindeutsch gesinnte Historiographie lieferte so das entsprechende politische, in den Jahren nach der Reichsgründung 1871 in Zeiten des *Kulturkampfes* zusätzlich konfessionell eingefärbte

Geschichtsbild mit deutlichen Referenzen an die zeitgenössische Situation.[7]

Allerdings gab es im Rahmen dieser generellen Interpretation durchaus Raum für positivere Wertungen, wobei insbesondere die reichische Gerichtsbarkeit gewürdigt wurde:

So registrierte der einflussreiche liberale Heidelberger Historiker Ludwig Häusser[8], Verfasser einer mehrbändigen Darstellung zur deutschen Geschichte des 18. und 19. Jahrhunderts, für das Reichskammergericht zwar eine Reihe von strukturellen wie materiellen Defiziten, die seine Stellung und Wirkung entscheidend schwächten. In diesem Zusammenhang führte er die latente Konkurrenz zum kaiserlichen Reichshofrat an, wobei Häusser diesen wegen seiner engen Verzahnung mit dem Kaiser noch negativer und abhängiger als das von den Reichsständen getragene Reichskammergericht sah. Die mangelhafte finanzielle Ausstattung sowie die zunehmende Isolierung bzw. die wachsende Zahl von Ausnahmeregelungen bezüglich der Zuständigkeit bedeuteten seiner Meinung nach weitere Schwächungen für das Reichskammergericht. Aber trotz dieser Kritik stellte Häusser der in seinen Augen völlig defizitären Situation der zentralen politischen Ebene immerhin das Reichskammergericht als wichtigste Verfassungsinstitution des Alten Reiches gegenüber:

Die Einrichtung, in welcher das einheitliche Element der Reichsverfassung den bedeutendsten Ausdruck fand, war das Reichskammergericht, dieses ‚Kleinod der deutschen Verfassung‘, wie es von Publicisten des achtzehnten Jahrhunderts noch genannt worden ist.[9]

In ähnlichem Tenor kam 1872 der ebenfalls in Heidelberg lehrende Heinrich Zoepfl mit Blick auf die rechtsvereinheitlichende, die Territorialgerichtsbarkeit einbindende und lenkende Funktion des Reichskammergerichts zu dem Schluss:

Ueberhaupt stand das Reichskammergericht wegen seiner völligen Unabhängigkeit von kaiserlichen Einwirkungen auf seine Rechtsprechung

---

[7] Beispielhaft die Abqualifizierung des Reichskammergerichts, *in dem sich die Prozesse durch wer weiß viel Decennien hinwälzten, [...] und die Akten lawinenartig anschwollen*; bei C. A. B o n a t h, Das heilige römische Reich deutscher Nation, Osterburg 1868, S. 91.

[8] L. G a l l, Ludwig Häusser als Historiker und Politiker des kleindeutschen Liberalismus, in: Ruperto-Carola. Zeitschrift der Universität Heidelberg 41 (1967), S. 82-90; P. F u c h s, Häusser, in: Neue Deutsche Biographie, Bd. 7, Berlin 1966, S. 456-459.

[9] L. H ä u s s e r, Deutsche Geschichte vom Tode Friedrichs des Großen bis zur Gründung des deutschen Bundes, Bd. 1, 4. Aufl., Berlin 1869, S. 73.

im höchsten Ansehen als ein reichsconstitutionsmässig unantastbares Bollwerk des gesammten deutschen Rechtszustandes.[10]

Erkennbar wird bei Häusser wie Zoepfl eine anti-kaiserliche, dafür gesamtreichische – und in dieser Perspektive das Reichskammergericht positiv einbeziehende – Grundhaltung, die sich vor allem bei Häusser vor dem Hintergrund der engen Verbindung mit dem badischen, kleindeutsch-nationalstaatlich orientierten Liberalismus der Vor-Reichsgründungszeit gut nachvollziehen lässt: Zwar musste im Vergleich zum national-staatlichen, konstitutionell-monarchischen Staatsmodell des badischen Liberalismus[11] das Alte Reich mit seinen Strukturen auf der zentralen politischen Ebene (Kaiser, Reichstag) als mangelhaftes politisches System erscheinen. Dennoch ist im Kontext dieser grundsätzlich ablehnenden Beurteilung die Würdigung des Reichskammergerichtes nachvollziehbar, insbesondere, wenn man auf den gerade im ehemals zersplitterten Südwesten lebendigen Reichsgedanken Bezug nimmt und den Gedanken der Rechtseinheit berücksichtigt.

In der Folge trat dann jedoch jegliche Wertschätzung des Alten Reiches und auch seiner Gerichtsbarkeit zusehends in den Hintergrund. In den Werken Heinrich von Treitschkes, durch die dem preußischen Macht- und Nationalstaatsmodell verpflichtete kleindeutsche Geschichtsdeutung ihren Höhepunkt erreichte, blieb gerade für das Alte Reich und seine Institutionen in der Zeit nach 1648 nicht viel mehr als Hohn und Spott übrig.[12]

Schon zu Beginn seiner 1879 erstmalig erschienenen *Deutschen Geschichte im neunzehnten Jahrhundert* wurde Treitschkes Geschichts-bild sehr deutlich, indem er eingangs die Entwicklung Deutschlands nach dem Westfälischen Frieden skizzierte, und dabei gegen die einzelnen Verfassungsinstitutionen des Alten Reiches polemisierte.[13] Auch die oberste Gerichtsbarkeit wurde nicht verschont, sie war, so Treitschke mit

---

[10] H. Zoepfl, Deutsche Rechtsgeschichte, Bd. 2, 4. Aufl., Braunschweig 1872 [hier nach dem Nachdruck Kronberg/Ts. 1975], S. 397 f.

[11] L. Gall, Der Liberalismus als regierende Partei. Das Großherzogtum Baden zwischen Restauration und Reichsgründung, Wiesbaden 1968.

[12] W. Hardtwig, Von Preussens Aufgabe in Deutschland zu Deutschlands Aufgabe in der Welt. Liberalismus und Borussianisches Geschichtsbild zwischen Revolution und Imperialismus, in: HZ 231 (1980), S. 264-324; E.-W. Böckenförde, Die deutsche verfassungsgeschichtliche Forschung im 19. Jahrhundert: Zeitgebundene Fragestellungen und Leitbilder, 2. Aufl., Berlin 1995, S. 79 f.

[13] H. v. Treitschke, Deutsche Geschichte im neunzehnten Jahrhundert, Bd. 1, 6. Aufl., Leipzig 1897 (1. Aufl. 1879). Zu Treitschke vgl. die Hinweise bei E. Wolgast, Die Sicht des Alten Reiches bei Treitschke und Erdmannsdörffer, in: M. Schnettger (Hg.), Imperium Romanum – irregulare corpus – Teutscher Reichs-Staat. Das Alte Reich im Verständnis der Zeitgenossen und der Historiographie, Mainz 2002, S. 169-188, hier S. 170.

seiner typischen, inhaltlichen wie sprachlichen Schärfe, *ein Tummelplatz für rabulistische Künste*.[14]

Dieses Urteil wirkte auf Jahrzehnte hin prägend für das Bild von der reichischen Gerichtsbarkeit in Forschung wie (Populär-) Literatur, denn die *Deutsche Geschichte* erlebte binnen weniger Jahre mehrere Neuauflagen und avancierte zumindest bis weit in die erste Hälfte des 20. Jahrhunderts mancher Unzulänglichkeiten zum Trotz zum einschlägigen Standardwerk deutscher Geschichte.[15]

Etwa um die Jahrhundertwende neigte die Geschichtswissenschaft dann zu einer sprachlich gemilderten und abwägenden Beurteilung von Reichskammergericht und Reichshofrat, wobei die Grundaussage jedoch im Wesentlichen unverändert (negativ) war.

So deutete 1892/1893 Bernhard Erdmannsdörffer[16], Inhaber der bedeutenden Heidelberger neuzeitlichen Professur und somit in der Nachfolge von Häusser und Treitschke stehend, in seinem sich dem Alten Reich ohne größere Vorurteile nähernden Überblick den Reichstag und die oberste Gerichtsbarkeit als Bereiche mit nennenswerten Reformbemühungen, auch wenn diese letztlich total scheiterten, gerade mit Blick auf das wichtigste Vorhaben, die Prozessbeschleunigung am Reichskammergericht:

Nur eine einzige von den großen Neugestaltungsaufgaben, die dem Reichstag gestellt waren, hat er wirklich zu einem gewissen Abschluß geführt, die der Ordnung des Reichsjustizwesens. [...] Hier [d. h. dem Versuch, die unerledigten Prozesse zur Entscheidung zu bringen, E.L.] freilich sollte ein totales Scheitern den Beweis dafür liefern, wie unreformierbar das Reich in einer seiner wichtigsten Angelegenheit war.[17]

Auch die konkurrierende Jurisdiktion im Alten Reich zwischen Reichskammergericht und dem Reichshofrat sah Erdmannsdörffer als

---

[14] H. v. Treitschke, Deutsche Geschichte (wie Anm. 13), S. 15.

[15] Zur großen Bedeutung und Verbreitung von Treitschkes *Deutsche(r) Geschichte* folgende Zahlen: 21.000 Exemplare in sechs Auflagen bis zum Jahre 1906 bzw. bis 1908 24.000 Exemplare von Band 1. Thomas Kornbichler spricht mit Blick auf die Verkaufszahlen von einem *für damalige Zeiten aufsehenerregenden Ereignis*. Zu den Angaben vgl. T. Kornbichler, Deutsche Geschichtsschreibung im 19. Jahrhundert, Pfaffenweiler 1984, S. 187 und A. Biefang, Der Streit um Treitschkes *Deutsche Geschichte* 1882/83. Zur Spaltung des Nationalliberalismus und der Etablierung eines national-konservativen Geschichtsbildes, in: HZ 262 (1996), S. 391-422, hier S. 397.

[16] Zu Erdmannsdörffer vgl. die Hinweise bei E. Wolgast, Sicht (wie Anm. 13), S. 169-188, hier S. 181-188.

[17] B. Erdmannsdörffer, Deutsche Geschichte vom Westfälischen Frieden bis zum Regierungsantritt Friedrich des Grossen 1648, Bd. 1, Berlin 1892-1893, S. 152 [hier nach dem unveränderten Nachdruck der Ausgabe Meersburg u. a. 1932, Darmstadt 1974].

Schwächung des Justizwesens. So war der Reichshofrat für ihn vorrangig ein Instrument kaiserlicher Politik im Reich:

Die Jurisdiktion des Reichshofrates ist immerdar eines von den wichtigsten Machtmitteln gewesen, womit das habsburgische Kaisertum seinen dominierenden Einfluß im Reich zu behaupten wußte.[18]

Nach der Jahrhundertwende wurde erstmalig im hier betrachteten Untersuchungszeitraum eines der beiden obersten Reichsgerichte eingehender untersucht; aus Rudolf Smends Kieler Habilitationsschrift ging 1911 eine für die kommenden Jahrzehnte maßgebliche Analyse von Geschichte und Verfassung des Reichskammergerichts hervor.[19]

Zwar ist das Bemühen des Staats- und Kirchenrechtlers Smend um eine kritische, unvoreingenommene Darstellung des Reichskammergerichts durchaus erkennbar und zu würdigen – im Ergebnis gelangte er aber vor dem Hintergrund der von ihm diagnostizierten Struktur- und Organisationsprobleme, wie zu langer Prozessdauer, Personal- und Besoldungsdefizite, aber auch der blockierten politischen Verhältnisse im Alten Reich als Folge österreichisch-preußischer Rivalität, zu einer negativen Beurteilung.[20] Dies wurde vor allem mit Blick auf die Endphase (ab ca. 1780) deutlich, wenn Smend angesichts der sinkenden Zahl von Urteilsverkündungen mehr denn je ein Versagen konstatierte, und sich damit letztlich nicht grundlegend von der gängigen, negativen Beurteilung des Alten Reiches und seiner obersten Gerichte in Geschichts- wie Rechtswissenschaft unterschied. Immerhin kommt Smend das Verdienst zu, sich unter Verwendung wissenschaftlicher Methoden auf Basis umfangreicher archivalischer Quellenforschungen mit einem der wichtigsten Bausteine des reichischen Verfassungssystems eingehender beschäftigt zu haben. Dies ist auch deshalb positiv zu würdigen, weil der

---

[18] Ebd., S. 154.

[19] R. S m e n d, Das Reichskammergericht, 1. Teil: Geschichte und Verfassung, Weimar 1911 [hier nach dem Neudruck Aalen 1965]. Der niemals erschienene zweite Teil hätte das Verfahren, die Zuständigkeit und die Leistungen des Gerichts umfassen sollen, so die Besprechung von A. W a l t h e r, in: HZ 112 (1914), S. 591-594, hier S. 592, mit dem Hinweis, dass etwa die Hälfte der Darstellung sich den ersten sechzig Jahren des Reichskammergerichts (1495-1555) widmet, der *produktivsten Periode*, so Walther mit Blick auf Smends Ergebnisse. Zu Smend M. S t o l l e i s, Smend, Rudolf, in: D e r s. (Hg.), Juristen. Ein biographisches Lexikon. Von der Antike bis zum 20. Jahrhundert, München 1995 (hier nach der Taschenbuchausgabe München 2001), S. 584-586, mit zusätzlichen Literaturverweisen.

[20] Anti-österreichische Tendenzen im Stil der kleindeutschen Perspektive finden sich anlässlich der Darstellung der Reichskammergerichtsvisitation (seit 1765), vgl. R. S m e n d, Reichskammergericht (wie Anm. 19), S. 232-239. Trotz der insgesamt deutlich negativen Bilanz bezüglich der Rolle des Reichskammergerichts nach 1648 kommt Smend, S. 241, immerhin zu dem Urteil, dass nach Auflösung des Reiches und folglich auch des Reichskammergerichts eine empfindliche Lücke im Bereich der obersten Gerichtsbarkeit entstanden sei.

Großteil der Rechts- und Verfassungshistoriker im Kaiserreich sich hauptsächlich mittelalterlicher Rechts- und Verfassungsgeschichte widmete, und in diesem Zusammenhang eine Verbindung vom zweiten, wilhelminischen Kaiserreich zum angeblich glanzvollen (ersten) Reich des Mittelalters herstellte; dabei allerdings die vermeintlich negative Entwicklung in der Frühen Neuzeit, insbesondere nach 1648, bewusst ausblendete.[21]

III

1918-1945

Nach dem Einschnitt von 1918 hielt die ganz überwiegende Mehrheit der deutschen Historiker an ihrer engen Bindung zum kleindeutschen Nationalstaat fest. In Bezug auf das Alte Reich und seine Gerichtsbarkeit wurden die herrschenden Ansichten aus der Kaiserzeit übernommen: Fehlende National- und Machtstaatlichkeit nach innen wie außen machten das Alte Reich und seine Institutionen zu einer *beklagenswerten Entartungserscheinung* (Bernd Faulenbach) unter den europäischen Mächten.[22]

So blieb der Berliner Verfassungshistoriker Fritz Hartung[23] 1922 bezüglich der Kernbereiche der Reichsverfassung im bekannten, abwertenden Ton:

Auch das Kammergericht war aus Mangel an Beisitzern und wegen der Umständlichkeit des Verfahrens seiner Aufgabe immer weniger gewachsen und verknöcherte langsam. Daß beide [Reichstag und Reichskammergericht, E.L.] sich trotzdem bis ins Jahr 1806 hielten, ist kein Zeichen von Lebenskraft, sondern von der Unfähigkeit, Abgestorbenes zu beseitigen und durch Neues zu ersetzen.[24]

---

[21] Pars pro toto G. v. B e l o w, Der deutsche Staat des Mittelalters. Eine Grundlegung der deutschen Verfassungsgeschichte. Bd. 1: Die allgemeinen Fragen, Leipzig 1914 (2. Aufl. 1925). Zu allem E. G r o t h e, Zwischen Geschichte und Recht. Deutsche Verfassungsgeschichtsschreibung 1900-1970 (Ordnungssysteme; Bd. 16), München 2005, S. 45 und S. 90 f. sowie M. S t i c k l e r, Reichsvorstellungen in Preußen-Deutschland und der Habsburgermonarchie in der Bismarckzeit, in: F. B o s b a c h und H. H i e r y (Hgg.), Imperium – Empire – Reich. Ein Konzept politischer Herrschaft im deutsch-britischen Vergleich, München 1999, S. 133-154.

[22] B. F a u l e n b a c h, Ideologie des deutschen Weges. Die deutsche Geschichte in der Historiographie zwischen Kaiserreich und Nationalsozialismus, München 1980, S. 38.

[23] Zu Hartung jetzt ausführlich E. G r o t h e, Geschichte und Recht (wie Anm. 21), einleitend S. 105 mit allen wichtigen bio- und bibliographischen Angaben.

[24] F. H a r t u n g, Deutsche Verfassungsgeschichte vom 15. Jahrhundert bis zur Gegenwart, 1. Aufl. 1914, 9. Aufl. 1969, Leipzig/Berlin (bis einschließlich 4. Aufl.); Stuttgart (5.-9. Aufl.), hier nach der 2. Aufl. 1922, S. 96.

Besondere Bedeutung gewinnt dieses Urteil vor dem Hintergrund, dass Hartungs *Deutsche Verfassungsgeschichte* für lange Zeit eine Ausnahmestellung in der deutschen Verfassungsgeschichtsschreibung hatte, wie sich allein schon mit Blick auf den Zeitraum vom Erscheinen der ersten Auflage 1914 bis zur neunten und letzten Auflage 1969 zeigen lässt. Ungeachtet der Systembrüche von 1918/19, 1933 und 1945/49 ragte sie über mehr als fünf Jahrzehnte in nahezu unveränderter Form aus der deutschen verfassungsgeschichtlichen Literatur heraus, und transportierte damit gleichzeitig das Bild vom im Zerfall begriffenen Alten Reich auch anhand dessen Gerichtsbarkeit.

Eher rechtsgeschichtlich orientierte Autoren, wie z. B. 1921 Hans Fehr, stellten in gleicher Weise die Ineffizienz der beiden obersten Reichsgerichte heraus, bedingt vor allem durch ungeklärte Kompetenzenabgrenzungen, die in gegenseitiger Rivalität mündeten.[25] Allerdings würdigte Fehr wie bereits zuvor Häusser und Zoepfl das vom habsburgischen Kaiser unabhängige Reichskammergericht als *Gericht der höchsten Einheit, des Reiches selbst* und sichtbarster institutioneller Ausdruck des Reichsgedankens.[26] Zudem habe das Reichskammergericht deutlich erkennbaren Einfluss auf die Territorialgerichtsbarkeit gehabt, indem einige Territorien die Reichskammergerichtsordnung nachahmten, ja *manch landesherrliches Gericht [...] ein verkleinertes Reichskammergericht [war].*[27] Dieser positiven Deutung des Reichskammergerichts stellte Fehr besonders drastisch und ganz im Stile kleindeutsch-protestantischer Geschichtsschreibung den Reichshofrat entgegen:

Seit der Glaubensspaltung hatten die Stände vor allem darauf gedrungen, das evangelische Element im Reichshofrat zur Geltung zu bringen. Und ganz mit Recht; denn dieses Gericht, ein willfähriges Organ des Kaisers, inspiriert von durchtriebenen Jesuitenköpfen, war der schlimmste Feind der evangelischen Sache. [...] Vom Standpunkt des Juristen aus darf die Geschichte des Reichsrofrates keine rühmliche genannt werden.[28]

In geschichtlichen Einleitungen führender Verfassungshandbücher wie in gängigen rechtsgeschichtlichen Lehrbüchern wurde die Reichsgerichtsbarkeit, wenn überhaupt, lediglich deskriptiv am Rande behandelt, bzw. im Sinne des bekannten Zerfalls- und Untergangsparadigmas vor der Folie

---

[25] Vgl. hier und im Folgenden H. F e h r , Deutsche Rechtsgeschichte, Berlin/Leipzig 1921, S. 225-230.
[26] Ebd., S. 226.
[27] Ebd., S. 228.
[28] Ebd., S. 229. Ähnlich auch H. B r u n n e r und E. H e y m a n n (Hgg.), Grundzüge der deutschen Rechtsgeschichte, 7. Aufl., München/Leipzig 1919 (ursprünglich 1. Aufl. Berlin 1901), jeweils mit weiteren bibliographischen Nachweisen der älteren Forschung.

vom preußisch-deutschen Nationalstaat des ausgehenden 19. Jahrhunderts thematisiert.[29]

Allerdings deuteten sich in den 1920er Jahren markante Abweichungen vom gängigen Deutungsmuster des Alten Reiches im allgemeinen wie im speziellen der Reichsgerichtsbarkeit an. Der Kirchen- und Verfassungsrechtler Hans Erich Feine[30] kam beispielsweise zu der Feststellung, dass der kaiserliche Einfluss – entgegen dem vorherrschenden Paradigma von der Machtlosigkeit des Kaisers in seiner Funktion als Oberhaupt des Reiches – seit der zweiten Hälfte des 17. Jahrhunderts zugenommen und sich zu rechtlichen Institutionen und Ansprüchen verdichtet habe.[31] Dies war ein deutlicher Hinweis auf die zumindest partielle Funktionsfähigkeit des Alten Reiches[32] und des (kaiserlichen) Reichshofrates, der so gleichzeitig neue Spielräume für eine wirksamere Durchführung seiner Aufgaben gewann.

1933 würdigte der Bonner Historiker Aloys Schulte in Unterschied zu der auch in seiner Darstellung vorherrschenden abwertenden Beurteilung des Alten Reiches die Reichsgerichtsbarkeit.[33] Trotz aller Probleme bezüglich der finanziellen wie personellen Ausstattung, Zuständigkeit und Urteilsvollstreckung erkannte Schulte immerhin die rechtsvereinheitlichende Wirkung der reichskammergerichtlichen Tätigkeit.

Im Sog der nationalsozialistischen Machtübernahme verstärkte sich dann wiederum die zumeist wenig günstige Beurteilung des Alten Reiches (und damit auch seiner Rechtsinstitutionen) nach 1648, das meist in Bezug entweder zum mythisch verklärten Reich des Mittelalters oder zum entstehenden preußisch-deutschen Machtstaat gesetzt wurde. Die Epoche der Frühen Neuzeit seit dem 16. Jahrhundert wurde mit massivem Rechts-

---

[29] So bei G. Anschütz, Rückblick auf ältere Entwicklungsstufen der Staatsbildung und des Staatsrechts in Deutschland, in: Ders. und R. Thoma (Hgg.), Handbuch des Deutschen Staatsrechts, Bd. 1, Tübingen 1930, S. 20-23 oder bei R. Schröder und E. v. Künßberg (Hgg.), Lehrbuch der deutschen Rechtsgeschichte, 7. Aufl., Berlin/Leipzig 1932, S. 912-919.

[30] Zu Feine vgl. M. Heckel, Hans Erich Feine. 1890-1965, in: F. Elsener (Hg.), Lebensbilder zur Geschichte der Tübinger Juristenfakultät, Tübingen 1977, S. 189-213.

[31] H. E. Feine, Zur Verfassungsentwicklung des Heil. Röm. Reiches seit dem Westfälischen Frieden, in: ZRG GA 52 (1932), S. 65-133, hier vor allem S. 94-97. Bereits früher ders., Die Besetzung der Reichsbistümer vom Westfälischen Frieden bis zur Säkularisation 1648-1806, Stuttgart 1921 sowie ders., Einwirkungen des absoluten Staatsgedankens auf das deutsche Kaisertum im 17. und 18. Jahrhundert, insbesondere bei Besetzung der Reichsbistümer, in: ZRG GA 42 (1921), S. 474-481.

[32] In diesem Sinne auch E. Grothe, Geschichte und Recht (wie Anm. 21), S. 123.

[33] A. Schulte, Der deutsche Staat. Verfassung, Macht und Grenzen 919-1914, Aalen 1968 [Neudruck der Ausgabe Stuttgart 1933], S. 158-161. Zu Schulte zuletzt E. Grothe, Geschichte und Recht (wie Anm. 21), S. 232-234. Ohne Differenzierung findet sich das gängige Niedergangsparadigma in der auch ansonsten sehr konventionellen Darstellung von C. Bornhak, Deutsche Verfassungs-geschichte vom Westfälischen Frieden an, Stuttgart 1934.

und Kulturverfall sowie nationaler Zersplitterung in Verbindung gebracht.[34] Hinzu kam, dass insbesondere die frühneuzeitlichen rechtlichen
Entwicklungen eine äußerst negative Beurteilung erfuhren, die in Abkehr
von völkisch-germanischen Wurzeln angeblich gekennzeichnet waren
durch die Rezeption spätrömischen Rechts, was zu einer Verwässerung
der gesamten Rechtsordnung beigetragen habe.[35]

Nach 1933 entstandene Monographien zur Verfassungsgeschichte
bedienten daher der Tendenz nach das Bild des nach 1648 zerfallenden
und paralysierten Reichsverfassungssystems.[36] Bemerkenswert dabei ist,
dass selbst dem Alten Reich und seinen Institutionen bisher eher
wohlwollend gesinnte Autoren, wie Hans Erich Feine, ihre Ansichten
binnen weniger Monate angesichts der veränderten politischen und
ideologischen Verhältnisse radikal korrigierten und nunmehr eine
Interpretation lieferten, die ganz auf Linie der herrschenden Meinung
lag.[37]

Eine Ausnahme von dieser generellen Entwicklung stellten die
Arbeiten überwiegend konservativer, österreichischer Historiker dar, die
vor dem Erfahrungshorizont des Untergangs des österreichischen
Kaisertums 1918[38] nach einer neuen Bezugsgröße staatlicher Ordnung
suchten. Bei dem Versuch, groß- wie kleindeutsche Gegensätze zu
überwinden, fanden sie in Form der *gesamtdeutschen Geschichtsauf-*
fassung eine Lösung auf Fragen der Zeit, die für Österreich insbesondere
die Neuordnung Mittel- und Südwesteuropas betrafen. Im Zuge dieser

---

[34] Vgl. U. Wiggershaus-Müller, Nationalsozialismus und Geschichtswissenschaft. Die
Geschichte der Historischen Zeitschrift und des Historischen Jahrbuchs von 1933-1945, Hamburg
1998, S. 43.

[35] Zur Geschichtsinterpretation in rechtshistorischen Schriften von 1933 bis 1945 A. Nunweiler,
Das Bild der deutschen Rechtsvergangenheit und seine Aktualisierung im »Dritten Reich«, Baden-
Baden 1996, hier S. 195-207 und S. 221 f.

[36] Stellvertretend E. Forsthoff, Deutsche Verfassungsgeschichte der Neuzeit, Königsberg 1940,
zuletzt 4. Aufl., Stuttgart u. a. 1972.

[37] Vgl. E. Grothe, Geschichte und Recht (wie Anm. 21), S. 238-247. Aus den Veröffentlichungen
nach 1933 hier nur der Hinweis auf H. E. Feine, Deutsche Verfassungsgeschichte der Neuzeit,
Tübingen 1937 (bis 3. Aufl. Tübingen 1943). Nur an einigen wenigen Stellen betont Feine nunmehr
dem vermeintlichen Reichszerfall entgegen wirkende Prozesse, z. B. hinsichtlich der kaiserlichen
Macht im Reich bzw. der Funktionsfähigkeit des Assoziationswesens, S. 43-49. Die größtenteils
positive Aufnahme in der Forschung belegt exemplarisch die Rezension von G. Oestreich, in:
HZ 159 (1939), S. 327 f.

[38] Die aus der Zeit zwischen 1866 und 1918 einschlägigen Forschungen der österreichischen
Geschichtswissenschaft befassen sich, soweit ersichtlich, lediglich mit den österreichischen
Entwicklungen nach 1648, der Reichskontext wird zumeist völlig ausgeblendet bzw. allenfalls sehr
kurz abgehandelt, wohl auch vor dem Hintergrund einer Hervorhebung der eigenständigen
österreichischen Entwicklungsbezüge zur Schaffung einer eigenen österreichischen Identität; vgl.
F. Krones, Grundriß der Oesterreichischen Geschichte mit besonderer Rücksicht auf Quellen-
und Literaturkunde, Wien 1882, S. 577.

prononciert von Heinrich Ritter von Srbik und Kollegen vertretenen Forschungsrichtung kam das Alte Reich in bisher nicht gekanntem Ausmaß in den Mittelpunkt der Betrachtung.[39]

Zwar registrierte Srbik in seiner bezeichnenderweise als *Deutsche Einheit* betitelten Darstellung aus dem Jahr 1935 sehr wohl die Schwächen des Reiches und seiner Verfassung z. B. hinsichtlich Wehrkraft, Wirtschaft, Verfassung und Außengeltung.[40]

Indem er aber eine sogar über das Ende des Reiches hinaus wirksam gebliebene Reichsidee in den Vordergrund stellte, gewann das Alte Reich abseits der rein institutionenorientierten Ebene eine erheblich positivere Geltung.

Für den Bereich der Reichsgerichtsbarkeit lässt sich dieser Befund nachweisen bei Oswald von Gschliesser, der 1942 ein bis heute grundlegendes Werk zur Geschichte und zum Aufbau des Reichshofrates vorlegte, wobei sein Hinweis auf die Wichtigkeit des Reichshofrates für den Reichsgedanken als eine der wenigen obersten Reichsbehörden deutlich die von Srbik initiierte gesamtdeutsche Geschichtsschreibung durchschimmern ließ.[41]

Zwar konzedierte Gschliesser einige der bekannten Mängel des Reichshofrates, wie schleppende Verfahrensabläufe, Richterbestechung, Nepotismus oder den Verdacht kaiserlicher Einflussnahme auf das in seiner Mehrheit katholisch zusammengesetzte Gericht. Er relativierte diese Mängel allerdings mit Hinweis auf zahlreiche Fälle der außergerichtlichen Streitschlichtung der Prozessparteien, und in zeitgenössischer Sicht durchaus angemessene Verfahrensabläufe. Aus Hoffnung um die erfolgreiche Exekution reichshofrätlicher Urteile sei der vermeintlich parteiische, weil kaiserliche Reichshofrat ausserdem nicht selten durch protestantische Kläger angerufen worden. Ferner habe der Reichshofrat, den Gschliesser als *höchsten Verfassungs- und Verwaltungsgerichtshof*[42] des Alten Reiches mit *grundrechtsähnlicher Schutz-*

---

[39] Vgl. M. D e r n d a r s k y, Zwischen »Idee« und »Wirklichkeit«. Das Alte Reich in der Sicht Heinrich von Srbiks, in: M. S c h n e t t g e r (Hg.), Imperium (wie Anm. 13), S. 189-205, u. a. mit weiteren Informationen zu Srbik.

[40] H. R. v. S r b i k, Deutsche Einheit. Idee und Wirklichkeit vom Heiligen Reich bis Königgrätz, Bd. 1, München 1935.

[41] O. v. G s c h l i e s s e r, Der Reichshofrat. Bedeutung und Verfassung, Schicksal und Besetzung einer obersten Reichsbehörde von 1559 bis 1806, Wien 1942 [hier nach dem Neudruck Nendeln/Liechtenstein 1970]. Vgl. das Geleitwort, S. V-VII, und das Vorwort des Verfassers, S. IX-X, mit Hinweisen auf Srbiks Einflüsse und Förderung. Zum folgenden vgl. die Ausführungen Gschliessers S. 1-64.

[42] Ebd., S. 38.

funktion[43] deutete, gerade *in Zeiten ständig fortschreitender Macht-aushöhlung des Kaisers* als letztes Wahrzeichen seiner *Oberherrlichkeit im Reiche*[44] gewirkt, wobei insbesondere die schwächeren Reichsglieder im Alten Reich von seiner Existenz profitiert hätten. Schließlich seien, so Gschliesser, gerade im Vergleich zum Reichskammergericht, die kürzere Prozessdauer und die besseren Möglichkeiten der Exekution reichshofrätlicher Urteile positiv hervorzuheben.

Versucht man, eine Bewertung der gesamtdeutschen Geschichts-auffassung vorzunehmen, so ist sicherlich zu würdigen, dass das Alte Reich einer neuen Betrachtung und Interpretation unterzogen wurde.[45] Srbiks *Deutsche Einheit* und Gschliessers Darstellung des Reichshofrates können als *notwendige Korrektur der aus dem Kampf um die Bismarck-sche Reichsgründung hervorgegangen preußisch-deutschen Historio-graphie der Sybel-Treitschke-Schule* bezeichnet werden.[46]

Doch auch wenn die gesamtdeutsche Theorie in ihren Ursprüngen nicht nazistisch war,[47] so ist die mit ihr verbundene Problematik dennoch evident:[48] Ein von einer gemischt nationalstaatlich-universalen Idee geprägtes Bild Mitteleuropas ließ sich bei entsprechender Auslegung mit Zielsetzungen nationalsozialistischer Eroberungspolitik nahezu bruchlos legitimieren. Gerade mit der starken ideengeschichtlichen Verklärung des Alten Reiches wurde die gesamtdeutsche Geschichtsauffassung undeut-lich: Unklar blieb, wie sich eine *friedliche* Ordnung in Mitteleuropa konkret ergeben sollte, die einerseits nationalstaatliche und universale Strukturen hätte verzahnen können, und die eben nicht den zwangs-läufigen Weg der Aggression und Gewalt gegenüber Nachbarländern und -völkern beinhaltete?

---

[43] Ebd., S. 34 f.

[44] Ebd., S. 43.

[45] Vgl. U. S c h e u n e r, Rezension Gschliesser, in: HZ 170 (1950), S. 590-593, der von einer *Bereicherung der Verfassungsgeschichte* (S. 592) und von *bedeutsame(n) Aufschlüsse(n) für die allgemeine Würdigung des alten Reiches im 17. und 18. Jahrhundert* (S. 593) spricht.

[46] A. W a n d r u s z k a, Nekrolog Heinrich Ritter von Srbik (1878-1951), in: MIÖG 59 (1951), S. 228-236, das Zitat S. 232.

[47] So auch B. F a u l e n b a c h, Srbik, in: R. v. B r u c h und R. A. M ü l l e r (Hgg.), Historikerlexikon, München 1991, S. 295-297, hier S. 296.

[48] Zur Bewertung Srbiks auch M. D e r n d a r s k y, Sicht (wie Anm. 39), S. 203 ff.

IV.

Österreich nach 1945

Die österreichische Forschung nach 1945 wandte sich demzufolge völlig von der durch die NS-Ideologie manipulierten und diskreditierten Reichsidee und -tradition im Sinne Srbiks ab zugunsten der Stiftung einer eigenen österreichischen Identität. In diesem Kontext wurden das Alte Reich und seine Gerichtsbarkeit – ähnlich im Übrigen wie bereits vor 1918 – als ein deutsche und österreichische Traditionen vereinigendes Verfassungssystem marginalisiert.[49]

Herausragende Ausnahme von dieser Feststellung war der höchst innovative Aufsatz von Friedrich Hertz aus Jahr 1961, der sich ausdrücklich gegen eine allzu negative Beurteilung der Reichsgerichte wandte und demgegenüber deren zumindest partielle Funktionsfähigkeit hervorhob, so z. B. mit Hinweis auf zahlreiche Untertanenprozesse oder die Unterstützung der Landstände gegen allzu absolutistische Bestrebungen der Landesherren.[50]

Im Wesentlichen ist aber festzustellen, dass der Zustand der allenfalls beiläufigen Wahrnehmung des Alten Reiches seitens der österreichischen Geschichtsschreibung über viele Jahrzehnte andauerte, wie auch einer der renommiertesten österreichischen Historiker, Fritz Fellner, zu Recht bedauerte, wenn er die Loslösung der österreichischen Geschichtswissenschaft forderte vom *Trauma der großdeutschen Berührungsängste* angesichts der bisherigen, *unter dem Diktat einer Zeitgeschichte* erfolgten Vernachlässigung der Reichsgeschichte des 17. und 18. Jahrhunderts.[51]

---

[49] Beispielhaft kann für diese Haltung das Werk Erich Zöllners zur österreichischen Geschichte gesehen werden, das in erster Auflage 1961 erschien und in dem für die Zeit nach 1648 das Alte Reich im detaillierten Inhaltsverzeichnis mit keinem Wort vorkommt sowie in den Ausführungen nur ganz am Rande Erwähnung findet. Vgl. E. Z ö l l n e r, Geschichte Österreichs. Von den Anfängen bis zur Gegenwart, 7. Aufl., München 1984. Ebenso behandelten die einschlägigen österreichischen (verfassungs-) geschichtlichen Darstellungen die nach 1648 existierende Verklammerung Österreichs mit dem Alten Reich nur peripher, vgl. W. B r a u n e d e r und F. L a c h m a y e r (Hgg.), Österreichische Verfassungsgeschichte, 1. Aufl. seit 1976, hier 3. Aufl., Wien 1983, S. 75-78 und S. 107-109. Ebenso aus der Anfangszeit der Republik E. C. H e l l b l i n g, Österreichische Verfassungs- und Verwaltungsgeschichte, Wien 1956; S. 222-226 und S. 342-344 mit Berührungspunkten zum Reich. Zur Beurteilung der österreichischen Reichsforschung auch W. R e i n h a r d, Reichsreform und Reformation 1495-1555 (Gebhardt, Handbuch der deutschen Geschichte, Bd. 9), 10., völlig neu bearb. Aufl., Stuttgart 2001, S. 67.

[50] F. H e r t z, Die Rechtsprechung der höchsten Reichsgerichte im römisch-deutschen Reich und ihre politische Bedeutung, in: MIÖG 69 (1961), S. 331-358.

[51] F. F e l l n e r, Reichsgeschichte und Reichsidee als Problem der österreichischen Historiographie, in: W. B r a u n e d e r und L. H ö b e l t (Hgg.), Sacrum Imperium: Das Reich und Österreich 996-1806, Wien 1996, S. 372.

Immerhin kann jetzt aber konstatiert werden, dass gerade mit Intensivierung der Forschungen zum kaiserlichen Reichshofrat seit einigen Jahren nunmehr auch die Wiener Verfassungsorgane des Alten Reiches wieder verstärkt wahrgenommen werden.[52]

V.

Deutschland nach 1945

Die deutschen (Rechts-) Historiker nach 1945 setzten sich vor dem Hintergrund der völligen Katastrophe des deutschen Machtstaates und der NS-Terrorherrschaft vorrangig zunächst mit der geschichtlichen Einordnung des Nationalstaates, insbesondere preußisch-kleindeutscher Prägung, auseinander. Dabei war die deutsche Geschichtsforschung inspiriert von der Vorstellung eines *deutschen Sonderwegs*, der die nationalsozialistische Katastrophe erklären helfen sollte.[53]

Die neu etablierte DDR-Geschichtsforschung widmete sich in diesem Kontext – vor allem im Vergleich zur preußischen Entwicklung – nur allenfalls beiläufig dem Alten Reich. Dieses wurde als retardierendes Moment auf dem Weg des Übergangs von spätmittelalterlichen, feudalen zu neuzeitlichen, bürgerlich-kapitalistischen Strukturen aufgefasst. So habe das Verfassungssystem des Alten Reiches die bestehenden Machtverhältnisse konserviert, wodurch eine Öffnung hin zur Partizipation des Volkes am politischen Entscheidungsprozeß verhindert worden sei.[54] Für die oberste Reichsgerichtsbarkeit wurde vorrangig der

---

[52] Vgl. nur die Forschungen zum Reichshofrat von E. Ortlieb, Im Auftrag des Kaisers. Die kaiserlichen Kommissionen des Reichshofrats und die Regelung von Konflikten im Alten Reich (1637-1657) (Quellen und Forschungen zur Höchsten Gerichtsbarkeit im Alten Reich = QFHG, Bd. 38), Köln u. a. 2001; dies., Vom Kaiserlichen/Königlichen Hofrat zum Reichshofrat. Maximilian I., Karl V., Ferdinand I., in: B. Diestelkamp (Hg.): Das Reichskammergericht. Der Weg zu seiner Gründung und die ersten Jahrzehnte seines Wirkens (1451-1527) (QFHG, Bd. 45), Köln u. a. 2003.

[53] Zur Sonderwegs-Diskussion vgl. Institut für Zeitgeschichte (Hg.), Deutscher Sonderweg – Mythos oder Realität, München 1982; sowie B. Faulenbach, *Deutscher Sonderweg*. Zur Geschichte und Problematik einer zentralen Kategorie des deutschen geschichtlichen Bewusstseins, in: Aus Politik und Zeitgeschichte, B 33/81, S. 3-21.

[54] Es bleibt festzustellen, dass die DDR-Geschichtswissenschaft im Laufe ihres vierzigjährigen Bestehens einen Prozess der vorsichtigen Entideologisierung durchlaufen hat, wie sich mit Blick auf das Alte Reich im Kontrast zu dem frühen Nachkriegswerk von Franz Mehring bestätigen lässt, vgl. F. Mehring, Deutsche Geschichte vom Ausgange des Mittelalters, Berlin 1947. Mehring schreibt, S. 54, bei starker Akzentuierung der preußischen Entwicklung, am Rande über die *jämmerliche Verfassung* des Alten Reiches nach 1648, das *ausgeraubt und verfault* gewesen sei, und dessen wichtigste Verfassungsinstitutionen – wie das Reichskammergericht (*berüchtigste Verschleppungsanstalt in Europa*) – in *hoffnungslosem Verfall* waren.

Reichshofrat als einzige Behörde von größerer Bedeutung[55] gewürdigt, die aufgrund der Nähe zum Kaiser über die nötige Autorität verfügt habe. Dies führte dazu, dass zahlreiche Prozesse, auch solche zwischen Feudalherren und Untertanen, bis vor den Kaiser gelangten, und auch die Rechte mindermächtiger Kräfte im Reich Beachtung fanden, wobei damit der Reichshofrat zugleich als wirkungsvolles Instrument kaiserlicher Politik gegenüber allzu selbstbewussten Reichsständen diente.[56]

Nach den Zäsuren von 1945/1949 erlangten in der Bundesrepublik Deutschland das Alte Reich und seine Institutionen erst über den Umweg der Rückbesinnung auf abendländische, westliche und christliche Traditionen neue Würdigung und Beachtung.[57] Dabei spielten die nach 1945 einsetzende Friedensforschung bzw. Projekte zur historischen Dimension einer Einigung Europas eine wichtige Rolle. Das grundsätzlich defensiv und föderativ ausgerichtete Alte Reich wurde als lockerer, integrativer Überbau einer Vielzahl mehrschichtiger Herrschaftsverhältnisse zum Vorbild einer möglichen europäischen Einigung bzw. zum Abbild eines überstaatlich und übernational organisierten Kerneuropas, und wirkte zudem identitätsstiftend für die föderal organisierte staatliche Ordnung auf bundesrepublikanischem Boden.

Die eigentliche Rehabilitierung des Alten Reiches und die Neuinterpretation seiner obersten Gerichtsbarkeit setzten aber erst Mitte der sechziger Jahre des 20. Jahrhunderts ein. Besonders im akademischen Umfeld zweier im großdeutsch-katholischen Milieu verwurzelten Historiker – Franz Schnabel (München) und Max Braubach (Bonn) – entwickelten sich umfangreiche historische Forschungen zum Alten Reich.[58] Die Schüler von Braubach und Schnabel trafen sich dabei in ihrem Interesse für das Alte Reich mit den Erkenntnissen des Verfassungshistorikers Gerhard Oestreich, der als Hartung-Schüler der Berliner verfassungsgeschichtlichen Tradition um Otto Hintze verbunden

---

[55] G. Schilfert, Deutschland von 1648 bis 1789, 1. Aufl., Berlin 1959 bis 4. Aufl., Berlin 1980. Hier 2. Aufl., Berlin 1962, S. 33 f.

[56] G. Heitz, Die Folgen des Dreißigjährigen Krieges und der Wiederaufbau. Die Entstehung des territorialstaatlichen Absolutismus (1648 bis 1688), in: A. Laube u. a. (Autorengruppe), Die Epoche des Übergangs vom Feudalismus zum Kapitalismus von den siebziger Jahren des 15. Jahrhunderts bis 1789, Berlin/Köln 1983, S. 329 f. und I. Mittenzwei, Die Vorbereitung der bürgerlichen Umwälzung (1763 bis 1789), in: A. Laube u. a., Epoche, S. 516 f.

[57] Vgl. z. B. K. v. Raumer, Ewiger Friede. Friedensrufe und Friedenspläne seit der Renaissance, Freiburg i. Br. u. a. 1953.

[58] V. Press, Das römisch-deutsche Reich (wie Anm. 1), S. 20-22 verweist in diesem Zusammenhang auf Schnabels Schüler Heinrich Lutz, Karl Otmar Freiherr von Aretin, Friedrich Hermann Schubert sowie aus der Braubachschen Schule Stephan Skalweit, Konrad Repgen und Hermann Weber.

war.[59] Mit ausdrücklicher Distanzierung von der älteren Forschung kam Oestreich an prominenter Stelle, nämlich im einschlägigen historischen Handbuch der frühen Bundesrepublik, zu der Bemerkung, dass trotz der bekannten Probleme – u. a. Prozessverzögerungen als Folge finanzieller, personeller, prozessrechtlicher und konfessioneller Defizite – das Reichskammergericht eine rechtsvereinheitlichende Rolle gespielt habe und den Schutz der Grundrechte von Reichsuntertanen wirksam wahrgenommen habe.[60] Allerdings stehen diese innovativen Ansichten Oestreichs im Gegensatz zu an anderer Stelle geäußerten negativen allgemeinen Bemerkungen, mit denen das Reich als *archaische Lebensform inmitten politischer Verjüngung, sich überall durchsetzender Straffung und sich erweiternder monarchischer Staatlichkeit*[61] abqualifiziert wird.[62]

Ab etwa Mitte der 1960er Jahre begann auch die Rechtsgeschichte, sich für das Alte Reich und seine obersten Gerichte zu interessieren – Wolfgang Sellert[63] forschte auf Anregung Adalbert Erlers zum Reichshofrat, während sich Bernhard Diestelkamp[64] dem Reichskammergericht zuwandte. Hermann Conrad skizzierte in seiner als Rechtsgeschichte betitelten, aber durchaus als Verfassungsgeschichte zu verstehenden zweibändigen Abhandlung die Verfassungsinstitutionen des Alten Reiches und somit auch die oberste Gerichtsbarkeit in bis dahin nie

---

[59] Zu Oestreichs Person und Bedeutung vgl. E. G r o t h e , Geschichte und Recht (wie Anm. 21), S. 336 und S. 397-399.

[60] Oestreich verfasste für die 8. bzw. 9. Auflage (1955/1970) des *Gebhardt* den wichtigen verfassungsgeschichtlichen Abschnitt. Die Ausführungen in der 9. Auflage folgen fast unverändert denen der 8. Auflage. Vgl. zuletzt die inhaltlich unveränderte Taschenbuchausgabe der 9. Aufl. des *Gebhardt*: G. O e s t r e i c h , Verfassungsgeschichte vom Ende des Mittelalters bis zum Ende des alten Reiches, in: H. G r u n d m a n n (Hg.), Gebhardt – Handbuch der deutschen Geschichte, Bd. 11, 8. Aufl., München 1999, S. 50-66.

[61] G. O e s t r e i c h , Reichsverfassung und europäisches Staatensystem 1648-1789, in: D e r s . (Hg.): Geist und Gestalt des frühmodernen Staates. Ausgewählte Aufsätze, Berlin 1969, S. 233-252, hier S. 237.

[62] Wolfgang Reinhard bezeichnet Oestreichs verfassungsgeschichtliche Arbeiten daher mit Recht *kaum als innovativ*, vor allem im Vergleich zu den von ihm ausgehenden Impulsen für die sozialgeschichtliche Forschung. W. R e i n h a r d , Reichsreform und Reformation (wie Anm. 49), S. 33.

[63] W. S e l l e r t , Über die Zuständigkeitsabgrenzung von Reichshofrat und Reichskammergericht insbesondere in Strafsachen und in Angelegenheiten der freiwilligen Gerichtsbarkeit, Aalen 1965 und d e r s ., Prozeßgrundsätze und Stilus Curiae am Reichshofrat im Vergleich mit den gesetzlichen Grundlagen des reichskammergerichtlichen Verfahrens, Aalen 1973.

[64] Ein Verzeichnis der wichtigsten Veröffentlichungen Diestelkamps bis Anfang 1994 bei F. B a t t e n b e r g und F. R a n i e r i (Hgg.), Geschichte der Zentraljustiz in Mitteleuropa, Köln u. a. 1994, S. 465-473.

gekannter Detailschärfe, enthielt sich im übrigen aber größtenteils einer Bewertung.[65]

Den stärksten Einschnitt der historischen Forschung zum Alten Reich mit deutlichen Auswirkungen für die historische Einordnung der obersten Gerichtsbarkeit bedeuteten die Forschungen des Schnabel-Schülers Karl Otmar von Aretin. Seine 1962 beendete und 1967 veröffentliche Habilitationsschrift *Heiliges Römisches Reich 1776-1806* ist als die erste umfangreiche Gesamtdarstellung der Endphase des Alten Reiches zu sehen.[66]

Für die von Aretin vertretene These, wonach das Alte Reich vorrangig als Friedens- und Rechtsordnung zu verstehen ist, bildete insbesondere das Gerichtswesen auf Reichsebene einen wichtigen Baustein im Verfassungssystem. Aretin betonte diesbezüglich die herausgehobene Stellung der Gerichtsbarkeit, wobei er im Vergleich zum Reichskammergericht, das seiner Meinung nach unter der oft ablehnenden, zögernden und kurzsichtigen Politik der protestantischen Reichsstände zu leiden hatte, die privilegierte und dominierende Rolle des Reichshofrates hervorhob, den er als *wichtigste Einrichtung für den Einfluss des Kaisers im Reich*[67] beschrieb. Gleichzeitig, so Aretin, hätten die obersten Reichsgerichte die Sicherung der Grundrechte übernommen, mit deutlicher Wirkung gegen die Ausbildung eines *schrankenlosen Absolutismus.*[68]

In der Folge, also in den 1970er Jahren, entstanden dann weitere Forschungsarbeiten zur Gerichtsbarkeit im Alten Reich, deren Fortschritt im Rahmen des von der DFG geförderten und schwerpunktmäßig an der Justus-Liebig-Universität Gießen angesiedelten Forschungsprogramms *Deutsche Sozial- und Verfassungsgeschichte des späten Mittelalters und*

---

[65] H. Conrad, Deutsche Rechtsgeschichte, Band II: Neuzeit bis 1806, Karlsruhe 1966. Die Reichsverfassung bzw. der ereignisgeschichtliche Rahmen, samt ausführlichem Überblick über die gesamte ältere Forschung, werden auf den Seiten 3-230 behandelt – in dieser Detailfülle bis zum Zeitpunkt des Erscheinens ein absolutes Novum. Vgl. die sehr positive und ausführliche Besprechung von G. Oestreich, in: HZ 210 (1970), S. 704-708.

[66] K. O. v. Aretin, Heiliges Römisches Reich (wie Anm. 4). Zur Bedeutung Aretins für die Reichsforschung zustimmend H. Klueting, Das Reich und Österreich 1648-1740 (Historia profana et ecclesiastica, Bd. 1), Münster 1999, S. 7 und E.-O. Mader, Das Alte Reich in neuem Licht (wie Anm. 1), S. 239.

[67] K. O. v. Aretin, Das Alte Reich 1648-1806, Bd. 1: Föderalistische oder hierarchische Ordnung (1648-1684), Stuttgart 1993, S. 85.

[68] K. O. v. Aretin, Heiliges Römisches Reich (wie Anm. 4), S. 97-99 und ders., Das Alte Reich I (wie Anm. 67), S. 85-97. Zum Reichskammergericht ebd., S. 142-148.

der frühen Neuzeit seit dem Februar 1975 begünstigt wurde.[69] Damit einher ging im Übrigen auch die Gründung eines eigenständigen wissenschaftlichen Publikationsorgans, der Zeitschrift für historische Forschung (ZHF, seit 1974).

Bereits ein Jahr zuvor, 1973, war von rechtsgeschichtlicher Seite die Reihe *Quellen und Forschungen zur höchsten Gerichtsbarkeit im Alten Reich* begründet worden, in der wichtige Beiträge zum Reichskammergericht und zum Reichshofrat publiziert wurden.[70] Des Weiteren ist noch auf die *Beiträge zur Sozial- und Verfassungsgeschichte des Alten Reiches* zu verweisen, die ab 1977 im Rahmen der Veröffentlichungen des von Aretin geleiteten Institutes für Europäische Geschichte in Mainz erschienen.

Nicht zuletzt eine Vielzahl von Arbeiten der vergangenen, gut dreißig Jahre zum Reichskammergericht und zunehmend ebenso zum Reichshofrat erbrachten viele neue Einsichten, die zeitlich versetzt seit einigen Jahren verstärkt Eingang in wichtige Hand- und Lehrbücher der Verfassungs-, Verwaltungs- und Rechtsgeschichte finden.[71] In z. T. äußerst quellenintensiven Studien wurden grundlegende Erkenntnisse hinsichtlich der Sozialstruktur beider Gerichte, der Streitgegenstände, der Prozessarten, -verfahren, -beteiligten, -dauer und -frequenz gewonnen.[72] Durch zahlreiche Untersuchungen Hans-Werner Hahns wurde darüber

---

[69] Programmatisch P. Moraw und V. Press, Probleme der Sozial- und Verfassungsgeschichte des Heiligen Römischen Reiches im späten Mittelalter und in der frühen Neuzeit (13.-18. Jahrhundert), in: ZHF 2 (1975), S. 95-108.

[70] Der erste Band von H. Wohlgemuth, Das Urkundenwesen des deutschen Reichshofgerichts 1273-1378, Köln u. a. 1973. Dabei handelte es sich um eine bereits 1936 in Breslau eingereichte Habilitation, die damit gleichfalls als ‚Brücke‘ zwischen älterer und neuerer Forschung diente, vgl. die Einführung von B. Diestelkamp, S. XV.

[71] Statt vieler hier nur der Hinweis auf vier einflussreiche Darstellungen, die häufig in Lehre bzw. Studium Verwendung finden: H. Boldt, Deutsche Verfassungsgeschichte. Bd. 1: Von den Anfängen bis zum Ende des älteren deutschen Reiches. 1./3. Aufl., München 1984/1994; H. Duchhardt, Deutsche Verfassungsgeschichte 1495-1806, Stuttgart u. a. 1991 (beide schon mit Blick auf die zeitliche Eingrenzung mit deutlicher Orientierung am Alten Reich); D. Willoweit, Deutsche Verfassungsgeschichte. Vom Frankenreich bis zur Wiedervereinigung Deutschlands, 4. Aufl., München 2001 sowie U. Eisenhardt, Deutsche Rechtsgeschichte, 4. Aufl., München 2004. Schließlich ist auf die seit 1983 erschienene mehrbändige *Deutsche Verwaltungsgeschichte* hinzuweisen, die deutliche Züge einer verfassungsgeschichtlichen Orientierung trägt, vgl. G. C. v. Unruh, Die Wirksamkeit von Kaiser und Reich, in: Ders., K. G. A. Jeserich und H. Pohl (Hgg.), Deutsche Verwaltungsgeschichte, Bd. 1: Vom Spätmittelalter bis zum Ende des Reiches, Stuttgart 1983, S. 270-278.

[72] Zum Forschungsstand mit Ausblick vgl. zuletzt nur S. Westphal, E. Ortlieb und A. Baumann (Hgg.), Reichsgerichtsbarkeit, in: zeitenblicke 3 (2004), Nr. 3 [13.12.2004], URL: http://www.zeitenblicke.historicum.net/2004/03/index.htm (13.09.2005) sowie S. Westphal und S. Ehrenpreis, Stand und Tendenzen der Reichsgerichtsforschung, in: A. Baumann u. a. (Hgg.), Prozeßakten als Quelle (QFHG, Bd. 37), Köln u. a. 2001, S. 1-13.

hinaus das sozialgeschichtliche Umfeld des Reichskammergerichts detailliert beschrieben.[73] Begünstigt wurde dieser massive Forschungs-schub für das Reichskammergericht durch die seit 1978 von der DFG geförderte, DV-gestützte Erschließung und Neuverzeichnung der nach 1806 auf verschiedene in- und ausländische Archive verteilten, ca. 80.000 heute noch existierenden Prozessakten, sowie die institutionelle Unterstützung der 1985 gegründeten Gesellschaft für Reichskammer-gerichtsforschung[74] (mit eigener Schriftenreihe[75]).

Deutlich zeitverzögert im Vergleich zum Reichskammergericht hat sich mit der fortschreitenden Erfassung (seit 1999) und datenbank-unterstützten Auswertung von Teilbeständen der in den Archiven lagernden Aktenbestände erst seit einigen Jahren die (rechts-) historische Aufarbeitung des Reichshofrates intensiviert.

Bedeutende Ergebnisse der jüngsten Forschung zum Reichshofrat relativieren dabei den Eindruck, wonach der Reichshofrat kraft seiner Einbindung in den kaiserlichen Herrschaftsapparat williges Instru-mentarium des Kaisers bei Durchsetzung seiner politischen wie rechtlichen Interessen war. Stattdessen weist zuletzt insbesondere Siegrid Westphal auf die von kaiserlichen Eingriffen weitgehend unabhängige, Konflikte regulierende Funktion des Reichshofrates hin, der somit weniger als kaiserliches denn als reichisches Organ zu deuten sei.[76]

---

[73] Hier nur H.-W. Hahn, Altständisches Bürgertum zwischen Beharrung und Wandel. Wetzlar 1689-1870, München 1991.

[74] G. Schmidt-v. Rhein, Die friedensstiftende Funktion des Rechts: Eine Idee bestimmt Entstehung und Entwicklung der Gesellschaft für Reichskammergerichtsforschung, in: F. Battenberg und F. Ranieri (Hgg.), Zentraljustiz in Mitteleuropa (wie Anm. 64), S. 457-464.

[75] Heft 1 von B. Diestelkamp, Reichskammergericht (wie Anm. 3).

[76] S. Westphal, Kaiserliche Rechtsprechung und herrschaftliche Stabilisierung. Reichsgerichts-barkeit in den thüringischen Territorialstaaten 1648-1806 (QFHG, Bd. 43), Köln u. a. 2002, S. 433-443. Diese Beurteilung ist allerdings stark von einer reichischen Perspektive inspiriert, wie Gabriele Haug-Moritz jüngst bemerkte, die den Reichshofrat – jedenfalls für die zweite Hälfte des 18. Jahrhunderts – stärker im Kontext kaiserlicher Interessenpolitik einordnet; vgl. G. Haug-Moritz, Des ‚Kaysers rechter Arm': Der Reichshofrat und die Reichspolitik des Kaisers, in: H. Klueting und W. Schmale (Hgg.), Das Reich und seine Territorialstaaten im 17. und 18. Jahrhundert. Aspekte des Mit-, Neben- und Gegeneinander (Historia profana et ecclesiastica, Bd. 10), Münster 2004, S. 23-42.

VI.

Schlussbetrachtung und Ausblick

Mit diesem Befund ist gleichzeitig die Frage nach der Funktionsfähigkeit und den Funktionsmechanismen des Rechtsraums *Altes Reich* angeschnitten. Hatten eingangs bei Zoepfl wie Häusser verhältnismäßig günstige Beurteilungen des Reichskammergerichtes vorgelegen, das in seiner die Rechts- und damit die Reichseinheit sichernden Rolle gedeutet und damit bewusst gegen den vermeintlich Kaiser hörigen Reichshofrat ausgespielt wurde, so wandelte sich in den folgenden Jahrzehnten das Bild. Nun wurden die beiden obersten Reichsgerichte meist unisono abqualifiziert, von einzelnen Ausnahmen (wie bei Fehr oder den frühen Arbeiten Feines) abgesehen. Allenfalls in der allerdings nur relativ kurzen Periode gesamtdeutscher Geschichtsschreibung wurde vor allem der Reichshofrat in positiverem Licht gesehen – wobei einschränkend auf die zeitgenössischen Hintergründe dieser Forschungsrichtung und ihre Instrumentalisierung hinzuweisen ist.

Die neuere – zunächst historische, später auch verfassungs- und rechtsgeschichtliche – Forschung ab ca. 1965 revidierte dann die älteren Ansichten grundlegend. Reichskammergericht wie Reichshofrat wurden nun als herausragende Bausteine des reichischen Verfassungssystems[77]

---

[77] In diesem Sinne K. H ä r t e r , Sicherheit und Frieden im frühneuzeitlichen Alten Reich. Zur Funktion der Reichsverfassung als Sicherheits- und Friedensordnung 1648-1806, in: ZHF 30 (2003), S. 413-431. Problematisch ist im hier behandelten Kontext des *Rechtsraumes* bzw. der *Gerichtslandschaft Altes Reich* die vor allem von Johannes Burkhardt vertretene Deutung des Alten Reiches als *Rechts-Staat*. Jenseits genereller Einwände hinsichtlich der Verwendung des – im Spannungsfeld historischer Semantik zumindest sehr problematischen – Staatsbegriffes im Kontext des Alten Reiches ist insbesondere auf unüberbrückbare Gegensätze zwischen dem frühmodernen Verfassungs- und Rechtssystem des Alten Reiches mit seinen feudalistischen und ständestaatlichen Strukturen einerseits und *moderner* Rechtsstaatlichkeit in Form von Gewaltenteilung, Grundrechten, (normativer) Verfassungs- und Gesetzesbindung andererseits hinzuweisen. Zur Diskussion um den (Rechts- bzw. *Reichs*-) Staat vgl. die Beiträge von W. R e i n h a r d , Frühmoderner Staat und Deutsches Monstrum. Die Entstehung des modernen Staates und das Alte Reich, in: ZHF 29 (2002), S. 339-357 sowie H. S c h i l l i n g , Das Alte Reich – ein teilmodernisiertes System als Ergebnis der partiellen Anpassung an die frühmoderne Staatsbildung in den Territorien und den europäischen Nachbarländern, in: M. S c h n e t t g e r (Hg.), Imperium (wie Anm. 13), S. 279-291, auf G. S c h m i d t , Das Frühneuzeitliche Reich – Sonderweg und Modell für Europa oder Staat der Deutschen Nation? In: M. S c h n e t t g e r (Hg.), Imperium (wie Anm. 13), S. 247-277. Außerdem J. B u r k h a r d t , Das größte Friedenswerk der Neuzeit. Der Westfälische Frieden in neuer Perspektive, in: GWU 49 (1998), S. 592-618, hier S. 601, mit der späteren Replik auf seine Kritiker: J. B u r k h a r d t , Über das Recht der Frühen Neuzeit, politisch interessant zu sein, in: GWU 50 (1999), S. 748-757 sowie d e r s . , Europäischer Nachzügler oder institutioneller Vorreiter? Plädoyer für einen neuen Entwicklungsdiskurs zur konstruktiven

gedeutet sowie in ihrer einander ergänzenden, Frieden schaffenden und Recht setzenden Funktion gewürdigt. Dieses Urteil wird in Zukunft durch die weitere Erforschung der Zusammenhänge einerseits zwischen Reichs- und Territorialgerichtsbarkeit[78] und andererseits der beiden Reichsgerichte untereinander weiter differenziert und ergänzt werden.

Doppelstaatlichkeit des frühmodernen Reiches, in: M. Schnettger (Hg.), Imperium (wie Anm. 13), S. 297-317. Die schärfsten Einwände von P. Münch, 1648 – Notwendige Nachfragen, in: ZfG 47 (1999), S. 329-333, sowie M. Tabaczek, Wieviel tragen Superlative zum historischen Erkenntnisfortschritt bei? In: GWU 50 (1999), S. 740-747. Künftig auch D. Willoweit, Das Reich als Rechtssystem, Vortrag vom 3.3.2005 im Deutschen Historischen Museum in Berlin anlässlich der Tagung *Altes Reich und neue Staaten* (vgl. Anm. 2).

[78] So z. B. auch mit Blick auf die Rechtsanwendung in verschiedenen Regionen des frühneuzeitlichen Reiches im Spannungsfeld verschiedener Rechtsquellen exemplarisch anhand der beiden Reichsstädte Frankfurt a. M. und Lübeck P. Oestmann, Rechtsvielfalt vor Gericht. Rechtsanwendung und Partikularrecht im Alten Reich (Rechtsprechung, Bd. 18), Frankfurt a. M. 2002. Eine neue, die Integrationswirkung hervorhebende Deutung der privilegia de non appellando, durch die *Reichs- und Landesgerichtsbarkeit bis zum Ende des Alten Reiches in einem differenzierten und flexiblen System aufeinander bezogen blieben,* liefert jetzt G. Sydow, Das Verhältnis von Landes- und Reichsgerichtsbarkeit im Heiligen Römischen Reich. Eine Neubewertung der privilegia de non appellando, in: Der Staat 41 (2002), S. 263-284, hier S. 284.

Quellen und Forschungen zur Höchsten Gerichtsbarkeit im Alten Reich

Herausgegeben von Friedrich Battenberg, Albrecht Cordes, Ulrich Eisenhardt, Peter Oestmann, Wolfgang Sellert

– Eine Auswahl –

Bd. 34: Wolfgang Sellert (Hg.): **Reichshofrat und Reichskammergericht.** Ein Konkurrenzverhältnis. 1999. VII, 253 S. Gb. ISBN 978-3-412-01699-9

Bd. 35: Nils Jörn, Michael North (Hg.): **Die Integration des südlichen Ostseeraumes in das Alte Reich.** 2000. VIII, 554 S. Gb. ISBN 978-3-412-09900-8

Bd. 36: Anette Baumann: **Die Gesellschaft der Frühen Neuzeit im Spiegel der Reichskammergerichtsprozesse.** Eine sozialgeschichtliche Untersuchung zum 17. und 18. Jahrhundert. 2001. VII, 178 S. Gb. ISBN 978-3-412-10500-6

Bd. 37: Anette Baumann, Siegrid Westphal, Stephan Wendehorst und Stefan Ehrenpreis (Hg.): **Prozeßakten als Quelle.** Neue Ansätze zur Erforschung der Höchsten Gerichtsbarkeit im Alten Reich. 2001. VIII, 281 S. Gb. ISBN 978-3-412-16000-5

Bd. 38: Eva Ortlieb: **Im Auftrag des Kaisers.** Die kaiserlichen Kommissionen des Reichshofrats und die Regelung von Konflikten im Alten Reich (1637–1657). 2001. VII, 426 S. Gb. ISBN 978-3-412-12400-7

39: Otto Volk: **Die Wohnungen der Kameralen in Wetzlar.** Verzeichnis der Häuser und Wohnungen der Angehörigen des Reichskammergerichts 1689/93–1806. 2001. X, 141 S. 5 Klappkarten. Gb. ISBN 978-3-412-02301-0

40: Bengt Christian Fuchs: **Die Sollicitatur am Reichskammergericht.** 2002. XIII, 259 S. Gb. ISBN 978-3-412-12501-1

41: Bernhard Diestelkamp (Hg.): **Das Reichskammergericht am Ende des Alten Reiches und sein Fortwirken im 19. Jahrhundert.** 2002. IX, 305 S. Gb. ISBN 978-3-412-02302-7

42: Wolfgang Prange: **Vom Reichskammergericht in der ersten Hälfte des 16. Jahrhunderts.** Die Urteile in Christian Barths Edition – Kammerboten und Zustellung der Gerichtsbriefe. ISBN 978-3-412-02602-8

43: Siegrid Westphal: **Kaiserliche Rechtsprechung und herrschaftliche Stabilisierung.** Reichsgerichtsbarkeit in den thüringischen Territorialstaaten 1648–1806. 2002. X, 526 S. Gb. ISBN 978-3-412-08802-6

KÖLN WEIMAR WIEN

Ursulaplatz 1, D-50668 Köln, Telefon (0221) 91 39 00, Fax 91 39 011

RJ5240105081l

Quellen und Forschungen zur Höchsten Gerichtsbarkeit im Alten Reich

Herausgegeben von **Friedrich Battenberg, Albrecht Cordes, Ulrich Eisenhardt, Peter Oestmann, Wolfgang Sellert**

– Eine Auswahl –

44: Friedrich Battenberg, Bernhard Diestelkamp (Hg.): **Die Protokoll- und Urteilsbücher des Königlichen Kammergerichts aus den Jahren 1465 bis 1480.** Mit Vaganten und Ergänzungen.
2004. 3 Bde. Mit CD-ROM.
Band 1: XII, 420 S.
Band 2: VIII, S. 421–922.
Band 3: VIII, S. 923–2098 u.
15 s/w-Abb. auf 15 Taf.
ISBN 978-3-412-12502-8

45: Bernhard Diestelkamp (Hg.)
Das Reichskammergericht.
Der Weg zu seiner Gründung und die ersten Jahrzehnte seines Wirkens (1451–1527).
2003. V, 289 S. Gb.
ISBN 978-3-412-12703-9

46: A. Baumann, P. Oestmann, S. Wendehorst, S. Westphal (Hg.):
Reichspersonal. Funktionsträger von Kaiser und Reich.
2003. VII, 406 S. Gb.
ISBN 978-3-412-18303-5

47: Nils Jörn, Bernhard Diestelkamp, Kjell Ake Modéer:
Integration durch Recht.
Das Wismarer Tribunal (1653–1806).
2003. XI, 411 S. Gb.
ISBN 978-3-412-18203-8

48: **Gedruckte Relationen und Voten des Reichskammergerichts vom 16. bis 18. Jahrhundert.**
Ein Findbuch.
Bearb. von Anette Baumann.
Mit einem Vorw. von Bernhard Diestelkamp. 2005. VIII, 699 S.
Mit CD-ROM. Gb. m. SU.
ISBN 978-3-412-10605-8

49: Albrecht Cordes (Hg.):
Juristische Argumentationen – Argumente der Juristen. 2006. XI, 239 S. Gb.
ISBN 978-3-412-21805-8

50: A. Baumann, P. Oestmann, S. Wendehorst, S. Westphal (Hg.): **Prozesspraxis im Alten Reich.**
Annäherung –
Fallstudien – Statistiken.
2005. VII, 211 S. Gb.
ISBN 978-3-412-28905-8

51: Anette Baumann:
Advokaten und Prokuratoren.
Anwälte am Reichskammergericht (1690–1806)
2006. XII, 230 S. Gb. mit SU.
ISBN 978-3-412-07806-5

52: Anja Amend, Anette Baumann, Stephan Wendehorst, Siegrid Westphal (Hg.):
Gerichtslandschaft Altes Reich.
Höchste Gerichtsbarkeit und territoriale Rechtsprechung.
2007. VIII, 172 S. Gb.
ISBN 978-3-412-10306-4

URSULAPLATZ 1, D-50668 KÖLN, TELEFON (0 221) 91 39 00, FAX 91 39 011

KÖLN WEIMAR WIEN

Böhlau

RJ52401061220

Klaus Herbers
Helmut Neuhaus
Das Heilige Römische Reich
Schauplätze einer
tausendjährigen
Geschichte
(843–1806)

Vor den Augen des Lesers läßt diese reich bebilderte und anschaulich erzählte Darstellung ein herrschaftliches Gebilde aufleben, das etwa ein Jahrtausend lang die kulturelle, soziale und politische Geschichte weiter Teile Europas maßgeblich bestimmt hat. Ausgehend von seinen Schauplätzen spüren die Autoren der Entstehung und Entwicklung, aber auch dem Ende des Heiligen Römischen Reiches nach. So entsteht zum 200. Jahrestag seines Niedergangs ein umfangreicher Querschnitt seiner vielschichtigen Wirklichkeit.

2005. VIII, 343 S.
mit 307 s/w-Abb. 38 farb. Abb.
auf 24 Taf. 27,5 x 21 cm.
Gb. mit SU.
ISBN 978-3-412-23405-8

KÖLN WEIMAR WIEN

URSULAPLATZ 1, D-50668 KÖLN, TELEFON (0221) 91390-0, FAX 91390-11

23405060524

Studienbücher Rechtsgeschichte

Karl Kroeschell
Deutsche Rechtsgeschichte
Band 1: Bis 1250
(UTB für Wissenschaft 2734 S)
12. unveränderte Auflage 2005.
341 S. mit 25 s/w-Abb. Br.
ISBN 978-3-8252-2734-0

**Albrecht Cordes,
Karl Kroeschell,
Karin Nehlsen-von Stryk**
Deutsche Rechtsgeschichte
Band 2: 1250–1650
(UTB für Wissenschaft 2735 S)
2006. Ca. 450 S. mit ca. 14 s/w-
Abb. Br.
ISBN 978-3-8252-2735-9

Karl Kroeschell
Deutsche Rechtsgeschichte
Band 3: Seit 1650
(UTB für Wissenschaft 2736 S)
4. unveränderte Auflage 2005. 311
S. mit 10 s/w-Abb. Br.
ISBN 978-3-8252-2736-7

**Wolfgang Kunkel,
Martin Schermaier**
Römische Rechtsgeschichte
(UTB für Wissenschaft 2225 S)
13. Aufl. 2001. XIV, 335 S. Br.
ISBN 978-3-8252-2225-3

Bernhard Losch
Kulturfaktor Recht
Grundwerte – Leitbilder –
Normen. Eine Einführung
(UTB für Wissenschaft 2848 S)
2006. 291 S. Br.
ISBN 978-3-8252-2848-7

Stephan Meder
Rechtsgeschichte
Eine Einführung
(UTB für Wissenschaft 2299 S) 2.
völlig überarbeit. und erw. Aufl.
2005. XIV, 459 S. Br.
ISBN 978-3-8252-2299-4

KÖLN WEIMAR WIEN

URSULAPLATZ 1, D-50668 KÖLN, TELEFON (0 221) 91 39 00, FAX 91 39 011

070103